Hermann Schmidt-Rahmer, *Change the pattern!*

Hermann Schmidt-Rahmer ist Professor für Schauspiel an der Universität der Künste Berlin. Er arbeitet als Regisseur und ist Autor zahlreicher Theatertexte. Nach einem Studium der Musikwissenschaft und Philosophie studierte er Schauspiel an der Hochschule der Künste Berlin. Als Schauspieler war er an der Freien Volksbühne Berlin, am Schauspiel Köln, am Hamburger Schauspielhaus und am Wiener Burgtheater engagiert. Als Theaterregisseur inszenierte er an zahlreichen Häusern im deutschsprachigen Raum, u. a. am Düsseldorfer Schauspielhaus, am Schauspielhaus Bochum und am Schauspiel Frankfurt.

Hermann Schmidt-Rahmer

CHANGE THE PATTERN!

Schauspielen heute

Ein Handbuch

Alexander Verlag Berlin

Für alle, denen ich beim Spielen zuschauen durfte.

Alexander Verlag Berlin –
unabhängiger Verlag seit 1983

2. Auflage 2025

Originalausgabe

Alexander Wewerka, Fredericiastrasse 8, D-14050 Berlin
info@alexander-verlag.com | www.alexander-verlag.com

Satz/Layout: Antje Wewerka
Umschlag: Antje Wewerka mit Motiven von Adobe Stock,
inspiriert von Keith Haring
ISBN 978-3-89581-600-0
Printed in the EU (January) 2025

INHALT

Intro

Die Idee sitzt gleichsam als Brille auf unsrer Nase, und was wir ansehen, sehen wir durch sie. Wir kommen gar nicht auf den Gedanken, sie abzunehmen.
Ludwig Wittgenstein

SCHNELLER

++++ stimmen von der probebühne ++++

Schneller. Noch ein bisschen schneller. Spiel mal was. Biete mal was an. Spiel's als Clown. Spiel's als trauriger Clown. Spiel's als erfolgreicher, aber trauriger Clown. Spiel's als erfolgreicher, trauriger und leicht bösartiger Clown. Kleiner. Nur reagieren. Spiel nicht so viel. Nichts spielen. Lauter. Noch lauter. Nicht so schnell. Nicht gestikulieren. Nicht zuständlich. Klare Haltungen. Kitsch dich nicht ein. Spiel's liebevoll. Nicht so unpersönlich. Ganz normal. Entspann dich. Mehr Atem. Nicht so breit. Knapper. Direkter. Anschließen. Fühl dich ein. Mehr Körperspannung. Bleib ständig in Bewegung, aber mach Pausen im Text. An den Satzenden keine Pause. Iss einen Apfel dabei. Lass dich auf den anderen Körper fallen. Fall auf den Boden. Wälz dich auf dem Boden. Andersherum. Doppeltes Tempo. Näher an die Kamera. Einen Schritt vor. Zu weit. Sprich mit einer tieferen Stimme. Nicht ins Mikroport pusten. Sei laut und gleichzeitig langsam. Und fanatisch. Zu viel. Du stehst nicht im Licht. Weniger fanatisch. Lass mich den Text verstehen. Nicht so künstlich. Leiser. Bleib ordinär. Nicht nuscheln. Spiegel nicht die andere Figur. Mach nicht so viel. Lass die Tricks weg. Abspannen nach dem Wutanfall. Ganz locker. Einfach nur den Text. Bruch. Lass die Stimme metallisch klingen. Noch leiser. Verschleife das Versmaß. Aggressiver. Aber nicht laut. Aber nicht langsam. Und nicht so traurig. Nimm's aus dem Partner. Ganz aus dem Moment. Nicht vorreagieren. Nicht so privat. Zuversichtlich. Bescheiden. Mit unterdrückter Wut. Heuchlerisch beseelt. Herrschsüchtig, aber auch eine Spur verklemmt. Echte Erschütterung. Spür den Rasen. Riech die Blumen. Sieh den Garten. Hör den Kuckuck. Schmeck den Honig. Glaub ich nicht. Probier's mal verlogen. Mach's mal auf Bayrisch. Spiel's als Bierkutscher. Spiel's als verliebter Bierkutscher. Nicht so äußerlich. Mehr innere Distanz zur Figur. Spiel nicht so viel. Der Bierkutscher ist eine Micky Maus. Und betrunken. Viel zu viel. Bleib ganz du selbst. Schneller. Noch ein bisschen schneller. Ja! Ja! So ist es gut. Perfekt.

SCHAUSPIELEN HEUTE

++++ warum der kunst des schauspielens mit einer methode nicht beizukommen ist ++++ über den vorschlag, handwerk als studium der muster und zeichen zu lehren ++++ worum es in diesem buch geht ++++

Auf einer Bühne kann *alles* stattfinden. Die Grenzen, die wir Schauspielende, sobald wir sie betreten, diesem *alles* setzen, sind entweder ästhetischer Natur oder moralischer, konventioneller, sittlicher, psychologischer, mentaler, oder sie werden gesetzt durch die Machtstrukturen, innerhalb derer Theater stattfindet. Die ästhetische Grenzziehung sagt: *Das passt nicht zusammen;* die moralische: *Das darf man so nicht spielen*; die der Konvention: *Das kann man nicht anders spielen;* die sittliche: *Das kann ich doch niemandem zumuten;* die psychologische: *Das will ich nicht zeigen,* die mentale: *Mir ist nichts Besseres eingefallen;* und die der Macht schließlich sagt: *Das wird so gespielt und nicht anders oder du wirst umbesetzt.* Alles, was wir auf Bühnen zeigen, wird auf die eine oder andere Art von diesen Grenzziehungen bestimmt. Wenn wir über unseren Beruf nachdenken, sollten wir im Hinterkopf behalten, dass die Bühne ein Möglichkeitsraum ist, in dem wirklich *alles* stattfinden könnte, und dass das, was wir daraus auswählen, häufig nur Resultat solcher Selbstbeschränkungen ist, die uns in Wahrheit niemand zwingt anzuerkennen. Die einzige Grenze, die wir – wie in allen anderen Künsten – zu akzeptieren haben, steht in juristischen Texten. Jenseits davon sind Schauspielende frei.

Auf der ersten Seite hörten wir ein Sammelsurium von Ansagen, die Schauspielenden auf der Probe gemacht werden und die, meist spontan und ohne größere Schwierigkeiten, umgesetzt werden. Sie sind nicht wirklich inhaltlicher Natur, sondern beziehen sich auf handwerkliche ↗PARAMETER*, die sich ergeben, wenn man Schauspiel in Einzelteile zerlegt: Tempo, Rhythmus, Dynamik, Deutlichkeit, Haltung,

* ↗ verweist auf Begriffe, die in den folgenden Kapiteln besprochen werden. Bei der Lektüre kann durchaus zwischen den Kapiteln hin- und hergesprungen werden.

Figur, Bewegung, Raumbeziehung, um nur einige Beispiele zu nennen. Handwerk, oder in den Worten von Schauspiellehrenden gerne auch *solides Handwerk,* klingt nach einer Tradition von klaren, einfach zu handhabenden Werkzeugen, die man lernen kann und die uns dann ein Leben lang begleiten. Auf Schauspielschulen wird unter Handwerk allerdings etwas völlig anderes verstanden. Hier meint Handwerk eine komplexe tradierte Methode, die für ein ganz konkretes – und historisches – Ideal von Theater entwickelt wurde und dabei eine einzige klar umgrenzte ↗SPIELWEISE im Sinn hat. Lehrbücher stecken erst einmal klare Grenzen ab, innerhalb derer sie Schauspiel wahrnehmen. Und wie selbstverständlich wird von diesen Methoden angenommen, sie seien auch heute die Basis für jede Ausbildung in der darstellenden Kunst. Was dabei übersehen wird: In den Lehrbüchern wird fast durchgängig gar keine Methode geschildert, sondern hier werden Inszenierungsstile beschrieben, die wir erfüllen sollen. Wenn wir Schauspiel studieren, geht es nicht um die Werkzeuge, die sich aus den Strukturen und Zeichen unserer Kunst ableiten lassen, Werkzeuge, mit denen im Probenalltag in munterer Unsystematik gearbeitet wird. Stattdessen lernen Studierende Schauspiel in Form der einen Ästhetik und Spielweise kennen, die ihren Lehrenden gefällt.

Der große blinde Fleck, an dem sich die Ausbildung von Schauspielenden heute abarbeitet, ist der Befund, dass sich die Praxis aufgesplittert hat in eine Landschaft der *Tausend Theater*, in zahllose Spielweisen und Ästhetiken. Ein Großteil des zeitgenössischen Theaters interessiert sich weder für die Abbildung von Wirklichkeit noch für die Erkundung individueller Psychologie. Wo traditionell unter Schauspiel Menschendarstellung verstanden wurde, gehören Elemente des rein Performativen so selbstverständlich zum Formenkanon der Regieführenden wie der bewusste Angriff auf die Spiele der Repräsentation, das Kalkül des Nicht-Perfekten, Ungekonnten, die Durchmischung von professionellen Ensembles mit Dilettanten. All dies verlangt Schauspielenden eine Unzahl unterschiedlicher Ausdrucksformen ab. Sowenig wie es *die eine* vorherrschende Spielweise gibt, sowenig gibt es noch eine verbindliche Dramaturgie. Zeitgenössische Theatertexte beschäftigen sich weder mit dem Kampf zwischen Protagonistin und Antagonist, noch behandeln sie dramatische Verstrickungen, es gibt in der Mehrzahl keine dramatischen Entwicklungen, häufig nicht einmal erkennbare Figuren. Das traditionelle Theaterstück selbst wird randständig, *alles wird Material.* Inszenierungen werden aus privaten Texten, Zitaten, Filmen, Romanvorlagen, dokumentarischem Material und spontanen Extempores entwickelt und lassen traditionelle Autorenschaft in den Hintergrund treten. Und selbst wenn überlieferte, gar psychologisch-realistische Texte als Grundlage einer Inszenierung herangezogen werden, so wird ihnen häufig von der Regie ihr vermeintlich inhärenter Realismus gründlich ausgetrieben. Sie werden verzerrt, ironisiert, chorisch gesprochen, mit Kommentaren zerfetzt, versoapt, maskiert. Das zeitgenössische Theater ist in seinen Praktiken derart vielfältig – von der Performance bis zur psychologischen Feinzeichnung, vom Clown bis zum Textexegeten, vom Boulevardspiel bis zum Auftritt als Körperekstatiker oder der Figurenzeichnung in einer *Virtual-Reality*-Landschaft – Schauspielende können in einer einzigen Spielzeit aufgefordert sein, all dem gerecht zu werden. Führen wir uns vor Augen, dass wir in einer Tschechow-Inszenierung in einem einzigen Auftritt rasend schnell entäußerten Text, ein tagesaktuelles Aus-dem-Text-Fallen, dann den wahrhaftigsten Verzweiflungsausbruch und anschließend dessen Ironisierung spielen sollen, stellt sich schnell die Frage: Wie lernt man das?

Schauspielausbildung geht gewöhnlich davon aus, eine solche Fülle disparater Formen lasse sich mit einem methodischen Generalschlüssel erschließen. Denn daran lassen die großen Texte der Schauspielpädagogik keinen Zweifel: Ihre Lehrgebäude stehen für *das Ganze.* Es ist erstaunlich, wie zielsicher selbst Konzepte, die versuchen, einer veränderten Theaterpraxis gerecht zu werden, am Ende doch wieder bei einer Methode landen, die vor einhundert Jahren entwickelt wurde. Ganz selbstverständlich betrachten sie dabei den *psychologischen Realismus* als handwerkliche Grundlage für jede andere Spielweise, obwohl es in der derzeitigen Praxis kaum eine Handvoll prägender Regieführender gibt, die in diesem Stil inszenieren. Selbstverständlich, auch heute hat diese Spielweise nicht nur im Film ihren Platz – aber wie kann man allen Ernstes annehmen, sämtliche Arten, Theater zu spielen, seien nur Varianten dieser einen Spielweise und alles andere ließe sich mühelos daraus ableiten? *Tausend Theater* hier, traditionelle Theorie und Lehre dort – das ist der Graben, den Schauspielende heute überbrücken müssen.

Der andere blinde Fleck der Lehrbücher betrifft die Tatsache, dass es dort weder eine ↗ REGIE noch ein Publikum gibt. Aber in der Praxis arbeiten wir nicht wie im Lehrbuch. Wir erarbeiten uns nicht alleine zu Hause methodisch Texte, eine Figur oder eine Szene, sondern Regie wird unsere Arbeit ganz entscheidend mitgestalten wollen. Sie folgt dabei keiner schulischen Logik. Ein kurzer Blick auf die Probebühnen der Theater würde zeigen, dass buchstäblich niemand auf einer Probe mit uns nach einer überlieferten Methode arbeitet. Im Gegenteil, uns erwartet ein Spielfeld, auf dem ständig fröhlich zertrümmert und rekombiniert wird, ein Raum, in dem die Ausübung von Methoden so einschränkend wie unerwünscht ist. Über unser Spiel bestimmen wir keineswegs alleine, es ist ganz wesentlich beeinflusst von den chaotischen Feedbackschleifen, die durch das Zusammenwirken von Spielenden und Regie auf der Probe und von Spielenden und Publikum in der Aufführung entstehen. Das Inszeniertwerden in einem weiten Feld hochindividueller Regiehandschriften und das Spiel in den unterschiedlichsten Spielweisen ist die ganz reale Praxis, mit der Lehrbücher sich nicht beschäftigen.

Dieses Buch stellt seine Fragen anhand der unübersichtlichen Praxis. Es richtet sein Augenmerk nicht darauf, wie Theater *sein soll*, sondern *wie es tatsächlich ist*. Methoden, nach denen wir die Kunst des Schauspiels erlernen, beschreiben immer auch eine konkrete Spielweise. Gemeinhin betrachten sie Schauspiel als eine Kunst, die sich aus literarischen Texten Bilder von Menschen erschließt und sie in einem bestimmten – meist realistischen – Stil zu verkörpern versucht. Dieses Buch wählt einen anderen Weg. Die Logik der bekannten Lehrbücher wird dabei vom Kopf auf die Füße gestellt. Schauspiel wird im Folgenden als eine eigenständige Kunst betrachtet, in der *Zeichen, Muster* und *Strukturen* organisiert werden. Die stoffliche Vorlage, mit der gearbeitet wird, steht nicht im Vordergrund. Schauspiel lernen heißt hier, nicht wie gewohnt bei den Inhalten, sondern bei den Formen und konkreten Werkzeugen anzusetzen. Die unterschiedlichen Parameter sind dabei der kleinste gemeinsame

Nenner, wenn wir versuchen herauszufinden, was sich sinnvollerweise für die Praxis in einer Landschaft der *Tausend Theater* lernen lässt. Eine konkrete Spielweise – oder gar eine ideale – hat dieses Buch nicht im Hinterkopf.

Pattern heißt Muster. Muster entstehen in unserm Spiel auf unterschiedliche Weise. Muster entdecken wir in Bewegungen, in der Sprache, im Denken, im Emotionalen. Wir begegnen ihnen im Bild, das wir auf der Bühne intuitiv als Allererstes von uns zeichnen, wir finden sie wieder in den Automatismen, die sich auf Proben und in Improvisationen herausbilden, in den Routinen, mit denen wir im Zusammenspiel reagieren, in der Selbstverständlichkeit, mit der wir Stoffe interpretieren. Muster unterlaufen uns unwillentlich, oder sie bilden sich aus dem, was wir dem Stoff unserer Vorlage entnehmen zu können glauben. Und diese Muster sind, und zwar unabhängig davon, in welcher Spielweise oder Ästhetik wir uns bewegen, einander sehr ähnlich. Betrachten wir Schauspiel durch die Brille der Mustererkennung, stellen wir fest, dass dies die geeignete Perspektive ist, um sich in allen Formen orientieren zu können.

Muster können im Spiel Ergebnis einer bewussten Entscheidung sein oder aber – und das ist die Regel – wir spielen sie deshalb, weil unsere Gewohnheiten, unsere Unsicherheiten, unsere erprobten Lösungen oder unsere Vorstellung von Theater uns intuitiv dazu treiben. Allerdings sind Muster, denen wir uns nicht bewusst sind, und Muster, die wir schlecht loslassen können, für Schauspielende ein Klotz am Bein. Sie beschränken unseren Horizont. In diesem Buch wird Talent verstanden als die Fähigkeit, über die ersten, uns vertrauten Ausdrucksmuster hinauszugehen und eigenständig auf Felder vorzudringen, die sich ungewohnt anfühlen, aber Überraschungen bergen. Talent ist die Fähigkeit, sich auf der Bühne selbst überraschen zu können. Genau diese Forderung macht die Anstrengung unseres Berufes aus: Wir sind ständig aufgefordert, das bequeme Spiel erprobter Ausdrucksweisen aufzugeben, aber was kommt danach? Wenn wir uns nicht anhaltend dem *horror vacui* fehlender Ideen ausliefern wollen, müssen wir eine Frage beantworten: Wie mache ich mich eigenständig zu einem Instrument, das in der Lage ist, gezielt unbekannte und überraschende Muster zu spielen?

Denn Muster können auch zustande kommen – und das ist der künstlerisch relevante Weg –, indem wir Erprobtes weglassen und auf die gezielte Provokation glückhafter Zufälle vertrauen: Wir knüpfen Stoffe mit Formen zusammen, die vermeintlich nichts miteinander zu tun haben, und warten, was passiert. Wenn die Kernfrage in diesem Buch heißt *Wie überwinde ich meine gewohnten Ausdrucksmuster und mache mich zum Material spektakulärer Spiele?*, so wäre dies der Weg, den wir in einer Landschaft der *Tausend Theater* einschlagen würden.

Change the pattern! meint die Aufforderung, die Muster in unserem Spiel zu erkennen, sie zu variieren und in etwas Neues zu verwandeln. Wie diese Technik des *Sich-selber-aus-der-gewohnten-Spur-Werfens* funktioniert, welche Türen in unbekannte Räume führen und mit welchen Schlüsseln wir sie öffnen können, beantwortet dieses Buch. Es zeigt, wie wir unsere verdeckten Routinen und schnellen Lösungen offenlegen und uns dann auf Proben eigenständig in unbekannte Richtungen stoßen – kurz, hier wird ein schauspielerisches Denken vorgestellt, mit dem sich sowohl der Regie als auch unseren eigenen Gewohnheiten gegenüber Autonomie gewinnen lässt. Dabei geht es bei Weitem nicht nur um die Überwindung psychologischer Muster, sondern auch ganz wesentlich um die Erweiterung unseres *ästhetischen* Verständnisses.

Dieses Buch ist in sieben Teile gegliedert. Es endet mit einem ausführlichen Nachschlage- und Übungsteil, in dem die Parameter der Schauspielkunst einzeln vorgestellt werden und erläutert wird, wie wir sie als Werkzeuge nutzen, um die Räume des Außergewöhnlichen zu öffnen. Wer mit diesen Übungen arbeitet, sollte die Kapitel ↗ SCHNELLES SPIELEN – LANGSAMES SPIELEN, ↗ PARAMETER, OPTION, REGEL und ↗ VERSUCH UND IRRTUM aus dem zweiten Teil gelesen haben, um zu verstehen, in welchen Zusammenhängen man den meisten Nutzen aus ihnen zieht.

Den Anfang des Buches bildet das Thema »Muster erkennen«. Hier werden die Maßstäbe beschrieben, anhand derer wir schwache Strukturen in unserem Spiel erkennen und mit deren Hilfe wir die Punkte identifizieren können, an denen es gilt zu sagen: *Stopp! Ich unterbreche an dieser Stelle und probiere etwas anderes.* Der zweite Teil – »Muster erfinden« – beschreibt die Probentechnik, die dieses Buch vorschlägt. Er zeigt, was geschieht, wenn man auf Proben nicht mit der Interpretation von Inhalten, sondern mit der Variation von Mustern und Formen arbeitet. Der dritte Teil – »Zusammen arbeiten« – beschäftigt sich mit unserem Verhältnis zur Regie und zu den Stoffen, die unser Arbeitsmaterial sind. Hier wird untersucht, wie wir im unübersichtlichen Feld unterschiedlichster Probensituationen selbstbestimmt handeln und welchen Freiraum wir uns im Umgang mit und Verständnis von Texten nehmen dürfen. Schauspielende fürchten nichts so sehr, als dass ihr Spiel mechanisch wirken könnte. Der vierte Teil – »Zusammen spielen« – widmet sich der Frage, wie es gelingen kann, etwas hundertfach Geprobtes so erscheinen zu lassen, als entstünde es im Moment. In Teil 5 – »Denken und fühlen« – werden Begriffe diskutiert, bei denen es um das innere Erleben von Schauspielenden geht und die in Schauspielschulen und auf Probebühnen immer noch zu heftigen Diskussionen führen: Emotion, Wahrhaftigkeit, ↗VON INNEN – VON AUSSEN. Der sechste Teil kehrt zurück zu unserem ersten Befund: Wenn wir Schauspiel lernen wollen, müssen wir vorbereitet sein auf eine Landschaft der *Tausend Theater*. Um auf Proben zu verstehen, zu welcher der zahllosen Spielweisen wir überhaupt gebeten sind, müssen wir wissen, was genau deren Unterschiede ausmacht. Das ↗MISCHPULT ist ein Modell, mit dessen Hilfe wir uns einen systematischen Überblick verschaffen und unterschiedlichste Inszenierungsweisen und Spielstile beschreiben können. Auf Proben dient es der Verständigung und regt vielleicht zum Experimentieren mit nie gesehenen Spielweisen an.

»Schauspiel ist eine Praxis, zu deren Ausübung Theorie nicht zwingend notwendig ist, sie kann höchstens ab und zu Theorie produzieren«, sagt die Theaterwissenschaft in freundlicher Bescheidenheit. Tatsächlich gibt es eine Fülle von herausragenden Schauspielenden, die sich wahrscheinlich in ihrem Leben nie ausführlich mit der Theorie ihres Berufes beschäftigt haben. Sie müssen es auch nicht. Für uns andere soll dieses Buch ein Katalysator sein, der dazu anregt, unsere unproduktiven Gewohnheiten ins Visier zu nehmen und unbekanntes Terrain aufzusuchen. Der Erfahrung nach sind Schauspiellehrbücher eine einschüchternde und verwirrende Lektüre – der spielende Mensch auf der Bühne ist seit jeher ein hochkomplexer Gegenstand. Obwohl sich ihm auch hier von sehr verschiedenen Seiten genähert wird, sollten sich Lesende davon nicht übermäßig beunruhigt fühlen: Nicht alles ist für jeden relevant. Und nicht alles, was hier mitunter in bedrohlicher Genauigkeit geschildert wird, muss von uns mühsam gelernt werden. Vieles von dem, was beschrieben wird, können wir sofort. Denjenigen, die sich selbst dem Druck aussetzen, alles, was eine akribische Analyse unseres Berufes zutage fördert, berücksichtigen und beherrschen zu müssen, sei gesagt: Am Ende finden wir in der Praxis sowieso unseren eigenen – theorielosen – Weg.

Regieführende sind in der Probe häufig genauso hilflos wie wir auf der Bühne. Nur fällt es bei ihnen nicht so auf, weil sie hinter einem Regietisch sitzen. Das Wissen um die grundlegenden Parameter der Schauspielkunst, zu wissen, auf welchen Feldern wir probierend Versuche anstellen können und wie dadurch überraschende Lösungen entstehen, ist sowohl für Regieführende als auch für Schauspielende interessant. Beiden Seiten dürfte es helfen sich klarzumachen, durch welche selbstgewählten Beschränkungen wir uns ständig leiten lassen – und welche Vielzahl von Schlüsseln wir in der Probenarbeit in die Hand nehmen können, um die Räume zu öffnen, in denen das Außergewöhnliche stattfindet.

1_Muster erkennen

Wir wählen das Gewohnte, weil es dem Gehirn sehr viel Energie und Arbeit erspart, denn psychische Erregung ist physiologisch sehr teuer. Dummerweise verdirbt uns das »sparsame Gehirn« den Spaß an sehr vielen Dingen.
Gerhard Roth

DAS ERSTE GEBOT

++++ steht auf, wenn ihr euch langweilt! ++++ über die langeweile als messinstrument ++++

In Ernst Lubitschs Film *Sein oder Nichtsein* (1942) gibt es eine wiederkehrende Szene, in der der Ur-Albtraum von Schauspielenden Wahrheit wird: Als der Hamlet-Darsteller zu seinem zentralen Monolog ansetzt, erhebt sich in der Mitte des Publikums ein Zuschauer und verlässt den Saal. Nun kündigt im Film zwar eben dieser Zuschauer sein Wohlwollen nicht etwa deshalb auf, weil er sich langweilt, sondern weil er den langen Monolog nutzt, um sich ungestört in der Garderobe zum Rendezvous mit der Gattin des Darstellers zu treffen, aber das weiß der Hamlet-Spieler nicht. Für den Schauspieler auf der Bühne vollzieht sich eine Katastrophe: Er spielt und man verweigert ihm die Aufmerksamkeit.

Man könnte diese kurze Szene als den Urkonflikt der schauspielerischen Profession betrachten. Wenn wir eine Bühne betreten, wollen wir die ungeteilte Aufmerksamkeit. Ohne die andauernde Verbundenheit zwischen uns und Publikum gibt es zwar Theater, aber kein gelingendes. Jede schauspielerische Anstrengung besteht in dem Bemühen darum, dieses Band der Aufmerksamkeit aufrechtzuerhalten. Jede Theorie und jedes Lehrbuch dient der Suche nach der einen Technik, mit der wir der Aufmerksamkeit Dauer verleihen. Das Wertmaß für gelungene Schauspielkunst bestünde dann jenseits jedes ästhetisch begründeten Urteils generell einfach darin zu sagen: Gut spielen wir, wenn es gelingt, die Aufmerksamkeit des Publikums möglichst lange zu binden. Somit hieße das erste Gebot der Schauspielkunst: *Du sollst nicht langweilen!*

Eine für alle unangenehme Übung aus der Schauspielworkshop-Praxis misst die Aufmerksamkeitsdauer zwischen Bühne und Saal und macht diese konkret erfahrbar: Während auf der Bühne eine Szene gespielt wird, sind die Zuschauenden dazu aufgefordert, das zu tun, was Ernst Lubitschs Hamlet-Darsteller erleiden muss, nämlich aufzustehen und zu gehen, wenn sich bei ihnen Langeweile einstellt. Anfänglich dauert es ziemlich lange, bis die Ersten sich trauen, die Spielenden zu brüskieren und aufzustehen. Die meisten von uns besitzen aus Respekt, vielleicht aber auch aus der berechtigten Angst davor, selber kritisiert zu werden, die Höflichkeit zu verschweigen, was sie wirklich von dem Auftritt denken. Die Übung verlangt jedoch vom Publikum eine ehrliche Reaktion: *Keine Scham! Zeigt, was ihr empfindet! Steht auf, wenn ihr euch langweilt!* Nach einigen Anläufen geschieht Folgendes: Eine Person geht nicht nach zehn Minuten, sondern nach zehn Sekunden. Nach weniger als einer Minute ist der Raum fast vollständig leer. Tatsächlich entscheidet sich innerhalb von Sekunden, ob unser Spiel auf der Bühne interessiert oder langweilt. Der Rest ist Höflichkeit.

Es gibt für Schauspielende kaum eine wichtigere Erfahrung, als sich in dieser Form ehrlich zu machen. Es ist nämlich keineswegs selbstverständlich, dass alles, was wir auf der Bühne tun, für Zuschauende interessant ist. Im Gegenteil, das meiste, was wir intuitiv als Erstes anbieten, ist ziemlich schnell uninteressant, viel schneller jedenfalls, als wir selber glauben. Dieses Wissen mag im ersten Moment frustrierend, gar erschreckend sein, aber es schärft unser Bewusstsein und fordert uns dazu heraus, nach Mustern zu suchen, die die Aufmerksamkeit wachhalten.

In den nächsten Kapiteln geht es um die Frage, wie wir unseren Sinn für faszinierende oder langweilige Muster schärfen. Schauspiel zu lernen heißt im Grunde, sich dauerhaft der oben geschilderten Übung auszusetzen und so den Momenten, an denen Zuschauende ihr Interesse verlieren, nach und nach Erkenntnisse abzugewinnen, mit denen man arbeiten kann. Um herauszufinden, was beim Publikum Aufmerksamkeit bindet und was es ermüden lässt, muss der Blick auf die Zeichen und Muster, die Zuschauende in unserem Spiel wahrnehmen, gerichtet werden. Die erste Lektion – und Voraussetzung für alles Weitere – heißt: *Erkenne schwache Muster!*

ALARMZUSTAND

++++ erzählen am küchentisch versus spiel auf der bühne ++++ wie wir im alarmzustand bedeutungen erzeugen, die wir selber nicht kennen ++++ warum wir unser eigenes spiel nur anhand einer aufgabe beurteilen können ++++

Jedes Theaterspiel teilt die Welt in zwei Gruppen. Zwischen ihnen liegt eine klare Grenze: Auf der einen Seite sind die, die einladen, auf der anderen jene, die gekommen sind, um etwas zu erleben. Beide Seiten sind in der Art und Weise, wie sie die Situation erleben, vollständig voneinander geschieden. Anders im Alltag: Gibt jemand am Küchentisch eine Geschichte zum Besten, hat dessen Sprache einen bestimmten Charakter – freundlich oder beiläufig, möglicherweise ausgerichtet auf eine Pointe oder leicht empört, je nach Naturell der Erzählenden und Gegenstand der Erzählung. Das Interesse der anderen gilt dem Verlauf der Geschichte, nicht so sehr der Person, die erzählt, und auch nicht der Frage, *wie* sie erzählt. Unterwirft man diese Situation einer kleinen Veränderung, geschieht Folgendes: Fordern wir die erzählende Person auf, den Kreis zu verlassen und sich *vor* die Gruppe oder gar leicht erhöht auf ein *Podium* zu setzen, verwandelt sich eine Alltagssituation in Theater. Beide Seiten verändern ihr Verhalten: Die Zuhörenden sind plötzlich nicht mehr Teil eines Gespräches, sondern ihnen wird etwas *geboten*. Unvermittelt richten sie an die Person eine höhere Erwartung, als wenn sie noch mit am Tisch säße. Dies ist die erste und grundsätzliche Erfahrung, die wir machen, wenn wir schauspielen: Überqueren wir die Grenze, folgt man nicht mehr ausschließlich dem Inhalt unserer Erzählung, sondern achtet zusätzlich darauf, *wie* wir erzählen und ob wir es *gut* machen. Man fällt jetzt ein Urteil über unser *Können* – und über uns als *Person,* unseren Charakter, unser Gesicht, unseren Körper.

Das Wissen darum, dass wir beurteilt werden, sobald wir nur einen Fuß auf die Bühne gesetzt haben, bleibt nicht ohne Folgen. Unweigerlich schalten wir um in ein Denken, bei dem wir uns zusätzlich von außen betrachten. Wir sind alarmiert, versuchen jetzt gleichzeitig unsere Wirkung zu kontrollieren. Wir schalten um in den Modus des *Verstärkers:* War unser Ausdruck am Küchentisch kein Thema für uns, fügen wir jetzt unwillkürlich ein geringfügiges *Plus* hinzu, ein Ausdrucksmuster, von dem wir hoffen, dass es unsere Wirkung verbessert. Wir fahren unsere Entertainment-Modi hoch, denn niemand soll sich langweilen. Unser Ausdruck wendet sich ins betont Freundliche, ins ausgestellt Lässige, ins Selbstironische, ins Großspurige oder angestrengt Humorige – je nach unserer Mentalität beginnen wir unser Spiel zu gestalten und tun gleichzeitig plötzlich Dinge, die keineswegs von uns beabsichtigt waren. Denn häufig ist dieses unbewusste *Plus* auf der Bühne ein Muster, das unseren Kontakt zum Publikum gar nicht stärkt, sondern ihn, im Gegenteil, durch unnötige Zeichen gewissermaßen *verschmutzt,* Zeichen, von denen wir vielleicht intuitiv glauben, dass sie uns interessanter machen, die in Wahrheit aber nur verraten, wie angespannt oder unwohl wir uns fühlen.

Auf der Bühne sein heißt im Alarmzustand sein. Für das Publikum aber erzeugt ausnahmslos alles, was wir auf der Bühne machen, eine Bedeutung. Sobald es uns sieht, interpretiert es. Wir können hochkonzentriert versuchen, ganz wir selbst zu bleiben, oder uns vornehmen, nichts zu spielen, aber auch unser Nichtstun ist bereits ein Zeichen: Ein Publikum wird dann vielleicht lesen *Es hat noch nicht angefangen* oder *Die Person will nichts blicken lassen* oder *Die Person tut so, als sei sie völlig neutral, dabei ist sie verlegen.* Und so liest ein Publikum nicht nur die Zeichen, die wir im Spiel bewusst setzen, sondern auch die anderen Signale, die uns unterlaufen: Wir pendeln von einem Bein aufs andere, wir ändern den Klang unserer Stimme, wir wedeln mit den Armen, wir beugen uns vor, wir drücken die Knie durch, wir reden zu schnell, wir machen viel zu lange Pausen – die Liste ist endlos. Das Unangenehme ist: Auch diese *unbewussten Zeichen* werden vom Publikum gelesen – und bewertet. Mag sein, dass ein Publikum nicht immer präzise unterscheiden kann zwischen dem, was wir ausdrücken wollen, und dem, was uns im Spiel unterläuft, aber es sortiert da nicht lange, es bildet sich seine Meinung aus dem Gesamtpaket. Die Kunst des Schauspiels bestünde also darin, unser Auftreten, unseren Ausdruck, unser Spiel, all die Zeichen, die vom Publikum gelesen und gedeutet werden, möglichst deckungsgleich mit dem zu gestalten, was wir uns beim Auftritt vorgenommen hatten. Wenn wir uns vorgenommen haben, eine lustige

Figur zu sein, wirken aber in Wahrheit auf ein Publikum intelligent und aggressiv, haben wir die Aufgabe verfehlt. Das klingt simpel und offensichtlich, aber vielen Schauspielenden ist ihre *tatsächliche* Wirkung nicht bewusst. Wir fallen aus allen Wolken, wenn uns ehrlich mitgeteilt wird, dass unser Spiel nicht charmant und liebenswürdig, sondern arrogant und verblasen wirkt. Es fällt uns schwer zu akzeptieren, dass wir im Alarmzustand Dinge tun, die unsere Wirkung verfälschen, und ein Publikum deshalb aus unserem Spiel eine völlig andere Bedeutung liest.

Natürlich wissen wir, dass es zwischen dem, was wir ausdrücken wollen, und dem, was wir tatsächlich ausdrücken, eine Grauzone gibt, auf die wir keinen Zugriff haben. Es ist das Reich der Muster, die sich im Spiel ungewollt und automatisch einstellen, das Dunkelfeld all der Dinge, die unserem Körper, unserer Stimme und unserem Geist ständig unterlaufen, ohne dass wir sie unterbinden könnten. Generationen von Schauspielenden haben nach Methoden gesucht, mit denen sich die Differenz beheben lässt, die durch das unwillkürliche *Plus* in unserem Ausdruck entsteht: *Sei natürlich! Sei authentisch! Sei ganz du selbst! Spiel nichts! Entspann dich! Fühl dich ein!*, hießen deren gut gemeinte Ratschläge. Aber sobald wir vor ein Publikum treten, tun wir spontan Dinge, die sich unserer Kontrolle entziehen. Gewöhnlich werden wir dieser Unwägbarkeit mit drei unterschiedlichen Strategien begegnen – die perfekte Vorbereiterin hat beim Auftritt alles so eingeübt und wasserdicht festgeklopft, dass kein privater Spalt offen bleibt, durch den Ungeplantes dringen könnte – was natürlich ein Trugschluss ist. Der Minimalist spielt mit größter Zurückhaltung, in der Absicht, möglichst wenig *gucken zu lassen.* Auch hier ist es eine Illusion zu glauben, dass dadurch nicht etwas ganz Konkretes – und möglicherweise Ungewolltes – ausgedrückt wird. Die dritte Strategie ist die der Offenbarung: Ich gebe alle Schwierigkeiten, Unsicherheiten, Defizite offen zu, ich stehe zu ihnen, ja, ich mache sie geradezu offensiv zum Thema. All die Scheuen, Verletzlichen, Ungehobelten, Fremdartigen auf der Bühne arbeiten so. *Zeige deine Wunde* – diese Art, mit der ewigen Differenz zwischen Wollen und Wirken umzugehen, ist sicherlich die schönste – aber auch die schwerste. Der Weg, der hier vorgestellt wird, um mehr über die eigene Wirkung zu erfahren, besteht darin, sich als Erstes unsentimental der eigenen Muster bewusst zu werden und sie dann experimentell zu erweitern. *Schmutzige Zeichen* werden auf diese Weise nach und nach ausgefiltert.

Wenn wir das erste Gebot – *Du sollst nicht langweilen!* – ernst nehmen, werden wir uns nicht gänzlich einer Wirkung anvertrauen wollen, die wir selbst gar nicht so gut kennen. Die relevante Frage auf Proben heißt also: *Wollte* ich mit meinem Spiel wirklich diese Bedeutung erzeugen oder ist sie mir *unterlaufen*, weil ich mich eigentlich im Alarmzustand befinde? Diese Unterscheidung setzt natürlich voraus, dass ich mir vorher eine Aufgabe gestellt und nicht einfach drauflosgespielt habe. Gehen wir ohne Aufgabe auf die Bühne, haben wir im Anschluss keine Kriterien, mit denen wir unser Spiel vergleichen können, und fangen an zu diskutieren. Unsere Muster können wir nur erkennen, wenn wir uns beschreiben lassen – oder im Idealfall selber beurteilen können –, ob wir tatsächlich das gespielt haben, was wir uns vorgenommen hatten. *Draufloszuspielen,* ohne sich vorher ein Ziel gesetzt zu haben, ist ein Fehler, der auf Proben so verbreitet wie unproduktiv ist. Wenn wir keine Entscheidung treffen, bevor wir eine Bühne betreten, wird sie uns von unseren unbewussten Ausdrucksmustern und Gewohnheiten abgenommen. Nennen wir sie unser *Pattern No. 1.*

PATTERN NO. 1

++++ von den sorgen eines *one trick ponys* ++++ wird mir überhaupt etwas besseres einfallen? ++++ warum uns das spiel im abgesicherten modus schadet ++++

Auch außerhalb des Theaters wählen wir unbewusst Ausdrucksmuster, die wir in der jeweiligen Situation für angemessen halten. Interessanterweise verengt sich auf der Bühne häufig dieses Repertoire, das heißt, wir bedienen uns nur der Handvoll von Ausdrucksmustern und ↗ANGEBOTEN, die wir selbst erprobt und für brauchbar befunden haben. Unter diesen gibt es ein gewohnheitsmäßiges Lieblingsmuster, unser *Pattern No. 1.* Wir alle haben diesen persönlichen Vorzugsmodus, er ist das erste Angebot, das wir auf Proben machen, wenn es keine präzise Vorgabe gibt. Die eine tritt mit einem Lächeln und blitzenden Augen auf und zeigt einen charmanten Gag – ihr Pattern heißt *Hey, hier kommt ein Spaßvogel.* Ein anderer Spieler geht langsam und zögerlich auf die Bühne und signalisiert *Hallo, ich bin nett und harmlos, kritisiert mich nicht für meine Fehler.* Der eine gibt sich *verführerisch,* die andere *missgelaunt verschlossen,* der Dritte *ordinär brutal,* eine andere gibt den Kumpeltyp und signalisiert der Regie *Entspann dich, ich liefere dir das,* der Nächste kommt *gepflegt intellektuell* oder *stürmt auf die Bühne und improvisiert erst einmal alles in Grund und Boden.* Manche strahlen aus: *Entschuldigung, ich bin unsicher, sag mir, was ich machen soll.* Und natürlich gibt es auch Spielende, die ausstrahlen: *Keiner unterbricht mich!,* indem sie sofort fertige Ergebnisse präsentieren. Jeder hat sein eigenes Pattern No. 1.

Daran ist zunächst nichts Falsches, es ist der vertrauteste Teil unserer Ausdruckspalette. Wenn wir uns auf der Bühne schon ausgesetzt fühlen, so wollen wir uns wenigstens an etwas Bekanntem festhalten. Es ist unser Sicherheitsnetz, das Register, von dem wir glauben, dies sei unser ganz persönlicher Zauber, mit dem wir das Publikum zuverlässig an uns zu binden vermögen oder mit dem wir uns in einem ersten Schritt die ↗ REGIE vom Leib halten, die von uns Dinge verlangen könnte, von denen wir fürchten, sie nicht umsetzen zu können. Und schließlich verteidigen wir dieses vertraute, sofort abrufbare Pattern auch deshalb so hartnäckig, um nicht vor der Frage zu stehen: *Was passiert, wenn ich es weglasse?* Was kommt danach? Wird mir überhaupt etwas Besseres einfallen? Stehe ich unter Umständen »nackt« da, entlarvt als *One Trick Pony,* als Laie? An der Hartnäckigkeit, mit der wir um den Schutzraum unseres persönlichen Patterns kämpfen, mag man ermessen, was es in Wahrheit kostet zu wissen, dass wir beurteilt werden, sobald wir eine Bühne betreten. Was viele Regieführende nicht nachvollziehen können, ist das Ausmaß der Unsicherheit, in der wir uns befinden, bevor wir eine Bühne betreten, und wie viel Mut es kostet, sich täglich immer wieder aufs Neue für seine Versuche kritisieren zu lassen.

Spielende sind sich dieses Patterns No. 1 oft nicht bewusst. Zu Recht wirkt die Benennung dieses Musters entlarvend, gar beschämend. Wir fühlen uns ertappt. Uns wird etwas gespiegelt, das wir vielleicht im Geheimen von uns kennen, das sich aber offenbar unserer Kontrolle entzieht. Dennoch tun wir zunächst alles, um daran festzuhalten. Es fällt uns schwer zu akzeptieren, dass unser persönliches No. 1 nicht Teil unserer bewussten Entscheidung ist, sondern ein Gewohnheitsmuster, das uns immer wieder unterläuft. Vielleicht werden wir behaupten, dass dieses Pattern sehr wohl bewusst gesetzt sei, oder gar, man irre sich, unser Spiel sei etwas vollkommen Neues, noch nie Angebotenes – und doch identifizieren Außenstehende sofort: Hier spielt jemand sein Pattern No. 1.

Mit der Wahl dieses ersten Ausdrucks ist allerdings keineswegs gesichert, dass wir das Publikum zuverlässig abholen, im Gegenteil: Das gewohnte Muster ist fast zwangsläufig der schwächste Ausdruck, den wir persönlich wählen können. Es dient in erster Linie dazu, dass wir auf der Bühne vermeintliche Fehler vermeiden. Aber Zuschauende wollen keine bequemen Wege, sie wollen Konflikte, Kämpfe, Katastrophen. Wenn wir No. 1 spielen, spürt das Publikum unsere wahre Motivlage: Da steht jemand, der sich sicher fühlen will. Das Publikum aber will gar keine Sicherheit. Es hat bezahlt, also will es, dass es uns etwas kostet. Es will das Unerwartete, Spannung, ↗ RISIKO, Überraschung, Gefahr. Es will das Außerordentliche, das Spiel ohne Netz, alles andere, denkt es, könne es ja auch selber. Wenn wir das Pattern No. 1 wählen, wollen wir Kontrolle gewinnen über unsere Beziehung zum Publikum, aber häufig wird dadurch genau das eintreten, was Schauspielende am meisten fürchten: zu langweilen.

WARUM LANGWEILT SICH DAS PUBLIKUM?

++++ die drei großen langweiler ++++ erwartungen bestätigen und durchbrechen ++++ die langweiler als messlatte ++++

Regieführende tun gut daran, bei der kritischen Betrachtung ihrer eigenen Inszenierung ab und zu in die Gesichter der Zuschauenden zu schauen – denn diese verraten ihnen zuverlässig die Schwächen ihrer

Arbeit. Über deren Bereitschaft zur Aufmerksamkeit lügen wir uns nämlich nur allzu gerne in die Tasche. Dort, wo die Mienen eindeutig erzählen, dass man nicht mehr zuhört, müssen wir ansetzen. Eine vorläufige Theorie der Langeweile würde feststellen: Langeweile entsteht erstens dann, wenn auf der Bühne zu lange keine Variation stattfindet, zweitens, wenn ein Publikum ständig absehen kann, was als Nächstes geschieht. Der dritte Grund für abflauende Aufmerksamkeit ist die Überforderung. Somit heißen die drei großen Langweiler: *Zuständlichkeit, Absehbarkeit, Überforderung*. Beim ersten Langweiler – der Zuständlichkeit – verlagert sich das Spiel auf allen Ebenen zu einem ↗MUSTER DER MITTE hin. Anstatt das Geschehen zu variieren oder voranzutreiben, treten Schauspielende und Situation einförmig und widerspruchsfrei auf der Stelle. Das Publikum stellt sich unwillkürlich die Frage *Wann geht's denn los?* oder denkt sich: *Ich hab's ja verstanden*. Es verliert die Geduld. Der zweite Grund für dessen Desinteresse – Absehbarkeit – besteht darin, dass das Spiel zwar vorangetrieben wird, das Publikum aber immer schon im Voraus ahnt, was als Nächstes passieren wird. Wenn ständig genau das eintritt, was man bereits erwartet hat, fühlen sich Zuschauende unterfordert und langweilen sich. Ein solches Spiel wirkt einfältig und klischiert. Der dritte Langweiler ist die *Überforderung*: Wechselt die Information, der das Publikum folgen soll, in anhaltend rascher Folge, wird es mit zufälligen Reizen, die sich nicht aufeinander beziehen, zugeschüttet, reißt der Aufmerksamkeitsfaden ebenfalls ab. Zuschauende schalten irgendwann in den Modus passiven Betrachtens um und denken *Ich kann nicht mehr folgen* oder *Das ist mir zu schnell/zu viel/zu hoch/zu anstrengend* etc. Wenn wir unser Spiel mit den Augen des Publikums messen wollen, um zu bestimmen, ob es gelangweilt, in Bann geschlagen oder überfordert ist, müssen wir uns mit den *Erwartungen*, die ein Publikum an uns hat, beschäftigen. Wer ins Theater geht, hat bereits gewisse Erwartungen, die durch unser Spiel entweder *bestätigt*, *irritiert* oder *enttäuscht* werden. Werden diese ständig bestätigt, hat ein Publikum offenbar nur Triviales erlebt. Wird die Erwartung zunächst bestätigt, aber in einem bestimmten Moment durchbrochen, ist es positiv irritiert und aufgefordert, sich kritisch zu verhalten. Widerspricht alles, was es sieht, seinen Erwartungen, kann es das Gesehene gar nicht mehr einordnen und wird es häufig als *nicht verständlich* ablehnen. Irgendwo zwischen der Langeweile des Trivialen und dem Unverständnis der Überforderung fesseln wir ein Publikum. Das richtige Maß für dauerhafte Aufmerksamkeit besteht offensichtlich im unberechenbaren Wechsel von Bestätigung und Durchbrechung von Erwartungen. Wenn wir wissen wollen, ob wir in den letzten zwei Stunden *Langweiler* oder *Aufreger* oder hermetisch *Unverständliches* produziert haben, wird es nützlich sein, unser Spiel unter dem Aspekt dieses Wechsels zu betrachten.

Das Publikum zu binden, indem wir seine Erwartungen in einer unkonventionellen Folge *bestätigen, irritieren* oder *überfordern*, ist keinesfalls nur eine Aufgabe der Regie. Sie organisiert zwar den Rhythmus, die Dichte und die Spitzen des Spiels, aber auch wir können unser Spiel anhand dieser Messlatte beurteilen. Schauspielende haben, wenn sie sich gegenseitig zuschauen, ein ziemlich präzises Empfinden dafür, wie lange eine Szene trägt, wo sie langweilig wird oder überfordert. Sobald wir allerdings wieder selbst auf der Bühne stehen, nimmt diese Urteilskraft ab. Oft halten wir Dinge, die ein Publikum längst verstanden hat, für immer noch interessant, öfter noch nicht Nachvollziehbares für selbstverständlich. Dabei vergessen wir gerne, dass wir uns wochenlang mit einem Stoff beschäftigt haben, und Dinge, die für uns inzwischen selbstverständlich sind, von einem Publikum innerhalb von Sekunden entschlüsselt werden müssen. Umgekehrt verlieben wir uns auf Proben gern in Dinge, die wir für lustig, schockierend oder interessant halten, die aber andere längst ungeduldig machen. Wir brauchen also einen Maßstab, mit dessen Hilfe wir Langeweile identifizieren können. Soll unser Spiel dauerhaft die Aufmerksamkeit fesseln, arbeitet es – unabhängig davon, ob eine Geschichte erzählt wird oder das Geschehen abstrakt ist – mit dem Spannungsverhältnis dieser drei Faktoren: *Variation* statt Zuständlichkeit, *Befremdung* statt Absehbarkeit und *Ökonomie der Zeichen* statt Überforderung.

Um die Langeweile als Maßstab zu nutzen, müssen wir zu uns selbst in Distanz treten und unabhängig von dem, was die Regie sagt, einen unverstellten Blick auf unser eigenes Spiel werfen. Die eigene Arbeit aus der Perspektive eines möglichen Publikums zu betrachten, ist schwierig, aber nicht unmöglich. Stellen wir uns vor, ob wir selbst das, was wir spielen, gerne sehen würden. Die drei maßgeblichen Fragen, die uns dabei helfen, lauten: 1) *Zuständlichkeit:* Spiele ich zu breit, zu wiederholend, zu uniform bzgl. der ↗HALTUNG, ↗BEWEGUNG, ↗SPRACHE? Bin ich zu langsam, zu selbstverliebt? Krankt eine Szene an ihrer Ausführlichkeit? Spiele ich die ganze Zeit das Gleiche? Sind ↗RAUMBEZIEHUNG, ↗MELODIE, ↗RHYTHMUS, ↗TEMPO der Szene zu einförmig? 2) *Absehbarkeit:* Ist das Spiel zu glatt, zu ordentlich, zu logisch und voraussehbar? Wird zu viel erklärt, wird alles motiviert und begründet? Doppelt die Haltung, die ich spiele, den Text? Ist meine ↗FIGUR ohne Widersprüche? Bleiben die Dinge rätselhaft? Und schließlich 3) *Überforderung:* Ist die Darstellung zu wirr, zu schnell, zu dicht? Ist mein Spiel zu voll in der Dichte der Zeichen, fehlt der Fokus? Geschieht zu vieles gleichzeitig? Sind die Kerngedanken sprachlich verständlich? Zerfasert das Geschehen in zu viele Einzelheiten? Fehlen entsprechende Brücken, die den Zuschauenden das Geschehen nachvollziehbarer machen? Werden Punkte übersprungen, die dem Publikum wichtige Informationen liefern? – Messen wir unser Spiel an diesen Fragen, werden wir bereits eine Menge über unser Spiel erfahren.

Viele der Muster, die in eine Inszenierung einfließen, überlassen wir der ↗REGIE nach dem Motto: *Wenn's nicht kritisiert wird, ist es in Ordnung.* Dabei sind wir für wesentliche formale Aspekte selbst verantwortlich. Wie eine Szene letztendlich aussieht, hängt erheblich von unseren ↗ANGEBOTEN ab. Achten wir auf der Probe konsequent auf die drei großen Langweiler *Zuständlichkeit, Absehbarkeit* und *Überforderung.* Selbstverständlich ist die Arbeit an den Strukturen, die dauerhaft Aufmerksamkeit erregen, auch für ein Theater relevant, das gar keine Geschichte mehr erzählen will. Gerade in den abstrakteren ↗SPIELWEISEN, die sich weit von der Abbildung einer Wirklichkeit entfernt haben, wird uns die Kritik unserer Arbeit anhand der drei strukturellen Fragen die Augen öffnen und helfen, selbstständig konkrete Änderungen an unserem Spiel vorzunehmen.

Die Wirkungsdosen, mit denen wir Erwartungen durchbrechen, haben sich im Verlauf der Theatergeschichte stetig erhöht – denn die Erwartungen des Publikums, überrascht zu werden, entwickeln sich natürlich stetig weiter. Die Bluttat, die im antiken Theater hinter der Mauer stattfand und von der wir nur durch den Boten *erfuhren*, wurde nach und nach immer näher an den Betrachtenden herangerückt. Unermüdlich wurden neue Mittel, neue Techniken, neue Spielweisen vorangetrieben, um im Spiel mit den Erwartungen einen Schritt voraus zu sein. Als wir nicht mehr näher herankonnten, haben wir die Figuren und Geschichten selber zertrümmert und darauf das Feld der *Tausend Theater* errichtet. Der vorläufig letzte Stand im Spiel mit den Erwartungen ist ein Theater, das bewusst der Langeweile Raum gibt, ein Theater also, das die Langeweile geradezu heraufbeschwört, um nicht langweilig zu sein. Es kokettiert mit einer übermäßigen Aufführungsdauer, fordert die Zuschauenden auf, zwischendurch hinauszugehen und einen Kaffee zu trinken, und vermittelt ihnen, dass nicht alles, was auf der Bühne stattfindet, wirklich wichtig sei. Selbst eine Aufführung, die nach dem Motto *Da müsst ihr jetzt durch!* oder gar *Dann geht doch, ihr Banausen!* mutwillig mit dem Desinteresse spielt, will letzten Endes dadurch Energie produzieren, dass es ihr Publikum bei der Ehre packt. Das Theater ist bis an die absolute Grenze gegangen, um nicht zu langweilen, dennoch mussten wir dabei die beunruhigende Entdeckung machen, dass es nichts gibt, was nicht dazu geeignet wäre, für das informierte Publikum auf Dauer langweilig zu sein.

Das Spiel mit der Bestätigung und Durchbrechung von Erwartungshaltungen bedeutet, Routinen in Frage zu stellen und Konventionen zu hinterfragen, ja deren konsequente Verletzung. Die Technik des Zusammenbindens von Dingen, die auf den ersten Blick nicht zusammenpassen – ein Weg, mit dem wir uns ausführlich befassen werden – erzeugt verlässlich die gesuchten Reibungsverhältnisse. Der Satz *Aber so kannst du das doch nicht machen!* ist nahezu ein sicheres Indiz dafür, dass wir auf dem richtigen Weg sind. Wie groß allerdings dabei die Beharrungskräfte sind, die uns in die Gefilde des vollständig Absehbaren zurückholen, sehen wir im nächsten Kapitel.

MUSTER DER MITTE

++++ wie eine unsichtbare hand auf probebühnen absehbare muster produziert ++++ vom niedrigen energieaufwand des spiels im mittelfeld ++++ wer muster aufdeckt, kann sie auch ändern ++++

Es berührt uns seltsam. Schauen wir lange genug einer Improvisation zu, können wir mit einiger Erfahrung die Dinge, die als Nächstes auf der Bühne geschehen werden, voraussagen. Nicht nur tendiert der Ausdruck einzelner Schauspielender über kurz oder lang zu einem ↗ PATTERN NO. 1, auch die in Gruppen entstandenen Spielzüge, Reaktionen, Arrangements, Konflikte, kurz, das Zusammenspiel mündet laufend in wiederkehrende Muster. Bitten wir eine Person, einen Stuhl auf die Bühne zu stellen, stellt sie ihn an die Rampe mit der Sitzfläche zum Zuschauerraum. Immer. Bitten wir sie, einen Tisch dazuzuplatzieren, wird der Tisch *vor* den Stuhl gestellt, niemals dahinter. Platzieren wir den Tisch schief zur Rampe, rückt sie ihn gerade, bevor sie beginnt. Bitten wir eine Person, ein Mikrofon zu testen, sagt sie zuverlässig *eins, zwei.* Manchmal auch *Test, Test.* Auf keinen Fall sagt sie *Bodensee* oder *Jodtablette.* Fordern wir dazu auf, eine Rede zu halten, wählen Sprechende eine Position in der Bühnenmitte im vorderen Viertel der Bühne und wenden sich dem Publikum zu – sie stehen *en face*. Das Tempo des Auftritts ist im gemäßigten Bereich, die Stimme ist mittellaut, die Sprache ist rhythmisch gleichförmig. Die ↗ HALTUNG ist freundlich. Sämtliche Ausdrucksmittel befinden sich in einem *Mittelfeld.* Bitten wir eine Gruppe auf die Bühne, stellt sie sich im Halbkreis auf. Die einzelnen Personen nehmen dabei einheitlich denselben Abstand zum Nachbarn ein und bilden einen exakten Bogen mit einer Freifläche in der Mitte. Zuverlässig. Stellt sich jemand zufällig etwas näher an seinen Nachbarn, wird dieser einen Schritt zur Seite machen, um den Abstand wiederherzustellen. Folgt man dem Vorsprechen für eine Schauspielschule, in dem wiederholt dieselbe Szene gespielt wird, wird man feststellen, dass die Spielenden, ohne einander gesehen zu haben, die gleiche Satzmelodie, den gleichen Rhythmus, die gleichen Betonungen, die gleichen Bewegungen, die gleichen Emotionen, ja die gleichen Handlungen und

Bühnenwege verwenden. Muster werden offenbar unbewusst kopiert und verbreiten sich diffus. Und fast alle spontanen Muster finden im Rahmen des Erwarteten statt. Würden wir uns selbst zusehen, fänden wir sie mit Sicherheit nicht besonders interessant. Warum wählen wir sie dennoch, sobald wir eine Bühne betreten?

Für viele dieser wie von Zauberhand auftauchenden Muster lassen sich Gründe vermuten. Der Halbkreis etwa ist die Formation der vollständigen Gleichberechtigung und Rücksichtnahme. Sie ist gänzlich auf die Betrachtenden ausgerichtet, sie lässt in den Sichtlinien den Blick auf alle Anwesenden frei, sie benachteiligt oder priorisiert niemanden und dringt nicht in die Sphäre der Mitspielenden ein. Es ist die Formation, die auf der Bühne die maximale Höflichkeit ausdrückt und damit den geringsten Konfliktstoff birgt. Auf Proben, bei denen wenig von außen hereingegeben wird, finden sich die Spielenden nach einer Weile zuverlässig im Halbkreis wieder. Ganz offensichtlich ist dies das natürlichste und angenehmste Muster, in dem sich Menschen auf einer Bühne arrangieren. Gleichzeitig ist es auch das langweiligste Arrangement, das sich zwischen Körpern auf einer Bühne denken lässt. Seine Moral ist offenbar, wir wollen es unseren Mitspielenden möglichst angenehm und dem Publikum maximal einfach machen. Die Zwangsläufigkeit, mit der sich Halbkreise auf einer Bühne herausbilden, ist in ihrer Art logisch und nachvollziehbar. Aber es gibt auch sehr seltsame Muster, die sich auf der Bühne absehbar schnell einstellen, wenn keine Regie dagegenhält: Warum fangen Szenen in der Mitte der Bühne an? Warum machen wir regelmäßig eine Pause, bevor wir antworten? Warum wird jemand, dem wir auf der Bühne einen Stuhl zur Verfügung stellen, unfehlbar irgendwann gegen diesen treten? Warum gehen wir in einem Dialog nach ein paar Sätzen zwanghaft auf unsere Mitspielenden zu und fassen sie am Arm? Warum schreien wir, wenn wir angeschrien werden, zurück? Warum lachen wir nicht stattdessen? Oder tanzen? Warum wird in jedem Krimi Kaffee getrunken? Und warum endet er beinahe immer mit *Lassen Sie die Waffe fallen!*? Warum wählen wir auf einer Bühne intuitiv jenes Muster, das für den Betrachter am absehbarsten ist? Warum tun wir notorisch das, was unserer Faszination schadet? Warum verstoßen wir fortlaufend gegen die Gesetze der ↗ LANGEWEILE?

Es gibt wiederkehrende Raum- und Zeitmuster, gestische, psychologische und Muster der Interpretation. Ihnen allen ist gemein, dass sie sich in einer Art *Mitte* wiederfinden. Die Mitte würde alles bezeichnen, was Extreme meidet, sich einrichtet in einer gewissen Bequemlichkeit, alles, was wenig Energie, Konzentration und Nachdenken verlangt. In der Mitte drückt sich das Naheliegende aus. Die Mitte bedeutet für den ↗ PARAMETER der Haltung, dass ich einen einzigen emotionalen Ausdruck wiederhole, ohne ihn jemals zu brechen. Der Ton, den ich wähle, bleibt immer gleich. Theatersprache nennt eine solche Haltung *zuständliches Spiel.* In der ↗ BEWEGUNG zeigt sich die Mitte an der Symmetrie des Körpers oder auch an dauerhaftem Herumstehen, Sitzen, Wandern, generell in einem körperlichen Ausdruck, der nahe am Privaten ist. Im ↗ TEMPO ist die Mitte ein gemessenes Schreiten und Sprechen, im ↗ RHYTHMUS das Heruntersprechen oder Zerdehnen von Texten oder die Gleichförmigkeit von Pausen. In der Improvisation bedeutet sie die Weigerung, sich von Mitspielenden zu einer Veränderung bewegen zu lassen, oder die Tendenz, Mitspielende zu spiegeln. Die Mitte ist das Feld, auf dem wir vor Risiken geschützt sind. Muster der Mitte zu wählen ist per se nichts Schlechtes. Sie können im Spiel Phasen der Entspannung und des Übergangs erzählen. Das Mittelfeld ist allerdings dann unbrauchbar, wenn es uns im Spiel einfach unterläuft oder sich daraus nichts Weiteres mehr entwickelt. Genau diese beiden Dinge geschehen auf Bühnen allerdings ständig.

Unsere Tendenz, schauspielerische Erfindungen in Gewohnheitsmuster der Mitte münden zu lassen, überträgt sich interessanterweise auch auf die Mitspielenden. Als Muster ist die Mitte hochansteckend. In einer Improvisationsübung – nennen wir sie *100 Türen* – werden Spielende dazu aufgefordert, in endloser Folge Varianten zu erfinden, wie man den Raum durchquert und woanders abgeht. In Spielweise, Thema und Wahl der Mittel sind ihnen keine Beschränkungen auferlegt, Ziel ist allein die Aufrechterhaltung der Aufmerksamkeit für die Dauer dieser kurzen Szene. Die Gruppe wagt sich anfangs nicht aus der Deckung und spielt die naheliegenden Szenen. Alle bedienen sich zunächst ähnlicher Mittel. In einer zweiten Phase reißt jemand etwas sehr Unkonventionelles an und die anderen beginnen nun ebenfalls, die Bandbreite ihrer

↗ANGEBOTE zu vergrößern. Niemand spielt in dieser Phase noch einen sehr einfachen Auftritt. Ungefähr ab dem vierzigsten Auftritt kann man etwas Seltsames beobachten: Der genutzte Raum beschränkt sich auf eine Seite, die Stimmung und Spielweise der Szenen gleichen sich an, alle Szenen werden immer länger, die Haltung der Spielenden beginnt sich zu ähneln. Die Wahl der Mittel verengt sich wieder und die Themen der Szenen werden immer schmaler, bis die allgemeine Stimmung im Raum schließlich ihren Tiefpunkt erreicht hat. Kurz darauf fällt der Satz: *Mir fällt nichts mehr ein.* Waren die Auftritte nach anfänglichem Zögern kontrastreich und sehr persönlich, pegeln sie sich im Verlauf der Übung auf ein bestimmtes Muster ein, alles gleicht sich einander an, bis die Fantasie der Gruppe gewissermaßen »verklebt«. Das Feld, auf dem überhaupt neue Erfindungen möglich sind, erscheint allen plötzlich winzig, uniform, leer. Die Spielenden wirken auf einmal wie erstarrt. Ließe man die Übung unbeirrt weiterlaufen, würde sie nach ungefähr hundert Wiederholungen wieder sehr interessant. Auf der Probe können wir diese Durststrecke aushalten, in der Aufführung eher nicht.

Nicht nur im Workshop, auch auf Proben entwickeln Gruppen eine gemeinsame Sprache, einen Sound, einen Stil, der sich sehr schnell zu einer Manier verfestigt. Ohne dass dazu angeregt worden wäre, begrenzen wir in deren Verlauf die Wahl unserer darstellerischen Mittel. Etwa ab der Hälfte der Probenzeit beginnen die Dinge absehbar zu werden, wirken uninspiriert und zäh. Das hier entstehende Muster ist darin begründet, dass wir uns in unserem Ausdruck gegenseitig anstecken. Anstatt uns zueinander im Kontrast zu verhalten – was Energie erzeugen würde –, spiegeln wir uns gegenseitig und landen so gemeinsam im Mittelfeld. Gleichsam physikalisch richtet sich das Muster der Mitte dort ein, wo der Energieaufwand am geringsten zu sein verspricht. Wobei die Kraft, von der hier die Rede ist, eine mentale ist: Wachheit, Reaktionsvermögen, gedankliche Flexibilität dauerhaft aufrechtzuerhalten – all das sind wichtige Voraussetzungen für das Eingehen von Risiken –, kostet sehr viel Energie. Die Wahl des Mittelfeldes ist der natürliche Weg, auf der Probe die eigenen »Energiekosten« zu senken. Aber wenn wir eine Bühne betreten und uns dabei höflich im Halbkreis sortieren, fängt das Publikum bereits an, müde zu werden, bevor wir überhaupt angefangen haben. Stünden wir dagegen in einer strengen Reihe hintereinander und deckten uns gegenseitig ab, würde seine Neugier geweckt. Vor dem Betreten der Bühne braucht es deshalb ein *Nachdenken*, ein Nachdenken über das Prinzip von Variation und Kontrast.

Wir können vermuten, dass die Mitte, wie das Beispiel des Halbkreises zeigt, eine Art Scheu vor dem Konflikt ist, aber das trifft es nur zur Hälfte. Das Unangenehme, das wir meiden, wenn wir die Mitte wählen, ist nicht so sehr der Konflikt – im Gegenteil, sehr viele Improvisationen landen nach kürzester Zeit unvermeidlich dort, wo sich zwei Personen gegenseitig anschreien, und auch in vielen Inszenierungen sind die Spielenden dauerhaft auf demselben Level laut und aggressiv. Das Wesen des ↗ PATTERN NO. 1 besteht eher in der Weigerung, den einmal gefundenen Zustand zu *verändern,* also in der fehlenden Risikobereitschaft, den Schritt in eine andere Richtung zu wagen. Denn einerseits kostet die Aufforderung, etwas am Spiel zu verändern, jedes Mal eine gehörige Überwindungskraft, andererseits halten wir, wie oben beschrieben, gerne an dem einmal Gefundenen fest und treten es breit, aus Sorge, dass uns danach nichts Besseres mehr einfallen könnte. Unser Gehirn mag offenbar keine Überraschungen, sagen Hirnforscher: *Wir wählen das Gewohnte, weil es dem Gehirn sehr viel Energie und Arbeit erspart, denn psychische Erregung ist physiologisch sehr teuer. Dummerweise verdirbt uns das »sparsame Gehirn« den Spaß an sehr vielen Dingen.*

In der Mitte zu spielen, spart Energie, verdirbt aber dem Publikum – und uns – den *Spaß.* Wenn wir nicht darauf achten, stellt sich die Mitte überall ein. Um Mittelfelder zu vermeiden, braucht es plötzlich eintretende Widersprüche, Kontraste und überraschende *Variationen.* Aber wie finden wir die spannungsgeladenen Alternativen? Woher kommen die guten Ideen? Die konventionelle Antwort auf diese Frage lautet schlicht *Sei mutig! Geh größere Risiken ein!* Das nächste Kapitel untersucht, wie weit uns diese Empfehlung trägt.

RISIKO

++++ warum das publikum vom risiko fasziniert ist ++++ die probe als stressraum ++++ vom glück, sein muster aufzugeben ++++

Nicht ohne Grund fällt in einem Publikumsgespräch irgendwann der Satz *Unglaublich, wie Sie sich so viel Text merken können.* Auswendiglernen ist eine Akrobatik des Gehirns, die Außenstehenden Bewunderung abnötigt. Es birgt nämlich die Gefahr des *Hängens.* Das Publikum erlebt diesen Blick hinter die Kulisse des Perfekten, diese Anteilnahme an der Herausforderung unserer Kunst als etwas hoch Faszinierendes. *Hast du gehört, der Souffleur musste einspringen*, ist ein Satz, der in Foyers häufig fällt. Auf der Bühne zu sein bedeutet, sich für sein Können feiern zu lassen, aber eben auch das Risiko in Kauf zu nehmen, seine Schwächen preiszugeben. Risikobereitschaft scheint also das erste Rezept zu sein, mit dem wir schwache Muster aufsprengen können. Aber was bedeutet der Satz *Geh größere Risiken ein!* eigentlich für uns?

Wie echtes Risiko im Theaterspiel aussieht, lässt sich an Theaterformen, in denen ausschließlich improvisiert wird, gut studieren. Ein Theater, in dem es keinen gelernten Text, keine Figuren, kein Stück, sondern skizzierte, häufig vom Publikum eingeworfene Spielanlässe gibt, reißt dieses zu Begeisterungsstürmen hin, wenn Spielende sich mit Brillanz und Schlagfertigkeit aus einer scheinbar aussichtslosen Situation herausspielen. Es lädt sein Publikum aber auch offenherzig dazu ein, Zeuge quälender Spannung zu werden, wenn wir uns auf der Bühne ideenlos ins Nichts improvisieren. In einer solchen Theaterform gehen wir das maximale Risiko ein, vor dem Publikum blamiert dazustehen, und genau für diesen Mut werden wir gefeiert. Das Publikum hat ein sehr feines Gespür für die Energie, die uns auf der Bühne etwas kostet. In gewissem Sinne erwartet man von uns nicht primär Kunstfertigkeit, sondern dass wir bereit sind, an die Grenze zu gehen und unsere *Wunde zu zeigen.* Die Zuschauenden mögen vielleicht nicht genau unterscheiden, ob sie eher das Risiko und die Wunde der *Figur* oder die der *Spielenden* lieben, aber die Gefahr, dass das Hochseil reißen könnte und das Unvorhergesehene, das Überfordernde eintritt, hält sie in Spannung. Diejenigen von uns, die bereit sind, die eigenen Unfertigkeiten am radikalsten zu offenbaren, werden am Ende möglicherweise mehr geliebt als diejenigen, die alles perfekt beherrschen. Das Interesse der Zuschauenden und das der Schauspielenden sind also gewissermaßen gegenläufig. Die eine Seite will Sicherheit, um nicht abzustürzen, die andere reagiert unwillig, wenn wir im abgesicherten Modus auftreten. Senken wir unseren Einsatz, verweigert man uns den Zuspruch. Wir sollten uns deshalb lieber früher als später mit der Tatsache anfreunden, dass wir eher Erfolg haben werden, wenn wir bereitwillig das Risiko zu scheitern als unseren freundlichen Begleiter anerkennen.

Tatsächlich ist die radikale Form des Spiels mit dem Risiko nur in sehr wenigen ↗SPIELWEISEN Stilmittel. Nur selten lassen die Partituren uns größere Freiräume, in denen wir aufgefordert sind, jeden Abend aufs Neue zu erfinden. Dennoch ist das Spiel mit dem Risiko auch in durchinszenierten Aufführungen das richtige Stichwort: und zwar dort, wo die Inszenierung erfunden wird – auf der Probe. Hier entscheidet sich, ob unser Spiel unbekanntes Terrain erkundet und am Ende riskant wirkt oder ob es im Wesentlichen im durchgängigen Spiel unseres ↗PATTERNS NO. 1 besteht. Auch auf der Probe fällt es uns nicht immer leicht, über unsere Muster hinauszugehen. Die Probe, so denkt man, sei der geschützte Raum, wo inspiriert, sorglos, ungehemmt alles ausprobiert und verworfen wird, ein Ort, an dem das Scheitern mühelos in Kauf genommen wird. Doch sitzen viele Theaterleute nicht ohne Grund am Anfang ziemlich lange am Tisch und reden. Was meistens ein Fehler ist, denn die Überwindung, die es kostet, die Grenze des Zuschauerraums zu überschreiten, wird dadurch nicht geringer. Wenn wir schließlich auf der Probe zum ersten Mal die Bühne betreten, mögen wir am Tisch bereits noch so viel analysiert, verstanden und vorbereitet haben, es fühlt sich für uns jedes Mal wieder so an, als ob der Beruf völlig neu erfunden werden muss. Gehen, Sprechen, Reagieren, Handeln, selbst einfaches Wahrnehmen – alles fühlt sich merkwürdig und falsch an. Diese unangenehme Erfahrung führt unweigerlich dazu, dass sich unser Spiel schnell dem Erprobten anvertraut. Wir machen die ↗ANGEBOTE, mit denen wir uns am wohlsten, am sichersten, am geschütztesten fühlen. Da wir auf der Probe ständig mit Aufgaben konfrontiert werden, die uns im ersten Moment überfordern, gehen wir auch hier nur sehr zögerlich Risiken ein.

Schauspielende kennen definitiv die Erfahrung, dass die meisten Versuche mit neuen Ausdrucksmustern zunächst unbeholfen oder peinlich enden. Sich aus dem eingewöhnten Pattern wegzubewegen, bedeutet das Risiko in Kauf zu nehmen, dass man scheitert. Viele von uns versuchen, diese Absturzkanten konsequent zu meiden, indem sie sich akribisch vorbereiten und dann jedes Detail so ausführen, wie sie es zu Hause geübt haben. Manche bewegen sich nie über ihren ersten, fest eingeprägten Ausdruck hinaus und bestreiten damit ihr ganzes Berufsleben – was nicht unbedingt ein Zeichen für ein begrenztes Talent sein muss. Es gibt Berühmtheiten, die großartig in ein und derselben Rolle sind. Aber wenn wir in der Lage sein wollen, in den vielfältigen Vorstellungswelten von Regie eigenständig Angebote zu machen, wenn wir auf der Probe ein hohes Maß an Energie, Überraschung, Unberechenbarkeit erzeugen möchten, werden wir Unbekanntes ausprobieren und das Risiko eingehen müssen, dafür kritisiert zu werden. *Gehe größere Risiken ein!* dürfte allerdings als pädagogischer Ratschlag ungefähr so brauchbar sein wie die Aufforderung doch *einfach besser* zu spielen. Er hilft uns nicht, weil er so allgemein ist. Als Regieanweisung macht er Schauspielende im besten Falle ratlos und führt in erster Linie dazu, dass wir auf der Bühne lauter, launiger und aggressiver werden. Was also würde uns helfen, uns selber über unser Pattern No.1 hinauszukatapultieren, uns mit voller Absicht in die Felder des vorerst Unkontrollierbaren zu begeben, das Unerwartete, nicht vorher Gewusste aufzusuchen, uns willentlich dem Risiko des Absturzes auszusetzen? Wie befreien wir uns von der Sorge, unser Spiel könne nicht gefallen?

In Wahrheit klingt die Aufforderung, sich vom Pattern No.1 zu befreien und ins Risiko zu gehen, viel bedrohlicher, als sie ist. Risiken einzugehen bedeutet für uns nicht, gefährliche Dinge zu tun, sondern ausschließlich die Gefahr, Ablehnung zu erfahren. Das Training von Risikobereitschaft besteht zunächst in der Übung, gelassen anzuerkennen, dass wir ein Pattern No.1 haben, das mitunter kritisiert wird. Über unser unbekanntes und spontanes erstes Muster darf man uns aufklären. Nur so können wir die Erfahrung machen, dass nichts Schlimmes geschieht, wenn wir unser Lieblingsmuster weglassen. Es wegzulassen kostet Überwindung und Übung. Das Muster ist hartnäckig und kehrt wieder, sobald die Konzentration nachlässt, aber dahinter lauert nicht das Nichts. Im Gegenteil, das eigene Muster zu variieren, wirkt eher befreiend. Wir werden die Erfahrung machen, dass jenseits vom Pattern No. 1 erst das eigentliche Feld unserer Möglichkeiten beginnt. Sich das eigene Muster bewusst zu machen, ist allerdings in der Praxis keineswegs eine Selbstverständlichkeit. Hier wird an eine Art Tabu gerührt. Schauspiellehrende behaupten gerne, über die Eigenheiten des Pattern No. 1 aufzuklären, zerstöre den ureigenen Zauber ihrer Studierenden für immer. Dem lässt sich leicht erwidern. Es geht nicht darum, dieses Muster zu disqualifizieren oder es jemandem abzugewöhnen. Dessen Wirkung ist oftmals der Grund, warum jemand Erfolg hat. Im Fernsehfilm werden wir genau deswegen besetzt. Es geht vielmehr darum, bewusst zu machen, dass dieses Muster nur *eine unter tausend anderen* Ausdrucksmöglichkeiten ist, die von uns einfach nie in Betracht gezogen wurden. Fehlversuche gelassen auszuhalten, Scheitern nicht als Katastrophe, Kritik nicht als Kränkung, sondern als Wegweiser zu verstehen, ist der einzige Weg, die Herrschaft festgefahrener Muster einzuhegen. Wenn wir einmal erfahren haben, wie unendlich groß der Raum unserer Möglichkeiten ist, verwandelt sich die Furcht vor dem Risiko in ein lustvolles Ausprobieren, und wir verinnerlichen, dass das Unbekannte der Ort ist, aus dem die Inspiration kommt.

Der erste Schritt auf dem Weg dorthin besteht nicht darin, sich selbst wahllos zu größeren Risiken anzutreiben, sondern ein Bewusstsein für Muster mit niedrigem Energielevel zu entwickeln – um sie dann wegzulassen. Die Fähigkeit, solche schwachen Strukturen erkennen und auch technisch benennen zu können, ist die Voraussetzung für alles Weitere. Das Erkennen einer Schwachstelle ist der Einstiegspunkt für deren Variation. Alles, was wir dafür brauchen, ist das Wissen, auf welchen Feldern solche Muster überall auftauchen können. ↗ MUSTER DER MITTE lassen sich mit etwas Aufmerksamkeit leicht feststellen. Wenn auf Proben etwas unproduktiv zu werden droht und sich festgefahren hat, liegt der Grund meist darin, dass sich das gesamte Spiel dort eingepegelt hat. Den Blick schärfen können wir für alle schwachen Muster, über die bereits gesprochen wurde: die Übersprunghandlungen, die uns im ↗ ALARMZUSTAND unterlaufen, unser Pattern No. 1 und die drei

Langweiler *Zuständlichkeit, Absehbarkeit* und *Überforderung*. Haben wir solche Muster erkannt, gilt es, sich selbstständig zu unterbrechen. Wer die Stelle benennen kann, wo der Spannungslevel abfällt, weiß auch, was man verändern muss. Der nächste Schritt heißt: *Change the pattern!* Wenn wir uns wieder einmal im Halbkreis wiederfinden, variieren wir das Muster: Alle stehen gleichmäßig verteilt mit dem Rücken zum Publikum. Oder wenden sich in ungleichmäßigen Gruppen den Rücken zu. Oder stehen im Profil nach links gewandt. Oder in diversen Raumachsen, aber als Pulk in einer Ecke. Oder alle verteilen sich gleichmäßig und blicken zur Mitte. Oder stehen in unterschiedlichen Abständen zueinander in einer Linie an der äußersten rechten Bühnenseite, bzw. stehen mit dem Rücken zum Zuschauerraum an der Rückwand.

Im folgenden Teil wird die Technik beschrieben, mit deren Hilfe wir unsere Spielmuster bewusst verändern. Die Werkzeuge, die wir dafür nutzen, sind die unterschiedlichen ↗ PARAMETER, die in Teil 7 einzeln aufgeführt sind. Das oben genannte Beispiel, *Variation des Halbkreises,* nutzt zwei Werkzeuge: ↗ RAUMBEZIEHUNG und ↗ ACHSE. Die Menge der Lösungen, die sich allein daraus ergeben, würde ein ganzes Buch füllen. Wenn Talent die Fähigkeit ist, sich selbst zu überraschen, sind die Parameter die Schlüssel, mit denen wir die Räume der riskanten Überraschungen öffnen. Voraussetzung für die Handhabung dieser Schlüssel ist allerdings, dass wir uns zuvor von einem im Schauspiel hochgeschätzten Dogma verabschieden – dem Glauben an *Intuition* und *Spontaneität.* Wir ignorieren deren schnelle Ergebnisse, treten einen Schritt zurück und nutzen stattdessen die Techniken des ↗ LANGSAMEN SPIELS.

2_Muster erfinden

An der Schönheit gefällt uns gerade, dass sie unverfügbar ist, sich einer glücklichen Fügung verdankt.
Sie kann deshalb weder aus einem Gesetz hergeleitet und also auch nicht fabriziert werden.
Immanuel Kant

copy, combine and celebrate!
Graffiti

SCHNELLES SPIELEN – LANGSAMES SPIELEN

++++ vom elefanten und seinem reiter ++++ warum spontan sein heißt, sich spontaneität zu verbieten ++++ warum langsames denken zu spontanen ergebnissen führen kann ++++

Der Kognitionspsychologe Daniel Kahneman beschreibt in seinem Buch *Schnelles Denken, langsames Denken* die Tücken und Untiefen des intuitiven Denkens. Das schnelle Denken geschieht unbewusst und umfasst die automatisierten Handlungen des Instinkts, der Gefühle und der habituellen Handlungen – und trifft im Alltag den Gutteil unserer Entscheidungen. Das langsame Denken dagegen ist das bewusste Innehalten und Neudenken über einen Gegenstand, das Reflektieren und Planen. Auch im Schauspiel haben wir es mit diesen beiden Denkformen zu tun. Wir können *aus dem Bauch heraus* spielen oder darüber nachdenken, welche Alternativen sich zu unserer ersten Idee anbieten. Wenn wir auf der Probe *schnell* auf Spielideen kommen wollen, die über das Intuitive hinausgehen, müssen wir erst einmal *langsam* denken. Ein Bild, mit dem das Verhältnis zwischen *langsamem Denken* und *schnellem Denken* beschrieben wird, ist das vom Elefanten und seinem Reiter. Der Elefant verkörpert das schnelle Denken, unsere unbewussten Entscheidungsfindungen, unser unreflektiertes Handeln, unsere Routinen, unsere Spontaneität. Der Reiter dagegen steht für das langsame Denken, für Planung, bewusste Entscheidung, den Willen, mit dem Handlungen umgesetzt werden. Im Bild hat der Reiter das Gefühl, oben sitzend dieses gewaltige Tier durch seine Kommandos zu steuern. In Wahrheit aber kennt der Elefant seinen Weg von allein. Er mag dem Reiter dabei das gute Gefühl vermitteln, dieser sei der Chef des Ganzen – das Tier aber trottet in Wahrheit wie gewohnt den einen ausgetretenen Pfad nach Hause. Manchmal wählt es eine Abkürzung, dann hält der Reiter sich für besonders schlau. Das schnelle Denken gaukelt uns die ganze Zeit vor, es produziere reflektierte Entscheidungen, dabei arbeitet es mit Routinen. Das langsame Denken ist dabei zufrieden, nicht ständig in Anspruch genommen zu werden, denn langsam zu denken kostet uns Anstrengung. Auf unser Metier übertragen behauptet der Reiter allen Ernstes, der Pfad, auf dem er auf der Bühne unterwegs ist, sei Resultat einer ausgefeilten Routenplanung. Dabei findet sein Lasttier in Wahrheit seinen Weg im Schlaf. Nicht gewohnheitsmäßig schlafwandelnd unseren schnellen Intuitionen zu folgen, hieße also zu wissen, wie der Reiter den Elefanten dazu verführt, andere Wege einzuschlagen. Es würde bedeuten, dem Elefanten zu zeigen, dass es nicht nur einen oder zwei Wege gibt, sondern unzählige. Es würde uns bewusst machen, dass wir jederzeit in jede beliebige Richtung gehen können und zwar nicht nur im 360-Grad-Sinne, sondern auch nach unten oder oben. Wir könnten ein Loch nach unten graben oder die Himmelsleiter anstellen. Wir könnten auch rückwärtsgehen, rasen oder hüpfen. Wir könnten versuchen, auf dem Rüssel zu gehen, und dabei spektakulär stürzen. Wir dürfen uns ziemlich sicher sein, dass ein Elefant, dessen Performance *Der Weg nach Hause* heißt, all diese Dinge ausprobieren müsste, um dauerhaft ein Publikum in seinen Bann zu ziehen. Aber wie kommt er auf diese neuen Ideen?

Schauspielstudierenden wird häufig empfohlen, ihrer Intuition zu vertrauen, wenn sie etwas ausprobieren. Intuitives Spielen verweist auf eine Art angeborenes Gespür, das uns auf der Bühne wirkungsvolle Entscheidungen treffen lässt. Sein Gegenpart ist das Schmähwort »verkopft«. Die intuitive Spielerin grübelt nicht. Bei ihr fließt alles Spiel ohne weiteres Zögern in einer scheinbar organischen Manier. Der nächste Verwandte der Intuition ist die noch höher geschätzte Spontaneität. Beide sind wertvolle Eigenschaften, denn wie sollten wir ohne sie ein ↗ANGEBOT machen, gar improvisieren und zusammenspielen? Theater findet im Hier und Jetzt statt, da bleibt keine Zeit für langes Zögern. Das Problem an der Empfehlung *Sei spontan!* ist, dass sie, wenn sie nicht ergänzt wird, genauso wie die Anweisungen *Riskier was!* oder *Improvisiert mal die Szene!* für gewöhnlich gar nichts Unerwartetes aufblühen lässt, sondern eher Gewohntes reproduziert. Spontan entstehen auch die vielen absehbaren ↗MUSTER DER MITTE. Spontan reagieren wir zwar schnell, aber eben auch unflexibel. Spontan zu sein, behauptet schließlich auch der Elefant, wenn er sich selbstständig auf den Weg nach Hause macht.

Wenn in einer Szene die Handlung unseres Gegenübers zum Beispiel darin besteht, uns Vorwürfe zu machen, reagieren die meisten von uns spontan mit dem Spielzug *Stimmt doch gar nicht.* Heißt die Szene *Ehepaar im Urlaub* fangen wir unwillkürlich an, zu streiten. Eröffnet jemand mit dem Vorschlag, eine Party zu starten, schließen wir uns freudig an oder wir beschweren uns: *Bitte keinen Krach!* Spontane Reaktionen sind auf Proben meist sehr absehbar. Kaum jemand bricht bei der »Partyeinladung« plötzlich in Tränen aus, obwohl dieser Spielzug das Potential hätte, echtes Interesse zu wecken. Kein gelangweiltes *War ja klar,* sondern *Was um Gottes willen ist los, er weint ja! Es ist doch Party!* wäre die Reaktion des Publikums. Die Spielzüge *unwirsch ablehnen* oder *Ich feiere mit* mögen die spontane Reaktion der spielenden Privatperson sein, aber sie sind so verständlich wie konventionell. Aus ihnen ergeben sich keine erheblichen Bühnenvorgänge. Unsere Spontaneität rät uns in den allermeisten Fällen *Spare Energie, wähle das Vertraute.* Spontan zu spielen heißt schnell, emotional, aber eben auch bequem zu sein. Wertvoll ist Spontaneität für uns nur dort, wo sie zu *unterschiedlichen Reaktionen auf dieselbe Aufgabe* führt, und nicht zur einfachsten, bequemsten, absehbarsten Lösung. Das, was wir offensichtlich von ihr erwarten, ist also gar nicht promptes Reagieren – beim wirklich spontanen Agieren loben wir nämlich nicht so sehr die Geschwindigkeit als vielmehr die Flexibilität der Erfindungen. Jemanden, der zwar blitzschnell, aber immer gleich reagiert, würden wir kaum als spontan bezeichnen. Wenn wir also von Spontaneität reden, meinen wir Erfindungsreichtum, der schnell abgerufen werden kann.

Wenn wir schnell und erfindungsreich sein wollen, müssen wir *langsam denken.* Wenn wir gezielt die Muster des Unbekannten, diejenigen Ausdrucksfelder, die nicht an der stets greifbaren Oberfläche unseres spontanen Handelns liegen, spielen wollen, etwas, das sich außerhalb unseres intuitiven Verständnisses und unseres schnellen Reagierens befindet, gibt es dafür nur einen Weg: Wir müssen raus aus dem Bereich, in dem unser Körper, unsere individuelle Mentalität, unsere Vorstellungskraft von sich aus handeln. Das *Innehalten und Nachdenken* ist der Türöffner für die Räume, in denen Konfrontation, Überraschung, Reibung auf uns warten. Sein Talent zur echten Spontaneität zu fördern heißt also, sich erst einmal Spontaneität zu verbieten. Wir unterbrechen den gewohnten Gang des Elefanten und übernehmen als sein Reiter das Kommando. Wir halten inne und treffen bewusst eine alternative Entscheidung. Was passiert nach diesem bewussten Kappen unseres ersten spontanen Einfalls?

Mach doch mal anders! ist ein Satz, der auf der Probe häufig fällt, und ebenso oft denken wir dann: *Mir fällt nichts ein!* Fordert man uns auf, unsere ersten ein, zwei spontanen Ideen zu verwerfen und schnell ein alternatives Angebot zu machen, fühlen wir uns häufig leer. Um unseren Tunnelblick aufzuheben, nutzen wir ein Paradox. Anfangs sagten wir, auf der Bühne könne *alles* stattfinden, sie sei der Ort unumschränkter Freiheit, den nur wir selbst durch unnötige Grenzziehungen verkleinern. Um das Feld dieses *alles* zu erschließen, nutzen wir jetzt das Mittel der bewussten Beschränkung. Würden wir uns die Aufgabe stellen: *Mach einfach irgendwas!*, führte dieser unbeschränkte Freiraum zu einer sehr absehbaren Palette von Ideen. Freie Spielvorgänge entwickeln auf der Bühne schwache Strukturen, sie sind *entropisch*, das heißt, sie verlieren ständig Energie und daraus resultieren gleichmäßige Muster der Mitte, kurz: Sie produzieren auf Dauer Langeweile. Unsere Fantasie ist offenbar begrenzt, wenn der Rahmen der Möglichkeiten unendlich ist. Wir nutzen daher den Trick der Verknappung der Möglichkeiten. Wir erlegen uns Regeln auf, die zunächst einmal die automatische Wahl unseres Lieblingsmodus ausschließen und uns stattdessen in Felder führen, auf denen wir kämpfen müssen. Unser Erfindungsreichtum arbeitet dann am zuverlässigsten, wenn wir uns eine klare Regel geben und mit einem konkreten Werkzeug auf die Suche gehen. Je enger das Raster unserer Handlungsoptionen ist, desto reicher sind die Einfälle, die wir finden. Das, was wir spielend auf der Probe entwickeln, ist also im Idealfall zunächst genau *nicht* Resultat unseres spontanen Handelns, sondern ergibt sich aus den Zufällen, die sich ereignen, wenn wir einer Spielregel folgen, die uns auf unbekannte Felder zwingt. Spontaneität verlagert sich hier gewissermaßen vom Feld unseres privaten ersten Reagierens in das Feld, auf dem die Arbeit mit konkreten Regeln spontan Zufälle hervorbringt. Beim *langsamen Spiel* lösen wir also die Frage *Habe ich spontan genug interessante Ideen?*, indem wir uns die Zeit nehmen, eine begrenzte Zahl von Möglichkeiten zu definieren und gezielt auf ein bestimmtes Moment unseres Spiels anzuwenden. Das Verfahren, das wir dabei nutzen, ist viel einfacher, als es klingt – es heißt:

PARAMETER, OPTION, REGEL

++++ die technik der gezielten provokation von zufällen ++++ über die felder, auf denen wir nach unbekannten angeboten graben können ++++ die bücher der möglichkeiten ++++

Höhere Wesen befahlen: rechte obere Ecke schwarz malen! betitelt Sigmar Polke ein Bild, in dem er die rechte obere Ecke schwarz gemalt hat und uns damit einen spöttischen Hinweis auf sein Verständnis von Kreativität gibt. Höhere Wesen, die auf der Bühne das Unerwartete, das Fremde, das Faszinierende und Geheimnisvolle oder das zutiefst Wahre entstehen lassen, steigen nicht einfach so herab. Es gilt, ihre Mitarbeit herauszufordern. Das Spiel mit den *höheren Mächten,* also die Herausforderung des Zufalls als Quelle unserer ↗ANGEBOTE, beginnen wir damit, indem wir uns einen Überblick über die unterschiedlichen Arten von Zeichen verschaffen, mit denen wir uns auf der Bühne ausdrücken. Wir nennen sie hier *Parameter.* In der Musik bezeichnet der Begriff elementare Aspekte, mit denen sich das akustische Geschehen beschreiben lässt: Tempo, Tonhöhe, Tondauer, Lautstärke, Rhythmus, Klang. Um ein annähernd komplettes Instrumentarium für die Beschreibung von Bühnendarstellung zu erhalten, kommen zu den Parametern, die der Musik entstammen, noch Parameter des Raums, der Bewegung, der Sprache und des Gedanklichen hinzu.

Jeder einzelne Parameter öffnet sein eigenes *Buch der Möglichkeiten.* Nennen wir die Reihe, die wir in einem solchen Buch vorfinden, *Optionen.* Eine Option ist ein konkreter Vorschlag für eine Bühnenhandlung, die wir auswählen – etwa *Spiel mit dem Rücken zum Publikum!, Lass dich fallen!, Mache Pausen an ungewohnten Stellen!* oder *Sei ungeduldig mit den anderen!* oder eben *Brich in Tränen aus!* Eine solche Reihe kann, wie beim Parameter ↗ACHSE nur aus acht unterschiedlichen Optionen bestehen – vorne, hinten, links, rechts und vier Diagonalen – bei anderen gibt es eine viel größere Auswahl. Bei der ↗LAUTSTÄRKE hängt ihre Zahl allein davon ab, wie viel unterschiedliche Stufen zwischen laut und leise wir uns selber zutrauen, zuverlässig zu unterscheiden. Musik verständigt sich auf diesem Feld mit einer erheblichen Anzahl, beginnend mit dem *fünffachen pianissimo.* Wenn wir spielen, könnten wir uns beim Parameter Lautstärke die Aufgabe stellen, aus sechs Optionen auszuwählen: *geflüstert, sehr leise stimmhaft, ruhig gesprochen, mittellaut, mit starker Stimme, gebrüllt.* Dagegen ist das *Buch der ↗ HALTUNGEN,* wie wir sehen werden, unerschöpflich. Und schließlich werden wir auf *Bücher* stoßen, die, wie das *Buch der ↗ BEWEGUNGEN,* so komplex sind, dass uns nur Vereinfachungen bleiben, wenn wir in der Zahl spielbarer Optionen nicht verlorengehen wollen. Allen Optionen gemeinsam ist aber, dass sie *immer konkret* und im Spiel *einfach umzusetzen* sind.

Im ersten Schritt suchen wir einen Parameter aus, mit dem wir unseren Stoff bearbeiten wollen – variieren wir zum Beispiel die ↗ RAUMBEZIEHUNG, die ↗ MELODIE, die ↗ DEUTLICHKEIT, die ↗ FIGUR oder einfach den ↗ STAND? Anschließend werfen wir einen Blick in das dazugehörige *Buch der Möglichkeiten.* Dieser Schritt ist der einzige, der in der Praxis Vorbereitung erfordert. Natürlich schleppen wir auf der Probe keine realen Bücher mit uns herum. Wir müssen also über die Breite der Optionen, die es auf jedem Gebiet gibt, informiert sein.* Sich mit diesen Büchern vertraut zu machen, ist sehr einfach. In vielen Fällen genügt es, sich deren unterschiedliche Optionen ein einziges Mal bewusst zu machen, um sie später zuverlässig anwenden zu können. Das *Buch der verschiedenen ↗ TEMPI* etwa wird man problemlos auswendig lernen: Wenn wir wollen, besteht es nur aus *langsam, mittel* und *schnell.* Wenn wir einen Überblick gewonnen haben über die verschiedenen Optionen eines Buches, treffen wir eine Auswahl. Am produktivsten werden dabei diejenigen Entscheidungen sein, die wir dem Zufall überlassen, damit wir nicht bereits im Voraus ein Bild vom Ergebnis haben. Jeder Zufall ist auf seine Weise produktiv, und sei es nur, dass er uns klar macht, wie wir etwas *nicht* spielen sollten.

Schließlich können wir uns zusätzlich eine *Regel* auferlegen, wie und in welchem Maß wir ausgewählte Optionen anwenden. Regeln können vorgeben: *Wende diese Option immer an* oder *nur ein einziges Mal* oder *Wende sie dann an, wenn vom Mitspielenden das und das kommt* oder *Mach immer das Gegenteil von…* oder *Variiere willkürlich zwischen Option eins, zwei und drei* oder *Steigere im Verlauf der Szene langsam über*

---

* Im siebten Teil »Werkzeuge« werden diese *Bücher* näher beschrieben.

die gesamte Breite der Optionen. Die Regeln müssen konkret und mühelos umsetzbar sein, sonst verlangen sie uns zu viel Konzentration ab. Denn der Gewinn dieser Technik besteht genau darin, dass sie in der Anwendung einfach ist. Wenn wir eine Option und eine Regel kombinieren, ergeben sich Spielanweisungen wie *Mach dasselbe, aber schneller. Verlagere in unregelmäßiger Folge den Schwerpunkt deines Körpers. Mach Pausen von unterschiedlicher Dauer, aber nie am Satzende. Ändere viermal im Verlauf der Szene die Raumbeziehung, in der sich dein Körper zum anderen positioniert. Berühre dein Gegenüber, aber nicht mit den Händen. Spiele immer das Gegenteil dessen, was vermeintlich im Text steht. Sei abwechselnd liebevoll und unfreundlich.* Oder wir kombinieren Optionen: *Sei liebevoll, aber schaue den anderen nie an. Werde nie laut, aber sei dennoch wütend. Unterbrich die Richtung, in die du dich bewegst, und ändere dabei jedes Mal das Tempo. Hab keine Ahnung, wovon die andere Person redet, aber finde alles komisch. Sei gewalttätig und langsam. Sei enthusiastisch, aber kneife dabei die Augen zusammen. Sei zart zu dir selber, aber laut dabei.* – Der Erfindung von Spielregeln auf der Bühne sind keine Grenzen gesetzt. Im Gegensatz zu den großen Systemen, die für die Kunst des Schauspiels erfunden wurden, zwingt uns die Arbeit mit wenigen Optionen und einfachen Regeln nicht dazu, an zu viele Dinge gleichzeitig zu denken. Eine Regel auszuführen wie *Wechsle ganz zufällig zwischen zwei Tempi deiner Bewegungen* kostet uns weder Anstrengung noch besonderes Können – und dennoch führt sie uns unweigerlich in Situationen, deren Ausgang für uns überraschend ist. Die Auswahl eines Parameters, einer Option und einer Regel ist als Spielvorgabe so einfach, dass genug Raum bleibt für das, worum es eigentlich geht: das Spielen.

Wie entsteht zum Beispiel spontan der ziemlich gute Spielzug aus dem letzten Kapitel, auf das Partyangebot hin *in Tränen auszubrechen?* Im ersten Schritt wählen wir aus den Parametern genau *einen* aus. Nicht mehr. In unserem Beispiel wählen wir die Haltung. Im zweiten Schritt wählen wir aus der Fülle der Optionen ebenfalls *eine* aus. Würden wir spontan – *schnell* – spielen wollen, hätten wir an dieser Stelle unmöglich den Überblick über die riesige Palette verschiedenster Haltungen. Ziemlich wahrscheinlich würden wir uns im Spiel nicht entscheiden zu weinen. Um auf eine solche Idee zu kommen, müssen wir innehalten und einen Blick in das *Buch der Haltungen* werfen. Es ist erstaunlich, welche Ergebnisse eine solche Liste menschlicher Haltungen zu Tage fördert: Sie ist schier endlos.* Es gibt noch immer neue Varianten menschlichen Verhaltens, die wir bisher übersehen haben. Das Erstellen einer solchen Liste ist ein wahrer Augenöffner. Denn wo wir unserer spontanen Fantasie mühsam vier, fünf Varianten abringen, sehen und erkennen wir hier auf einmal die riesige Anzahl von Möglichkeiten, an die wir noch nie gedacht haben. Es gibt unzählige Varianten, auf eine und dieselbe Handlung zu reagieren. In unserer konkreten Übung müssen wir nur auswählen. Wir lassen unseren inneren Zufallsfinger über die Liste der *Möglichkeiten* kreisen und wählen die Option *Werde sehr traurig.* Und diese Wahl lässt nun eine Szene entstehen, die weit über unser spontanes Spiel hinausführt.

Wenn wir diese ungewohnte Art des Probierens üben wollen, können wir anfänglich eine solche Liste tatsächlich bei uns haben, oder aber wir lassen uns die Auswahl abnehmen und von außen zurufen. Das Entscheidende bei dieser Übung ist, dass wir dabei *inhaltlich* überhaupt nicht filtern bzw. im Voraus abwägen, ob eine solche Wahl »*passt*«. Jede Entscheidung, die neue Türen öffnet, ist erst einmal richtig. Niemand sagt, dass unsere Reaktion logisch oder vertraut sein muss. *Jede* Reaktion, die wir spielen, ist eine nahe- oder eben fernliegende Möglichkeit, auf eine konkrete Handlung zu antworten. Wir beginnen also nicht damit, eine Szene zu lesen, um dann zu sagen: *Aha, diese Szene ist so und so gemeint*, um dann in der Folge genau das zu spielen, sondern wir erteilen uns stattdessen die Aufgabe *Spiel deinen nächsten Spielzug* – der Zufallsfinger kreist wieder über dem Buch der Haltungen – und findet die Haltung *tückisch.* In der Szene mit der Partyeinladung würden wir dann zum Beispiel schief grinsen und sagen: *Nett, habt ihr auch Benzin da, ich möchte grillen.* Auf einer Probe, in der bereits mit dem Stücktext gearbeitet wird, bestünde die Aufgabe darin, dem Text versuchsweise einen *tückischen* Hintersinn zu geben. Heißt es im Stück etwa: *Gerne, aber ich komme etwas später.*, lässt sich diesem Satz mit Hilfe des Subtexts** *Ich muss vorher*

---

* Siehe Seite 216 f. in diesem Buch.

** Zur Verwendung des Begriffs *Subtext* siehe das Kapitel »Haltung«.

noch Benzin kaufen ziemlich einfach eine *tückische* Bedeutung geben. Unser Gegenüber wird auf den seltsamen Unterton ziemlich irritiert reagieren, und die Zuschauenden werden sich fragen, warum der einfache Satz *Gerne, aber ich komme etwas später* derart seltsam klingt.

In der Technik des *langsamen Spiels* könnte »der Reiter« aus dem letzten Kapitel seine Szene *Des Elefanten Weg nach Hause* beispielsweise anhand des Parameters ↗ACHSE untersuchen. Ein Blick in das *Buch der Achsen* verrät ihm, dass er genau *acht* Optionen zur Auswahl hat: Gehen bedeutet nicht unbedingt nur vorwärtsgehen, sondern er kann sich auch rückwärts, seitwärts und sogar in vier Diagonalen bewegen. Arbeitet er mit dem ↗TEMPO, könnte er wie angestochen rasen oder sich kaum sichtbar millimeterweise vorwärtsbewegen. Beides wäre szenisch ein Fortschritt. Würde er sich zusätzlich die Regel *Wechsle überraschend zwischen beiden Optionen* verordnen, hätten wir beiläufig schon einen szenischen Vorgang erfunden, bei dem der Elefant offenbar versucht, durch blitzschnelle Positionswechsel ungesehen von A nach B zu kommen. Arbeitet er mit dem Parameter ↗HALTUNG, werden wir wütende, verspielte, hochnäsige, schuldbewusste, hochmotivierte, ängstliche, verwirrte oder mäkelige Elefanten sehen, deren Szene *Der Weg nach Hause* allemal interessanter ist als ihr ↗PATTERN NO. 1.

Am Anfang wird das Innehalten und das *zufällige* Auswählen uns überfordern und im Spiel stocken lassen. Wir sind wie geblendet von der Fülle unterschiedlicher Optionen und können uns kaum vorstellen, dass wir auf wirklich *jeden* Spielzug *jede* Art von Reaktion spielen können. Es scheint uns widersinnig, eine Welt anzunehmen, in der ein solch ungeheures Ausmaß an Kontingenz herrschen soll. Wir wehren uns im ersten Moment dagegen, auf eine Einladung zur Party etwa *fürsorglich* zu reagieren. Oder *ängstlich.* Oder *jammernd, begriffsstutzig* und *verbittert.* Es kostet uns Überwindung, die Tempi in unserem Spiel neu zu sortieren oder, anstatt dem Impuls nachzugeben, eine Geste zu machen, das Bein zu bewegen. Wir wehren uns zunächst innerlich gegen die Aufforderung, bei einem Spielzug der Aggression, den Text *leise* zu sprechen oder uns vom anderen *wegzubewegen.* Uns widerstrebt intuitiv die Ansage, beim Weinen nicht die Hände vors Gesicht zu schlagen oder den Kopf nach hinten und nicht nach *vorne* zu beugen. Wir kämen nicht auf die Idee, die Figur eines jungen Mädchens mit tiefer, heiserer Stimme zu sprechen oder gar zu stottern oder einem »Chefarzt« eine ordinäre Gestalt zu geben. Wir scheuen uns, das offensichtlich logisch zueinander Gehörende zu trennen und stattdessen Dinge zu kombinieren, die auf den ersten Blick unvereinbar sind. Doch nach und nach gewöhnen wir uns an eine Technik, die unter Fantasie nicht die spontane Reaktion auf meine *eigenen* Gefühle und Vorkenntnisse versteht, sondern einen Verstand, der bewusst zufallsgesteuert aus unterschiedlichen Möglichkeiten aussucht. Denn auf den zweiten Blick führen *alle* der oben aufgezählten Optionen in Gebiete, die ziemlich vielsprechend sind. *Verbittert* auf eine Partyeinladung zu reagieren, verspricht eine ziemlich interessante Geschichte zu werden. Genauso wie eine *jammernde, fürsorgliche* oder *begriffsstutzige* Reaktion den Szenenverlauf unberechenbarer machen würde. Und eine scheinbar naheliegende Geste *nicht* zu machen oder einen Text unvermutet *leise* zu sprechen, erhöht sofort unseren Energielevel.

Wahre Spontaneität heißt also, nicht auf das begrenzte Repertoire des *schnellen Denkens* zurückzugreifen, sondern bewusst in den Modus des *langsamen Denkens* umzuschalten. Viele von uns erleben das Spiel nach solchen formalen Regeln als eine Befreiung. Wir haben nicht mehr das Gefühl, ständig unter dem Druck zu stehen, spontan originelle Ideen anbieten zu müssen. Wir geben die Verantwortung ab und überlassen unsere Spielangebote der Entscheidung »*höherer Wesen*«. Wir lassen uns gewissermaßen *von außen* spielen und suchen jetzt überall, *außer bei uns selbst.*

Mit Parametern, Optionen und Regeln zu arbeiten, bedeutet zu improvisieren, aber in einem sehr eigenen Sinn. In den Impro-Workshops der Schauspielschulen wird nicht mit *formalen* Aufgaben improvisiert. Dort wird zu Beginn der *Stoff* für eine Improvisation vage skizziert – Figur, Situation, Konflikt. Anschließend werden die Spielenden aufgefordert, *diese Szene zu improvisieren.* Bei dieser Art der Improvisation wird der Stoff »mit eigenen Worten wiedergegeben«; ihm wird dabei aber weder eine neue Form noch eine andere Bedeutung gegeben als die, die zu Beginn bereits feststand. Improvisationen mit *Parametern* folgen einer anderen Logik. Wir improvisieren nicht den Inhalt, sondern dessen Form. Ziel ist es, Stoffe *strukturell* in Bewegung zu setzen und auf diese

Weise auch ihre *Bedeutungen* in einem neuen Licht erscheinen zu lassen. Anders als in konventionellen Improvisationen ist dabei unabdingbar, dass wir den Text oder die Abläufe, die wir mit einem Parameter bearbeiten, vollständig und absolut sicher beherrschen. Unsere Konzentration gilt allein dem Spiel mit dem Parameter und nicht der Memorierung eines Textes. Bearbeiten wir einen nicht präzise auswendig gelernten Text zum Beispiel mit dem Parameter ↗ RHYTHMUS, werden wir sofort scheitern. Ein solches Werkzeug greift dermaßen tief in die Struktur unseres Denkens ein, dass wir bei seiner Anwendung sofort den Text vergessen, wenn wir ihn nicht vollkommen sicher beherrschen.

Für jede Arbeit mit Parametern gilt: Wenn wir einen Stoff probieren, bearbeiten wir ihn mit genau *einer* Aufgabenstellung. Nicht mehr. Dort, wo wir mit der breiten Palette von Parametern Versuche anstellen, gilt: nacheinander, nicht gleichzeitig! Die großen Methoden der Schauspielmethodik sind häufig so komplex, dass sie uns den Eindruck vermitteln, wir müssten auf der Bühne an unzählige Dinge gleichzeitig denken. Was hier vorgeschlagen wird, bedeutet eine radikale Vereinfachung: Unser *langsames Spielen* arbeitet wie ein Suchscheinwerfer, der nur einen einzelnen Aspekt ausleuchtet. Rings um diesen Lichtkegel fängt der Arbeitsraum des *schnellen Spielens* an, unsere Automatismen, die habituellen Gewohnheiten, die Intuition und das Unbewusste. Dieses Denken liegt im Dunkel und arbeitet für uns, ohne dass wir es mitbekommen. Lassen wir es in Ruhe seine Arbeit machen und fokussieren wir uns stattdessen auf *ein einziges* Aufgabenfeld und auf die überraschenden Assoziationen und Spielverläufe, auf die Zufallsfunde, die in solchen Improvisationen entstehen.

Die Arbeit mit Parametern, Optionen und Regeln fordert uns ein Minimum an Aufmerksamkeit ab und ist sofort umsetzbar. Sie verlangt von uns keine übermäßige Konzentration, kein Training, keine Ausbildung, nicht einmal eine besondere Fantasie; Parameter beziehen sich weder auf eine bestimmte ↗ SPIELWEISE noch auf eine einzelne Ästhetik. Sie sind in jedem Zusammenhang und zu jedem Zeitpunkt einsetzbar: Wir können sie als vorbereitendes Training nutzen, als improvisatorische Annäherung an den Stoff, zur Befragung szenischer Skizzen oder auch zur Neuentwicklung bereits fertig geprobter Szenen. Und schließlich eignen sie sich auch als Aufgabenstellung für *subtile Improvisationen* während einer Vorstellung. Sobald wir Parameter nutzen, geraten wir in Bewegung; unser Ausdruck verändert sich und wir entdecken Varianten und neue Bedeutungen, oder sie liefern uns einfach die nächste Spielidee.

Parameter helfen uns, Gewohnheitsmuster zu sprengen, und verleiten zum Spiel in alternativen *Patterns*. Gleichzeitig arbeiten sie wie ein Filter: Sie lassen nur das durch, was durch bewusste Anwendung einer Regel entsteht, und zwingen uns dadurch, alle *schmutzigen Zeichen* – alles, was beliebig, zufällig, privat und übersprunghaft von uns gespielt wird – wegzulassen. Unser Spiel wirkt dadurch im Ergebnis klar, energetisch und fokussiert. Sich durch Parameter anregen zu lassen, geschieht immer nach demselben Prinzip: Wir experimentieren mit einer formalen Regel und merken auf, was sich durch ihre Anwendung verändert. Entweder nutzen wir das Gefundene oder verwerfen es wieder. Anstatt ein Ergebnis zu planen und es dann diffus suchend szenisch zu übersetzen, fordern Parameter uns dazu auf, entstandene Abläufe auf Proben nicht einfach allgemein zu wiederholen, sondern einzelne Aspekte einmal *anders* auszuprobieren. Davon wieder abweichen können wir in der folgenden Runde. Womit wir unsere Versuche beginnen, ist egal. Jeder Einstieg in eine Probenarbeit, der sich konkret mit einem einzelnen Parameter, einer Option oder Regel beschäftigt, fördert Erkenntnisse zutage. Jede Bemerkung im Sinne von *Laut diesem Lehrsatz darf jenes nicht sein* ist Unfug. Eine Regel verlangt ihre unbedingte Befolgung bis hin zur Freisetzung all ihrer Möglichkeiten – und natürlich kann gleichermaßen ihr Gegenteil gelten, wenn wir dies zum Ausgangspunkt einer radikal anderen Versuchsreihe nehmen möchten. Auch wenn wir wissen, dass solche Versuche uns zunächst vielleicht vom ursprünglichen Konzept entfernen werden – mit Parametern unternehmen wir »Probebohrungen« –, wo nichts Erhebliches gefördert wird, setzen wir an einer anderen Stelle neu an. Gerade in einem Probenumfeld der *Tausend Theater*, dessen Motto *anything goes* lautet, wird uns diese Technik unsere Autonomie zurückgeben. Sie hilft uns, Angebote zu finden oder uns selbst zu inszenieren. Am Ende kann sie sogar dazu dienen, eine »innere Regiestimme« zu entwickeln.

VERSUCH UND IRRTUM

++++ schauspiel als alchemie ++++ warum wir am anfang die bedeutung ignorieren ++++ wie uns formale spiele neue bedeutungen bescheren ++++

Allen Werkzeugen, die im siebten Teil genauer beschrieben werden, ist ein Prinzip gemeinsam: Als *experimentelle* Probenmethode gehen sie den Weg von *Versuch und Irrtum*, nicht den von Planung und Ausführung. Es wird anfangs nicht *am Tisch gesessen*, sondern sofort probiert, indem man konkrete Aufgaben auf den Stoff prallen lässt. Der experimentelle Weg ist der Weg der Alchemie. Man nehme disparate Elemente und lasse sie aufeinander reagieren. Wenn wir Disparates zusammenfügen, lässt dies den Stoff, an dem wir arbeiten, in einem anderen, vielleicht abwegigen und befremdlichen, aber zweifellos interessanten Licht erscheinen. Welche *Bedeutung* ein Stoff haben soll, wissen wir vorher nicht. Um Bedeutungen kümmern wir uns später. Der hier vorgestellte Weg vertraut darauf, dass sich der eigentliche Gegenstand im Verlauf der Experimente mit Zufällen von selbst herauskristallisiert. Er geht davon aus, dass starke Stoffe von alleine arbeiten, starke Formen nicht. Formen, die man ungezielt arbeiten lässt, produzieren ↗MUSTER DER MITTE, Formen dagegen, die wir ausgewählt und gezielt als Katalysator verwenden, lassen in Stoffen neue Bedeutungen entstehen. Erst am Ende einer Versuchsreihe wird sich für einen Augenblick an den Tisch gesetzt und überlegt, ob das Entstandene Sinn ergibt. Erst im Zuge der Entscheidung, etwas zu verwenden oder zu verwerfen, wird der Versuch unternommen, einen Stoff zu verstehen, bevor, ausgehend von diesen Erkenntnissen, gezielt neue Versuchsreihen gestartet werden. Die Interpretation steht also nicht am Anfang, sondern am Ende von Proben. Ausprobieren und Interpretieren sind in dieser Herangehensweise zwei deutlich getrennte Vorgänge. Ihre Reihenfolge haben wir umgekehrt. Nur wenn wir uns nicht im Vorfeld auf Interpretationen festlegen, erhalten wir uns die Neugier, die uns daran hindert, ungewöhnliche Ergebnisse vorschnell zu verwerfen.

Der allfällige Einwand ist, diese Art zu arbeiten sei ohne Sinn und Verstand. Sie produziere am laufenden Meter beliebige Dinge, die mit dem Gegenstand, an dem wir arbeiten, nicht das Geringste zu tun haben. Es stehe doch im Text, wie ein Satz, ein Spielzug, eine Szene zu verstehen seien. Deren Bedeutung könne doch nicht beliebig spielbar sein. Dass diese Annahme falsch ist, soll später noch erläutert werden. »Ohne Verstand« aber ist diese Herangehensweise tatsächlich in dem Sinne, dass die zufällige Wahl meiner Spielzüge aus einem *Buch* der möglichen Optionen sich nicht auf den vorausberechnenden Verstand stützt, sondern sich naiv dem Spiel überlässt. Das Faszinierende aber ist, dass durch die ↗RECHTFERTIGUNG – also die Einordnung des Ergebnisses, des Bildes, der Spielidee – Dinge entstehen, die zwar nicht absehbar waren, die möglicherweise auch ein heftiges Reibungsverhältnis erzeugen, die aber im Zusammenhang der stofflichen Vorlage untrüglich *Sinn* ergeben und Bedeutungen hervorrufen. Nur sind es eben Ergebnisse, die vorher noch nicht in Erwägung gezogen wurden. Genau diese Momente aber sind es, die auf der Bühne Energie erzeugen. Solcherart entwickelte Szenen erscheinen häufig sogar realistischer als die nach einer vermeintlichen Logik ausgedachten – ihre Ergebnisse öffnen uns die Augen dafür, dass Wirklichkeit in Wahrheit viel unverständlicher, widerspruchsreicher und unlogischer ist, als wir sie an unseren Probentischen konzipieren. Eine Technik, die sich nicht an den vorgefassten Meinungen unseres schnellen Denkens orientiert, fordert offenbar das Leben heraus. Und in all den anderen ↗SPIELWEISEN, deren Absicht gar nicht in der Abbildung einer in sich *logischen* Wirklichkeit liegt, ist ein solch experimentelles Spiel allemal die erste Wahl, denn ihren stofflichen Vorlagen können wir meist überhaupt nicht entnehmen, wie sie »gemeint« oder gar wie sie zu spielen sind. In all den Theaterformen, die performativ und nicht wirklichkeitsspiegelnd denken, brauchen wir Instrumente, mit denen wir uns auf Proben überhaupt erst einmal in Bewegung setzen können. Die Arbeit mit den Parametern wird besonders hier ein brauchbares Rezept im Kampf gegen die drei Langweiler *Zuständlichkeit, Absehbarkeit* und *Überforderung* sein.

Alle große schauspielerische Kunst entsteht in der Erkundung des Unabsehbaren. Wir könnten den Vorgang der gezielt »chaotischen« Provokation glücklicher Zufälle und der absichtslosen Kombination von Stoffen und Formdetails auch ganz einfach *Kunst* nennen. Die Übungen, die im letzten Teil vorgeschlagen werden, sind in diesem Sinne ein einziges Plädoyer für das *langsame Denken* in der Arbeit von Schauspielenden. *Langsames* Denken heißt dabei keineswegs, dass hier mehr geredet wird – im Gegenteil: Es wird mehr ausprobiert.

RECHTFERTIGUNG

++++ wie sich die dinge im tun von selbst erklären ++++ wie wir einen romeo erfinden, der sich nicht wie romeo verhält und doch romeo ist ++++

Ich lasse mich zu Boden fallen und assoziiere, ich habe einen *Herzinfarkt.* Ich drehe mich hektisch um – mich ereilt der Gedanke, ich werde *bedroht.* Ich spreche sehr leise, aber extrem hart und deutlich: *Offenbar unterdrücke ich Wut.* Ich gehe mit der Stimme während des Sprechens in beliebigen Schleifen hoch und runter: *Ich bin scheinbar eine sehr exaltierte Person.* Der Begriff Rechtfertigung beschreibt, wie wir einem Zufallsangebot nachträglich *Sinn* geben. Der verbreitete Einwand gegen die Arbeit mit dem Zufall, ein solches Prinzip führe doch zu Ergebnissen, die nichts mit der Vorlage zu tun haben, wurde bereits erwähnt. Das scheint einleuchtend; traditionell wird uns gelehrt, die Dinge, die wir ausprobieren, aus einer begründeten *Absicht* heraus zu tun. Gewöhnlich haben wir den Stoff analysiert und vielleicht herausgefunden, A will in dieser einer Szene B's Liebe gewinnen. Also probieren wir dementsprechend alles aus, was uns dazu einfällt: A strahlt, verschenkt Blumen, gibt sich als sportiver Typ, dichtet für B, B errötet, ziert sich und so fort. Anders, wenn wir mit dem Zufallsgenerator arbeiten: Sagen wir, A zieht aus dem *Buch der Raumbeziehungen* die Option *in Distanz, abgewandt, am selben Ort verharrend.* Aus dem *Buch der Haltungen* wählt er *mürrisch.* Die Kombination der beiden Optionen wird uns im Vorfeld ad hoc sagen, dass sich damit keine Liebesszene spielen lässt. Um dennoch eine Liebesszene zu spielen, muss A sein seltsames Verhalten *rechtfertigen.* A wird herausfinden müssen, warum sein sperriges Zufallsangebot im Kontext einer Liebesszene dennoch genau so stattfinden kann: Lassen wir A zu Beginn der Szene *mürrisch in der Ecke stehen,* haben wir damit etwas Spektakuläres herausgefunden: Eine Figur, nennen wir sie *Romeo,* ist entgegen jeder Erwartung *schüchtern!* Wir würden unser Ergebnis durch die nachträgliche Erklärung *rechtfertigen,* dass er offenbar Zurückweisungen gewöhnt ist, sonst wäre er nicht mürrisch. Alles, was wir im Weiteren mit unserem Stoff probieren, ereignet sich nun in einem starken Spannungsverhältnis zwischen dem Inhalt des Textes und der Form des Handelns der Figur. Ein unbeholfener Mensch spricht am laufenden Meter die zauberhaftesten Dinge. Vielleicht führt dieser Zufallsfund dazu, dass wir entdecken, dieser *Romeo* ist kurzsichtig und bräuchte eine Brille, die ihm aber peinlich ist. Der Höhepunkt dieser Liebesszene wird sein, wenn *Julia* ihm vor dem ersten Kuss seine Brille *aufsetzt.* Romeo muss gegen die Tränen kämpfen, weil er erkennt, *Julia* liebt ihn wegen seiner Worte. Seine Brille ist ihr egal. – Wie ist der Entwurf zu dieser romantischen »Brillenszene« entstanden? a) Der Text ist vorgegeben; b) Ich streiche alles, was mir meine spontane ↗INTERPRETATION an romantischen Ideen liefert, aus dem Angebot; c) Ich wähle zwei ↗PARAMETER, in diesem Fall ↗RAUMBEZIEHUNG und ↗HALTUNG; d) Ich wähle aus der Vielfalt der Möglichkeiten je eine ↗OPTION: *in Distanz, bewegungslos* und *abgewandt* sowie *mürrisch*; e) Ich entscheide mich für die ↗REGEL *Alle Optionen beibehalten, komme, was da wolle;* f) Ich spiele den Text mit diesen Mitteln; g) Ich finde eine Rechtfertigung für das, was ich tue, und begründe am Ende, warum ich mich im Kontext des Stoffes, einer Liebesszene, so seltsam verhalte – in diesem Fall: Ich verhalte mich so, weil meine Figur – Romeo – entgegen meiner ersten Fantasie sehr zurückhaltend ist. Rechtfertigung heißt also, einen *Zufallsfund* in den vorgegebenen Kontext – hier: eine Liebesszene – sinnvoll einzuordnen.

Auch ein solch konkretes Beispiel wird Schauspielende, die es gewohnt sind, mit der Interpretation anzufangen, nicht unbedingt überzeugen. Sie werden einwenden, dass ganz sicher nicht viele und schon gar nicht alle Zufallsbefehle, die ich mir selber erteile, zu verwendbaren Ergebnissen führen. Ihnen fällt die Vorstellung schwer zu rechtfertigen, warum eine Liebesszene aggressiv oder gar gewalttätig beginnen sollte. Wie kann eine Szene zärtlich wirken, wenn wir uns zum Beispiel die Regel auferlegen, dem Gegenüber *nie nahezukommen,* fragen sie, oder: Was soll es bringen, wenn A zufallsgesteuert *arrogant* und B *depressiv* spielt? Bei diesen Spielzügen fehlt uns zunächst nur die Fantasie für eine angemessene Rechtfertigung, welchen Sinn ein solches Angebot ergeben könnte. Romeo arrogant auftreten zu lassen, widerspricht nicht nur unserer Intuition, sondern würde von jeder Methode, die mit der Textanalyse startet, sofort von der Liste gestrichen. Arrogant ist doch schon *Mercutio,* sagen wir nach der ersten Lektüre. Aber warum soll *Romeo* kein überheblicher Schnösel sein? Und warum Julia nicht psychisch krank? Warum muss die Begegnung dieser beiden Figuren immer in Form einer quietschvergnügten Theaterschwärmerei enden? Das Aufeinanderprallen einer solchen Konstellation wie *arrogant/krank* mit den bekanntesten Liebestexten der Weltliteratur wird natürlich ein Ergebnis liefern, wenn es zunächst auch befremdlich erscheinen mag. Rechtfertigung heißt, dass sich mit einiger Fantasie für *jede* Handlung, die wir ausführen, Gründe finden lassen, die diese sinnvoll erscheinen lassen. In diesem Beispiel liegt die Rechtfertigung für das vermeintlich *falsche* Verhalten schnell auf der Hand: Erzählt wird in dieser Version die Geschichte, wie die Begegnung mit einem kranken Mädchen aus einem Schnösel einen großen Liebenden macht – nicht völlig unspielbar, könnte man behaupten.

In nicht-realistischen ↗SPIELWEISEN ist eine solche psychologisierende Rechtfertigung des Bühnengeschehens natürlich überflüssig. Rechtfertigung bedeutet hier eher die Entscheidung darüber, wie stark sich bestimmte formale Ergebnisse auf andere beziehen und ob wir das tatsächlich so wollen. Die Arbeit mit Raumbeziehung erzeugt dann in erster Linie unvertraute Spannungsverhältnisse zwischen den Spielenden, die wir gar nicht unbedingt begründen – rechtfertigen – müssen. In einer Spielweise, die sich nicht für die Abbildung realistischer Beziehungen interessiert, verlagert sich die Rechtfertigung eines ungewöhnlichen Probenfundes auf die Frage nach gelungenen Spannungsverhältnissen: Verdichtet eine neu entstandene Variante das Ergebnis, oder wird das Bühnengeschehen durch sie eher geschwächt?

Die letzten drei Kapitel haben die Technik skizziert, mit der wir die im siebten Teil vorgestellten Parameter im Spiel anwenden: Wir lassen das erste Bild, das wir von einem möglichen Ergebnis hatten, für den Moment beiseite, wir unterbrechen den Fluss unserer persönlichen Patterns und treten einen kurzen Augenblick zurück, um ein Werkzeug auszuwählen, mit dessen Hilfe wir den Stoff bearbeiten. Im Spiel lassen wir uns von den neuen Dingen, die nun entstehen, tragen. Erst im Anschluss überlegen wir, ob eine solch neue Interpretation des Stoffes für uns Sinn ergibt oder nicht. Wer sich mit den praktischen Anregungen aus Teil 7 beschäftigt, sollte darüber hinaus einen Blick in das Kapitel ↗ RESONANZ werfen, um zu verstehen, dass es bei allen Spielen mit formalen Regeln letztendlich immer darum geht, ein *Erleben* im Spielenden zu triggern.

Im folgenden Teil geht es um die ganz realen Herausforderungen, die Probenarbeit am Theater an uns stellt, wie wir darin unseren Platz finden, worin unsere Freiheit besteht und wie wir dort Autonomie gewinnen.

3_Zusammen arbeiten

Man wird Regisseur, indem man sich Regisseur nennt und dann andere Menschen davon überzeugt, dass dies stimmt.
Peter Brook

REGIE

++++ regie als die wahre autorin ++++ warum wir, wenn wir die schauspielschule verlassen, unser blaues wunder erleben ++++

Regie hat im zeitgenössischen Theater die Schauspielenden vorläufig vom Thron gestoßen – zumindest was den Weg betrifft, auf dem Inszenierungen zustande kommen. Wir proben nicht mehr für uns allein im fiktiven Dialog mit einem abwesenden Dramatiker, um dann auf der Probe Ergebnisse zu präsentieren; unsere »Autorin« von heute heißt *Regie*. Sie sitzt leibhaftig vor uns und artikuliert Vorstellungen und Konzepte. Regie wählt den Text aus, bearbeitet ihn oder schreibt ihn selbst, sie macht die Besetzung, bestimmt die ↗SPIELWEISE, den Raum, den Sound, den Videoschnitt. Sie bestimmt, was in den Fokus rückt und was gestrichen wird. Vor allem aber gibt sie vor, wie auf der Probe gearbeitet wird – ob Tischtennis gespielt oder eine Szene durchgestellt wird, ob Videos geschaut oder mit einem Training begonnen, ob alles durchdiskutiert wird oder einfach nur angesagt. Es ergibt keinen Sinn, wenn wir beim Nachdenken über unseren Beruf diese Tatsache ignorieren: Schauspielende arbeiten mit Regie. Und das hat Konsequenzen.

Regie beschreibt nicht nur unsere Wirkung, sondern erteilt uns auch Anleitungen, wie wir wirken *sollen*. Regie versteht sich nicht primär als helfende Betrachterin; sie praktiziert eine eigene Kunstform. In der ganzen Vielfalt der Zeichen, die im Theater zusammenspielen, ist für sie der schauspielerische Ausdruck nur eines unter vielen. Für die Praxis der *Tausend Theater* heißt das, dass wir immer wieder mit einer individuellen Handschrift konfrontiert sind. Jede und jeder probt anders. Nicht nur wird immer wieder aufs Neue definiert, was gutes und was schlechtes Spiel ist, und nicht nur werden von uns ganz selbstverständlich Formen erwartet, die wir noch nie gespielt haben – auf der ersten Probe erleben wir unser Wunder allein schon deshalb, weil buchstäblich auf nichts von dem, was wir auf der Schauspielschule gelernt haben, zurückgegriffen wird. Wer zu donnernden Sounds hinter einem Mikrofon steht, wer rhythmisch im Kreis stampfend kollektiv Texte skandiert oder sich mit grüner Farbe übergießt und sich dabei weinend mit einer Handykamera filmt, wird die Regie nicht mit W-Fragen oder angenommener Situation behelligen wollen. Stellen wir auf der Probe die Frage *Was will meine Figur und von woher kommt sie?*, kann es sein, dass man uns antwortet: Figuren können nichts wollen und du kommst von rechts. Denn selbst der Begriff der Figur, ihrer Charakterisierung, ihrer Einheitlichkeit, ist längst nicht mehr selbstverständlich. Häufig existieren gar keine »Rollen« mehr, deren emotionale Abgründe wir in einsamen Selbstversuchen ausloten könnten. Stattdessen fügen wir uns in eine darstellerische Textur ein, die den disparatesten Gesetzen folgt. Auch einer ort-, handlungs- und figurenlosen Textfläche lässt sich natürlich mit Hilfe der Zeichnung einer Figur oder der Gestaltung einer Situation manchmal beikommen, zwingend ist dies aber keineswegs. Viel häufiger wird die Regie erwarten, dass eine solche Fläche in der Art einer Textmaschinistin gesprochen wird.

Die Arbeit auf der Probe mag in der heutigen Landschaft der *Tausend Theater* vollkommen unmethodisch sein und selten wird die Regie unsere gelernten Begriffe verwenden, um zu beschreiben, woran gerade konkret gearbeitet wird, eines aber ist fast überall gleich: Weder über die Interpretation eines Stoffes lässt sie mit sich diskutieren noch über die ästhetische Form. Wir denken mit, bieten an, argumentieren; dennoch werden wir nur selten selbst darüber bestimmen können, *wer was wie* spielt. All dies muss je nach Mentalität, Standing und Kompetenz der Beteiligten ausgehandelt, ja ausgefochten werden. Das Spektrum unserer Autonomie reicht dabei vom Arbeiten nach dem Motto *Wir sind eine Band!*, in dem die Spielenden an der Erfindung des Textes beteiligt sind, bis hin zu einer Arbeitsweise, in der wir akribische Kopisten dessen sind, was uns vorgespielt wird. Fast nie wird alles, was auf der Bühne stattfindet, vollständig von denen bestimmt, die tatsächlich auf der Bühne stehen. Als Schauspielende sind wir, wenn wir nicht selbst eine »regiefreie Gruppe« gründen wollen oder absolute Stars sind, der Tatsache ausgeliefert, dass am Theater ein Großteil der Entscheidungen ohne uns getroffen wird.

All das kann sich ändern. Die Praktiken der Zukunft werden erweisen, welches Maß an Autorschaft wir an unserer Arbeit haben werden. Bis dahin gilt es im unübersichtlichen Feld zu erkunden, wie wir Positionen der Autonomie erkennen und für uns erobern können. Nur wenn wir die Fähigkeit entwickeln, selbst einen Blick von außen auf die eigene

Arbeit zu richten, und die ↗ PARAMETER kennen, mit deren Einsatz wir etwas verändern können, werden wir in der Lage sein, auf der Probe autonom ↗ ANGEBOTE zu machen. Schauspielende dagegen, die ausschließlich ihr eigenes Empfinden zum Maßstab ihrer Arbeit machen, die also nicht in der Lage sind, ihr eigenes Empfinden auf der Bühne von ihrer Wirkung zu unterscheiden, werden sich sehr schnell in uferlosen Diskussionen über unterschiedliche Wahrnehmungen verzetteln.

WIE BEGINNEN PROBEN?

++++ planungstisch oder spielkiste? ++++ erst verstehen und dann spielen oder erst spielen und dann verstehen? ++++

Am ersten Tag betreten wir die Probebühne und jedes Mal aufs Neue ändert sich für uns die Art und Weise, wie probiert wird: Mit *gelerntem Text* oder *Textbuch in die Hand*? *Improvisieren* oder *an den Wortlaut halten*? Die letzte Probe *reproduzieren* oder eben gerade nicht? *Arrangements beibehalten* oder *neu erfinden*? *Warm-up* oder *Kaffeetrinken*? *Ausuferndes Diskutieren* oder *schweigen und anfangen*? Im Folgenden werden zwei grundsätzliche Modelle vorgestellt, die gegensätzlicher nicht sein könnten. In der Praxis werden Proben meist eine Mischform beider sein. Aber der Blick auf die Gegensätze lohnt sich, weil wir dadurch etwas Grundsätzliches verstehen werden, was Proben im Idealfall leisten können.

Meistens beginnt alles am Tisch. Die Besetzung und Rollenverteilung stehen bereits fest, eine Textfassung liegt vor, das Regiekonzept wird vorgestellt, und es beginnt ein langes, tastendes gemeinsames Lesen, in dessen Verlauf Bedeutungen, Figuren, Haltungen und Beziehungen festgelegt werden. Große Teile der szenischen Umsetzung sind schon vorgedacht und werden von der Regie beschrieben. Erst nach längerer Zeit wird die Bühne betreten und die Dinge, die am Tisch besprochen wurden, werden ausprobiert.

Diese Herangehensweise zeichnet sich vor allem dadurch aus, dass sie gleich zu Beginn eine Deutung des Stoffes vornimmt und dann systematisch Lösungen sucht, die genau diese Deutung erfahrbar machen sollen. Sie gibt vor, erst dann in die Praxis gehen zu können, wenn sie alles über ihren Stoff weiß. Der gesamte Vorgang der Erkundung des Stoffes ist rein theoretischer Natur. Aufgabe der szenischen Probe ist es, in der Folge die passende Übersetzung zu finden. Es wird früh an Details gearbeitet, einzelne Dinge werden geändert, selten wird etwas verworfen und fast nie das gesamte Konzept gekippt. Das Bild der Inszenierung steht von Anfang an fest. Im Extremfall übt diese Art zu probieren vorgefertigte Choreografien ein und spricht den Rhythmus und die Melodie des Textes vor. Probieren heißt dann im Wesentlichen Zur-Kenntnis-Nehmen, Einüben und Wiederholen.

Die andere Vorgehensweise gibt sich unschuldig. Sie behauptet, kein Bild vom Ergebnis zu haben. Hier wird ein Haufen Material scheinbar ungefiltert in den Raum geworfen und man beginnt sofort damit zu spielen. Es gibt keinen Tisch, an den man sich gemeinsam setzen könnte. Häufig sind weder die Texte bereits verteilt, noch ist klar, wie viele Figuren es gibt oder was diese ausmacht – spricht hier ein alter Mann oder ein Kind oder ein Chor oder der Kapitalismus oder eine Gartenschere? Kostüme sind hier austauschbar, das Bühnenbild stellt nur Elemente zur Verfügung, die jederzeit ergänzt oder verworfen werden können. Wir machen spielerisch eigene ↗ANGEBOTE, die Regie schaut im Wesentlichen zu, beschreibt, was sie sieht, spielt einzelne Bälle zurück auf die Szene und lässt selten etwas wiederholen. Die Devise lautet hier, *wir machen erst mal und sehen dann, was es bedeutet.* Wir nähern uns dem Stoff von unterschiedlichen Seiten und sehen, was sich als wesentlich durchsetzt. Wir treffen bei dieser Art zu arbeiten am Anfang überhaupt keine Entscheidungen, wir machen unterschiedliche Versuche. Wir begreifen uns als eine unbeschriebene Tafel, auf der Skizzen ausgeführt und weggewischt werden. Das fertige Bild wird erst nach und nach von der Regie festgelegt.

Die Tendenz der beiden Arbeitsweisen ist offensichtlich: die eine ist analytisch, die andere experimentell. Die eine baut systematisch auf, die andere skizziert und verwirft. Die eine ist rational, die andere anarchisch. Die eine glaubt an Interpretation, die andere an die Eigengesetzlichkeit des Stoffes und den Zufall. Die eine lebt von der Gestaltungskraft einer starken Regie, die andere vom Zusammenspiel und der Kreativität des Kollektivs. Die eine entscheidet sich für klare Bedeutungen von Stoffen, die andere lässt Ambivalenzen stehen. Beide bringen sowohl Meisterwerke hervor als auch Unwesentliches.

Wir alle haben Vorlieben für die eine oder andere Arbeitsweise. Manche fühlen sich durch starke Vorgaben entmündigt, andere glauben sich nur dann sicher, wenn ihnen genau beschrieben wird, was sie tun sollen. Manche werden gehemmt und initiativlos, wenn die Bühne eine anarchische Spielkiste ist, andere lieben es, ständig Neues anzubieten, die Rollen zu tauschen oder das gesamte Bühnenbild auf den Kopf zu stellen. Im Studium des Schauspiels sollten wir erleben dürfen, dass beide Wege in der Praxis vorkommen und dass beide uns sehr Unterschiedliches abverlangen. Wichtig zu wissen und zu lernen ist, dass wir in den meisten Fällen inszeniert werden. Genauso aber sollten wir darauf vorbereitet sein, dass es Regieführende gibt, die überhaupt nicht viel vorgeben oder besonders intensiv mit uns arbeiten. Egal, ob wir strengen Inszenierungsformen unterworfen sind oder alles spielerisch selbst entwickeln, die Probe ist der Ort, an dem sich entscheidet, ob wir Klischeemaschinen oder Kunstschaffende sind. Und dafür müssen wir wissen, wie man Angebote macht.

ANGEBOT UND AUTONOMIE

++++ »mach mal ein angebot« versus »spiel das, was ich sage« ++++ sich über die spielweise aufklären ++++ wer seine eigene regie sein will, nutzt messwerkzeuge ++++ variieren, ohne dass die regie es merkt: die subtile improvisation ++++

Ein Angebot zu machen heißt, der Regie auf der Probe *eine neue Variante* vorzuspielen. Anbieten können wir z. B. eine ↗ FIGUR, eine ↗ HALTUNG, eine Handlung, einen neuen ↗ RHYTHMUS, eine andere Folge der ↗ RAUMBEZIEHUNGEN oder der ↗ BEWEGUNG – kurzum Varianten unseres Ausdrucks auf allen Ebenen unseres Spiels. Wenn wir keine Angebote machen, wird unser Spiel im günstigsten Falle komplett von außen bestimmt, im ungünstigsten »weginszeniert«. Regieführende sind unterschiedlich offen für Vorschläge, die von uns kommen. Manche erwarten, dass wir vollkommen selbstständig sind und jederzeit neue Angebote machen, aus denen sie auswählen können. *Von dir kommt nichts,* heißt es dann schnell. Andere besprechen im Vorfeld jedes Detail und erwarten, dass wir alles präzise umsetzen. Einige lassen sich überzeugen von anderen Wegen, andere nicht. Häufig ist es nicht erwünscht, das einmal Gefundene nochmal neu zu denken. Ein neues Angebot wird dann mit dem Satz *Das hast du doch auf der letzten Probe völlig anders gespielt* abgeschmettert. Manchmal werden wir, wenn wir nach dem Prinzip von ↗VERSUCH UND IRRTUM arbeiten und laufend sperrige Angebote machen, die nicht dem ersten Verständnis der Interpretation der Regie entsprechen, vollständiges Unverständnis ernten. In anderen Fällen wird genau das von uns erwartet. Es kann sein, dass wir – insbesondere wenn unser Part klein ist – während der gesamten Probenzeit außer *Lass das weg!* nicht eine einzige Anweisung oder Kritik bekommen. Möglicherweise wird aber auch jedes Angebot haarklein kommentiert. Manchmal suggerieren uns Bild und Kostüm, Video und Sound inszenatorische Wildheit und wir bieten dementsprechend Widersprüchliches und Unerwartetes an. Doch häufig denkt Regie auch hier ziemlich brav und erwartet von uns letztendlich das Naheliegende: *Romeo* und *Julia* sollen dann auch in avancierten Settings wie tradiert quietschvergnügt miteinander flirten. Angebot abgelehnt!

Viele Regieführende betrachten das Schauspielerische gar nicht als Teil ihrer Arbeit. Sie sind an diesem Prozess entweder wenig interessiert, oder es fehlen ihnen schlichtweg das Wissen und die Mittel, Räume zu öffnen, in denen Spielende ungewohnte Dinge tun. Manchmal überlassen sie ihre Arbeit einfach uns. In diesem Fall müssen wir nicht nur anbieten, sondern sogar auswählen und entscheiden. Wie Regie mit Angeboten umgeht, muss von uns jedes Mal neu herausgefunden werden.

Manche von uns sagen, sie seien am Anfang von Proben »blank« und können keine eigenen Ideen einbringen. Sie erklären: *Sag mir einfach, was ich tun soll.* Sich vom Druck zu befreien, ideenreich und originell zu sein, muss nicht auf Bequemlichkeit oder mangelnde Fantasie verweisen. Es kann auch Ausdruck einer Arbeitsweise sein, die sich bewusst zum leeren Gefäß macht. Viel verbreiteter dagegen ist der Typus, der sofort weiß, wie es geht, der seine eigene Vorstellung einbringt und von dieser auch eher schwer wieder abzubringen ist. Dass dies manchmal darin begründet ist, sich selber vor Anforderungen schützen zu wollen, von denen man glaubt, sie nicht bewältigen zu können, wurde bereits gesagt. Die wichtigste Lektion auf Proben dürfte für uns sein: *Sei offen für Veränderungen!*

Egal, wie viel Freiraum uns in Probensituationen gegeben wird, der erste Schritt wird immer sein zu verstehen, was Regie genau von uns will. Dafür ist es notwendig, zunächst einmal die ↗ SPIELWEISE zu verstehen, mit der eine Inszenierung arbeitet. Im entsprechenden Kapitel werden die vier Kriterien besprochen, mit deren Hilfe wir uns darüber Klarheit verschaffen können. Viele Angebote, die wir machen könnten, schließen sich alleine dadurch aus, dass sie nicht der gefragten Spielweise entsprechen: Arbeiten wir an einer Inszenierung, deren Mittel sich nicht mit der Abbildung von Wirklichkeit befassen, wird es nicht sinnvoll sein, Spielzüge psychologisch begründen zu wollen – so wie umgekehrt in einer streng naturalistischen Arbeit ironische Kommentare ans Publikum nicht gefragt sind. Haben wir uns über die Spielweise verständigt, folgen wir zunächst dieser Spur. Es ergibt wenig Sinn, *sofort* gegen Regieanweisungen zu rebellieren, die uns nicht zusagen. Etwas auszuprobieren, an das wir vorher nicht recht glauben mögen, wird immer erkenntnisreicher sein, als im Vorfeld lange darüber zu diskutieren. Es kann schließlich auch sein, dass unser Widerstand daher rührt, dass unser ↗ PATTERN NO. 1 gerade besonders hartnäckig Gründe sucht, mit denen sich Regievorschläge zurückweisen lassen. Wenn wir uns gegen etwas sträuben, weil es uns unangenehm oder schwierig erscheint, sollten wir unseren eigenen Widerstand sportlich nehmen und uns vom Festklammern am Pattern No. 1 mutig verabschieden. Wenn ein Regievorschlag tatsächlich unproduktiv erscheint, müssen und dürfen wir diskutieren, am besten, indem wir direkt praktische *Gegenangebote* machen.

Wann und an welcher Stelle wir der Regie folgen oder Angebote machen, verantworten wir selber. Wir bekommen auf Proben sehr genau mit, wenn die Regie anfängt zu schwimmen und wo wir die Dinge durch Angebote selbst in die Hand nehmen müssen. Im Verlauf der

Proben können wir uns selbstständig ein Bild von dem machen, was trägt und was nicht. Welcher Maßstab jenseits unseres Empfindens dazu geeignet ist, wurde anhand der ↗LANGEWEILE gezeigt: Wenn wir etwas ausprobiert haben, das wir als zu *zuständlich*, zu *absehbar* oder zu *dicht* erkannt haben, etwas, das den Kontakt zum Publikum abreißen lässt, müssen wir das benennen und ändern. Auch unsere Tendenz zu ↗MUSTERN DER MITTE können wir eigenständig korrigieren, wenn wir auf Proben darauf achten. Konkrete Gegenangebote zum Geprobten holen wir aus unserem Wissen um die unterschiedlichen ↗PARAMETER. Sie sind die Werkzeuge und Stellschrauben, wenn wir etwas Neues anbieten wollen. Wie viele Varianten der Bedeutung eines einzigen Satzes allein dadurch entstehen, dass wir ihn in unterschiedlichen Haltungen anbieten, haben wir schon am Beispiel der Szene *Partyeinladung* gesehen. Wir werden später noch ausführlich darauf zurückkommen. Dasselbe gilt für jeden anderen Aspekt unseres Spiels.

Natürlich wird konsequentes Anbieten dann schwer, wenn Regie gar keine Angebote sehen möchte und ihr Konzept durchinszeniert. Schauspielende, die auf Proben das Prinzip *Versuch und Irrtum* austesten wollen, kehren aus solchen Probenbegegnungen häufig hilflos zurück. Sie stellen sich dann Fragen wie *Wie soll ich weiterhin etwas anbieten, wenn alles abgelehnt wird?* oder *Was soll ich tun, wenn mir alles vorgesagt wird?* Oder *Die Regie will, dass ich alles genau so mache wie beim letzten Mal.* Diese Fragen sind mehr als berechtigt. Die Antwort heißt zunächst einmal: *Du wirst die Bedingungen nicht ändern können.* Wenn Regie mit einem ausgearbeiteten Konzept in die Proben geht, werden wir nicht in vollem Umfang nach der Methode *Versuch und Irrtum* arbeiten können. Genauso wie sich umgekehrt eine Regie, die auf Improvisation bis zur Premiere setzt, nicht dazu bewegen lassen wird, endlich Abläufe festzulegen.

Wenn uns auf Proben sehr wenig Raum zum Ausprobieren gegeben wird, können wir die hier vorgestellte Technik immer noch in einem weniger deutlichen Rahmen verwenden – selbstständig und ohne dies notwendigerweise mit der Regie abzusprechen. Nennen wir sie *subtile Improvisation.* Unser körperlicher Ausdruck, der Rhythmus, in dem wir handeln und sprechen, die Unabsehbarkeit der Haltungswechsel, die wir vollziehen, die Charakteristika und Widersprüche einer Figur, die Lebendigkeit des Zusammenspiels, all dies macht das weite Feld aus, auf dem wir in Eigenregie arbeiten, auch dort, wo wir aufgefordert sind, von der Regie inszenierte Abläufe zu üben. Selbst wenn Dinge sehr früh genau fixiert werden, können wir, ohne die inszenierte Partitur zu verletzen, *subtile* Versuche unternehmen. Jedes Detail, das wir in unserem Spiel neu nehmen, kann unseren Ausdruck überraschend und lebendiger machen, kann Rätsel aufgeben und Widersprüche erzeugen. Technische Parameter wie ↗TEMPO, ↗RHYTHMUS, ↗LAUTSTÄRKE liefern uns das Material für solche Improvisationsaufgaben im Mikrobereich. Bei jeder Wiederholung fordern wir uns dabei auf, Akzente, Rhythmen, Haltungen, Spielvorgänge zu verschieben, wenn auch minimal. Sobald wir dies nicht primär als Ungenauigkeiten betrachten, sondern als genau die *Lücken*, durch die das Lebendige unseres Spiels bewahrt wird, entdecken wir, dass jede ↗WIEDERHOLUNG einer Partitur eine *subtile Improvisation* ist, deren Freiheiten wir nutzen können. Dieses selbstständige Arbeiten müssen wir nicht offenlegen. Wie stark von außen erkennbar ist, dass wir an Parametern arbeiten, regelt die ↗DEUTLICHKEIT, mit der wir sie anwenden. Es ist wichtig zu verstehen, dass wir, auch in Inszenierungen, in denen wir strenge Partituren reproduzieren, in gewisser Weise immer noch variieren, nur eben in weniger deutlichem Maß. Selbst dort, wo uns extrem wenig Spielraum gelassen wird, können wir auf diese Weise, anstatt mechanisch eine Partitur zu erfüllen, unsere Lebendigkeit bewahren. Nur in den kleinteiligsten Inszenierungen und festgezurrtesten Formen bleibt uns keinerlei Raum für Improvisation. Wo ein Konzept uns auffordert, rhythmisch Texte zu skandieren und dabei komplexe Choreografien einzuhalten, bleibt uns nur, geduldig zu üben.

Der umgekehrte Fall sind Proben, auf denen von der Regie so gut wie nichts Konkretes vorgegeben wird oder aber Dinge, die uns nicht sinnvoll oder kraftlos erscheinen. Im schlimmsten Fall verlieren wir das Vertrauen in die Regie. Anstatt hilflos weiter in Halbheiten zu schwimmen, gilt es, sich in diesen Fällen in Erinnerung zu rufen, dass alles, was wir auf der Bühne tun, Bedeutungen erzeugt und dass auch unser halbherziges Spiel genau diese Wirkung haben wird. Wenn wir vollständig ins Schwimmen geraten, sollten wir uns in Erinnerung rufen, welche Ausdrucksmittel auf der Bühne grundlegend sind und von uns dann selbstständig geklärt werden müssen: Figur, Haltung, Körper, Reaktion. Diese vier Dinge werden von uns, ob wir es bewusst entscheiden oder nicht, in den Raum gezeichnet und gelesen in derselben Sekunde, in der wir auftreten. Erstens: Ich kann auf einer Bühne nicht ohne Figur auftreten. Wenn ich glaube, keine Figur zu spielen, ist die Figur identisch mit meiner Privatperson. Ich muss also klären: *Wer bin ich, wenn ich spiele?* Zweitens: Ich kann nicht auftreten, ohne dem Publikum eine Haltung zu vermitteln. Wenn ich mir diese nicht bewusst gemacht habe, werde ich in den allermeisten Fällen in der meines Patterns No. 1 aufgetreten sein. Drittens: Ich kann nicht auftreten, ohne dass mein Körper eine Zeichnung im Raum erstellt. Wenn ich mich mit dieser nicht bewusst beschäftigt habe, wähle ich mit hoher Wahrscheinlichkeit die kraftlosen Muster der Mitte. Viertens: *Acting is reacting.* Wenn ich im Verlauf der Proben nicht konsequent daran gearbeitet habe, *jeden Spielzug* als ↗ REAKTION zu spielen, wird mein Spiel unlebendig wirken. Wenn wir mit schwachen Regieführenden arbeiten, müssen wir wenigstens auf diesen vier Feldern selbstständig arbeiten und Entscheidungen treffen. Andernfalls folgt unsere Wirkung dem – schwachen – Niveau der Inszenierung.

In einer Praxis, in der Regiekonzepte derartig im Vordergrund stehen, gewöhnen wir uns leicht daran, die Initiative abzugeben und keine Angebote mehr zu machen. Im Vertrauensverhältnis der Probe verkennen wir dabei die Tatsache, dass das Wesentliche letztlich von uns selbst geleistet werden muss: unsere Wirkung auf der Bühne. Wenn wir in vollem Einverständnis mit der Regie tapfer allen Vorschlägen folgen und uns ausschließlich von ihr anleiten lassen, geben wir damit nicht nur die Verantwortung dafür ab, ob etwas Produktives entsteht oder nicht, sondern wir verlieren auch allmählich unseren Antrieb, selbstständig etwas zu erfinden. Die Praxis verführt uns schnell zu der Haltung: *Die Regie weiß alles, sie wird schon sagen, was ich tun soll.* Spätestens, wenn uns eine Regie gegenübersitzt, die nichts vorgibt, werden wir auf der Probe hilflos sein: Wir haben vergessen, wie man Angebote macht. Regie beansprucht heute vielleicht den Spielenden gegenüber einen größeren

Gestaltungsraum als jemals zuvor, aber für das Maß an Autonomie, das wir auf Proben beanspruchen, sind wir selbst verantwortlich. Ob es uns am Ende gelingt, dauerhaft ein Band zum Publikum zu knüpfen, hängt viel weniger vom ästhetischen Konzept oder der Spielweise ab als von unserer Fähigkeit, selbstständig ↗ LIVENESS und Variabilität in unserem Spiel zu schaffen. Im schlimmsten Fall werden wir aufgefordert sein, auch eine ungeliebte Partitur mit Leben zu füllen. Denn eines steht fest – wenn es zur Premiere kommt, sind *wir* es, die auf der Bühne stehen und betrachtet werden. Und wir werden kaum den Eindruck vermitteln wollen, dass *da jemand steht, der eigentlich gar nicht auftreten will.*

INSTANT INTERPRETATION

++++ wie wir schon beim ersten lesen eine entscheidung fällen ++++ interpretation als suche in schubladen ++++ von der erstaunlichen widerstandsfähigkeit der ersten idee ++++

Alles startet mit dem Text. Fast immer. Wir betreten den Probenraum und lesen. In diesen ersten Momenten, in denen wir einen neuen Stoff kennenlernen, geben wir uns offen und unvoreingenommen. Eine völlig naive Lektüre ist allerdings ein Ding der Unmöglichkeit. Schon beim ersten Lesen fällen wir unbewusst Entscheidungen. Ein flüchtig erkanntes Muster reicht uns, uns eine Meinung, ja gar ein Geschmacksurteil zu bilden: Beim Durchzappen von Fernsehsendern sind wir in weniger als einer Sekunde fähig zu erkennen, ob wir eine Vorabendserie, eine Dokumentation, einen Blockbuster, Nachrichten oder Werbung vor uns haben und ob wir das sehen wollen oder nicht. Wahrnehmen heißt bereits interpretieren.

Wie schnell wir interpretieren und dabei schon Muster und Spielformen festlegen, lässt sich eindrücklich studieren, wenn wir einen Text *prima vista* lesen, also spontan etwas vorlesen, von dem wir keinerlei Vorkenntnisse haben. Beim Lesen der ersten Zeilen stochern wir noch ein wenig im Nebel und lesen daher in einer Art zurückhaltender Neutralität, aber sobald wir nur die ersten Informationen, die wir dem Text zu entnehmen glauben, einordnen können, ändert sich unser Ausdruck. Wir fangen plötzlich an, in einem bestimmten Stil vorzulesen. Nach einiger Zeit geraten wir in Schwung und fangen an, ein wenig zu spielen. Wir haben eine Entscheidung getroffen. Aber woher kommt die Wahl des unverwechselbaren Tons, in dem wir vorlesen? Die Art und Weise, wie wir diesen Text plötzlich gestalten, ist Folge einer *Instant Interpretation*. Wir entnehmen den Ausdruck, den wir wählen, spontan einer der Schubladen, in die wir unser Vorwissen um dramatische Texte sortiert haben. Sobald wir den Text stilistisch einer entsprechenden Schublade zuordnen können, finden wir dort auch den passenden Ausdruck, den wir mit dieser Textsorte verbinden. Im Kopf stellt sich blitzschnell die Erkenntnis ein: *Dieser Text klingt wie…* Unser Vortrag gewinnt jetzt spontan Sicherheit. Wir wissen jetzt, wie man diesen Text womöglich später spielen muss. Wir kennen den Ton, der zu dem vorliegenden Text passt, ordnen ihn ein. Ich wähle einen Märchenton, wenn ich glaube, das entsprechende Genre erkannt zu haben, verfalle in den Shakespeare-Sound, den schneidenden Sound des Brecht-Spielers oder den Soziolekt proletarischer Figuren angelsächsischer Autorschaft. Nie hören wir auf einer Leseprobe den Schiller-Text im Duktus eines Nachrichtensprechers oder den *Spiegel*-Artikel aus der Materialmappe im Ton lyrischer Emphase. Nur selten versagt unser blitzschnelles Denken beim *Das klingt ja wie…* Wenn keine Schublade auffindbar ist, bleibt der vorliegende Text für uns ungreifbar, widersprüchlich, fremd. Es dauert dann etwas länger, bis sich der Ton eingepegelt hat, aber auch für dieses Stück Literatur finden wir schließlich doch eine Schublade: Es ist diejenige, in der der Ton für seltsame, widersprüchliche Kunsttexte lagert. Wie stark tatsächlich unser Vorwissen bestimmt, wie wir einen Text spontan interpretieren, erkennen wir an Lesenden ohne literarische Vorbildung. Sie besitzen keine Schubladen für literarische Stile und sind deshalb die Einzigen, die in der Lage sind, wirklich vollkommen unvoreingenommen vorzulesen. Ihr Lesen klingt bei jeder Sorte von literarischem Text gleich.

Das Wissen darum, dass wir in allerkürzester Zeit einen Text einordnen und damit schon eine Interpretation verfolgen, ist für unseren Beruf etwas Essentielles. Denn eines sind diese allgegenwärtigen *Instant Interpretation*en nicht: originell. *Schnelle* Interpretation liefert uns in erster

Linie Erinnerungen an andere Texte und Aufführungen, nicht aber an Wirklichkeiten und schon gar nichts Neues. Das Fatale dabei ist, dass wir geneigt sind, sobald wir in einer Schublade den vermeintlich passenden Ausdruck gefunden haben, diese Entscheidung zu zementieren. Sie erscheint uns schnell als richtig, ja als einzig mögliche. Wir hören dann Sätze auf der Premiere, die exakt genauso betont, gedacht und gesprochen werden wie bereits auf der Leseprobe. Das *schnelle Denken* ist faul: Hat es einmal eine Lösung gefunden, sucht es nicht mehr weiter und hört auf zu arbeiten. Tatsächlich tun wir uns auf Proben eher schwer damit, das einmal gefundene Verständnis eines Textes wieder zu verwerfen. Unser erster Eindruck ist erstaunlich widerstandsfähig. Häufig dient der Rest der Probenzeit nur noch dazu, diesen ersten Gedanken zu verteidigen. Wir werden selten Theaterproduktionen erleben, die nach der Hälfte der Zeit sagen, lasst uns den Grundgedanken noch einmal in Frage stellen, oder Schauspielende, die erklären, ihre Rolle als eine völlig andere Figur ausprobieren zu wollen. Es kostet uns augenscheinlich Überwindung, Ergebnisse über Bord zu werfen und noch einmal neu zu denken. Der Grund dafür ist derselbe wie der für unser persönliches ↗ PATTERN NO. 1. Wir haben ein tiefes Misstrauen gegenüber der Leistungsfähigkeit unserer Fantasie. Wir reden uns ein, dass wir die beste Lösung längst gefunden haben, und halten daran fest. Die Argumente, mit denen wir uns dagegen wehren, etwas anderes auszuprobieren, nennt die Psychologie den Bestätigungsfehler. Unser Denken arbeitet dabei wie eine Verschwörungstheorie. Haben wir erst einmal eine starke Annahme oder Erklärung für etwas, nehmen wir in der Wirklichkeit nur noch Dinge wahr, die diese Annahme bestätigen. Alles, was wir sehen, beweist die Richtigkeit unseres ersten Gedankens. Und alles, was diesen Gedanken beunruhigen oder verwirren könnte, argumentieren wir weg. Es bedarf einer gewaltigen mentalen Energie, diese Überzeugungsgebäude einzureißen. Wir behaupten daher zu einem beliebig frühen Zeitpunkt der Proben, dass wir jetzt nichts mehr ändern könnten, das *sei zu fest drin*. Ungern hören wir, dass in Wahrheit Änderungen, die wir noch am Premierennachmittag vornehmen, häufig der Garant für eine spannende Aufführung sind oder – schlimmer noch – dass wir seit der Leseprobe dasselbe spielen.

Eine wirklich unvoreingenommene Lektüre bedeutet, sich klarzumachen, dass, bevor wir auch nur die erste Zeile gelesen haben, allein schon das Wort *Tschechow* Erwartungen in uns auslöst, die bereits einen Teil unserer Interpretation voreinstellen. Wir werden nämlich – Bestätigungsfehler! – ziemlich sicher bei der anschließenden Tschechow-Lektüre all das, was wir schon erwartet haben, für wichtiger halten als die Details, die sich nicht bereits in der Tschechow-Schublade befinden. Und schlimmer noch: diese Details überlesen wir gerne. Man könnte behaupten, dass bei einer Interpretation die Erwartungen, die wir einem Text gegenüber hegen, eine wichtigere Rolle spielen als der Text selber.

Wir können der *Instant Interpretation* nicht entgehen, unser kognitives Denken arbeitet so. Es ist ein Denken der rasant einschnappenden Vorurteile, mit denen wir unser Gehirn im Alltag vor der Zumutung schützen, jede Einzelheit akribisch neu bewerten zu müssen. In der Kunst dagegen ist schnelles Denken der sichere Weg zum Klischee. Wir müssen uns der Anstrengung des *langsamen Denkens* unterziehen und darin schulen, Texten eine zweite, dritte, vierte Chance zu geben. Dabei reicht es nicht, über sie nachzudenken – wir müssen sie im Verlauf der Proben unter anderen Aspekten – mit anderen ↗ PARAMETERN! – bearbeiten, um Neues über sie zu erfahren. Erst wenn wir erkannt haben, dass ein Gutteil unserer künstlerischen Entscheidungen von unseren Schubladen und nicht von uns selbst gefällt wird, verstehen wir, dass sich uns durch *langsames Denken* noch ganz andere Interpretations- und Ausdrucksmöglichkeiten erschließen. Und das sind fast immer die interessanteren. Die wichtigste Lektion zu Probenbeginn lautet: *Lege dich nicht zu früh fest!* Jeder Text ist endlos interpretierbar. Unvoreingenommen zu interpretieren verlangt von uns, wachsam zu sein gegenüber schnellen Entscheidungen, die später nie wieder in Frage gestellt werden. *Kenne deine Anfälligkeit für Bestätigungsfehler!*, hieße die Devise, mit der wir diese Tendenz bekämpfen.

WAS IM TEXT STEHT

++++ warum im text nicht steht, wie wir ihn spielen sollen ++++ vom unfug, den inhalt des textes zu doppeln ++++ warum ein text keine bedeutung hat, solange er auf dem papier steht ++++

Schnelles Interpretieren holt auf der Probe gerne ein Totschlagargument heraus: *Ich spiele das so, weil die Autorin es so gemeint hat,* oder, etwas schlichter: *Das steht doch im Text.* Es ist ein Argument, das voraussetzt, Autorinnen hätten Botschaften, die wir richtig oder falsch entschlüsseln können. Nun, die meisten können wir nicht mehr befragen, aber gute Texte wissen auch bekanntlich mehr als ihre Autorin. Und selbst wenn wir nach der Lektüre von Biografien, Briefen und Sekundärliteratur glauben, zu wahrem Verständnis vorgedrungen zu sein, sagt uns das noch immer wenig darüber, wie man das auf der Bühne spielt. *Ich stelle mich ganz in den Dienst der Autorin* ist kein tragendes Regiekonzept. Das Theater befindet sich nicht in hierarchischer Abhängigkeit vom Text. Aus dem Zusammenprall beider entsteht etwas Eigenes. Die tauglichste Regieanweisung gibt eine zeitgenössische Autorin, wenn sie nach zweiseitiger Beschreibung ihrer Vorstellung einer idealen Inszenierung ihres Stückes hinzufügt: *»Aber Sie wollen mit Sicherheit was andres…«* Zu glauben, Texte gäben genau vor, wie sie zu spielen seien, ist Unfug. Genauso, wie wir in der Wahl ihrer ↗ SPIELWEISE frei sind, sind wir frei in ihrem Verständnis. Selbst wenn Autorinnen ihre Vorstellung vom Ton einzelner Sätze in die Regieanweisungen schreiben, tun wir gut daran, diese auch mal zu ignorieren. Einer der wichtigsten Schauspiellehrer und Theoretiker des vergangenen Jahrhunderts ging so weit zu behaupten: »Wenn wir uns ein Stück vornehmen und versuchen herauszufinden, ›warum‹ der Autor dies oder das getan hat, werden wir nie in der Lage sein, es zu spielen.« Texte sind für uns Material, das unseren individuellen Zugang herausfordert. Wir befragen sie auf Proben laufend auf mögliche Alternativen zu unserem ersten Zugriff hin.

Spielenden, die ihr Spiel beharrlich mit *Das steht doch im Text* verteidigen, können wir an einem simplen Beispiel klarmachen, dass die Worte eines Textes uns nicht zwangsläufig verraten, wie sie zu spielen sind. Der Satz *Ich liebe dich* bedeutet nicht zwangsläufig, dass *ich* dieses *dich liebt*. Und selbst wenn der Kontext voraussetzt, dass *ich* dieses *dich* liebt, kann der Satz auch angespannt, genervt, verzweifelt, wütend, bedrohlich, ironisch, sachlich, erregt und in hundert anderen ↗HALTUNGEN gespielt werden, die alle irgendwie Liebe ausdrücken werden. Selbstverständlich kann durch den Satz *Ich liebe dich* auch ausgedrückt werden, dass *ich* das *dich* überhaupt nicht liebt. Und auch für diese Interpretation stehen wiederum Dutzende von Haltungen zur Auswahl. In der Haltung *eitel* käme der Satz aus dem Munde einer Person, die sich für eine herbeigeschaffte Schale Erdnüsse bedankt. Er meint hier nichts anderes als *Ich habe es verdient, von dir bedient zu werden*. Sprechen wir den Satz *tränenüberströmt* aus, während wir uns eine Waffe in den Mund stecken, hat er eine völlig andere Bedeutung, als wenn wir jemandem dabei langsam ein Tuch um den Hals zuziehen. *Empört* gespielt weist der Satz vehement die Unterstellung zurück, dass dem nicht so sein könne. Möchten wir den Satz in der Haltung *heiter* spielen, kommen wir zur Tür herein und trällern den Text. *Genervt* wird der Satz wirken, wenn wir uns vorstellen, er sei eine Antwort auf die Frage *Wo willst du denn jetzt schon wieder hin?* Antwortet man mit *Ich liebe dich* auf den aus heiterem Himmel kommenden Satz *Aber du hast mein Leben zerstört*, wird er konsterniert wirken. *Zynisch* klingt der Satz, wenn unser Gegenüber soeben eine wertvolle Vase zertrümmert hat. Wir können uns mit diesen drei Worten auch einfach bei einer Person bedanken, die die Spülmaschine ausgeräumt hat. Wie der Text schließlich klingt, wenn wir ihm die Haltung *frisch verliebt* geben, ist klar. Es ist der Ausdruck, den der Laie wählen würde und mit den Worten *Aber so ist er doch gemeint* verteidigen würde.

Häufig entscheiden wir uns aus der Vielzahl möglicher Haltungen für die naheliegendste Option, weil wir glauben, damit der vermeintlichen Bedeutung eines Textes zu dienen. Wir vermeiden die Wahl einer kontrastierenden oder widersprüchlichen Haltung, weil sie uns auf den ersten Blick falsch oder absurd erscheint. Das Gegenteil ist der Fall. Die größere Ausdruckskraft entsteht durch den Widerspruch zwischen Buchstabensinn und gespielter Haltung. Den Satz *Ich liebe dich* verliebt zu spielen, ist im günstigsten Falle redundant, wahrscheinlich aber auch ziemlich banal. Aus genau diesem Grunde wirken viele

Fernsehschauspielende so farblos. Sie doppeln mit ihrem Ausdruck alles, was bereits im Text steht. Das ist nicht Unfähigkeit, sondern Prinzip. Die TV-Ästhetik will es so. Sie ist eine Ästhetik der vollständigen Bestätigung von Erwartungen. Sie verträgt keine Widersprüche. Sie denkt sich ihr Publikum als begriffsstutzig. Alles soll möglichst eindeutig sein. Also muss alles so gespielt werden, *wie es im Text steht.*

Ein Text erhält immer die Bedeutung, die wir ihm spielend geben. In dessen Buchstaben steht sie nicht. Die Bedeutung eines Satzes kann für uns nicht richtig oder falsch sein. Sie ist höchstens stark oder schwach im Kontext der gesamten Erzählung. Wie wir einen Text spielen, hängt ausschließlich davon ab, was wir damit ausdrücken wollen. Und das kann auch etwas völlig Sinnfreies sein. Wenn wir im Wort *ich* den Buchstaben *i* so hoch und langgezogen wie möglich sprechen, das *ch* herausstoßen und in *liebe* und *dich* die Vokale weglassen, spricht hier entweder eine defekte Maschine, oder es bedeutet, dass hier jemand den Sinn von Sprache dekonstruieren möchte. Dasselbe kann für ein gesamtes Stück gelten. Ob Ibsens *Nora* ein Plädoyer für Emanzipation oder ein misogynes Pamphlet, ob es ein tief berührendes Psychodrama oder eine Soap Opera ist, hängt davon ab, wie wir den Text spielen. Die »falsche« Interpretation eines Werkes kann durchaus mitreißend sein, während »richtige«, dem Werk »treue« Aufführungen mitunter totlangweilig sind. Eine Aufführung ist nicht dann gut, wenn sie erfüllt, was im Text steht, sondern dann, wenn sie die innere Dichte und Notwendigkeit hat, die ein Publikum dauerhaft zu fesseln vermag. Alles andere ist Geschmackssache.

4_Zusammen spielen

Acting is reacting… Stella Adler

WIEDERHOLUNG

++++ lebendig oder mechanisch: von der schwierigkeit, mit etwas faszinierendem auch beim x-ten Mal zu faszinieren ++++ zwei ungesicherte wege, mit denen wir etwas flüchtiges wiederholbar zu machen suchen ++++ und über ein publikum, das unbedingt will, dass alles jederzeit auch anders sein könnte ++++

Proben haben ein einziges Ziel: einen Weg zu finden, wie das Faszinierende, das im Moment entstanden ist, so festgehalten werden kann, dass es in jeder Aufführung exakt wiederholbar ist. Proben starten mit der langsamen Annäherung an die Form, folgen irgendwann dem glückhaften Aufblitzen einzelner Momente und Abläufe, und schließlich gelten ihre Bemühungen dem Versuch, Gelungenes in eine wiederholbare Partitur zu bringen. Aufführungen zu spielen, verlangt von uns etwas vollkommen anderes. Wo Probenarbeit darin besteht, dem Unvorhergesehenen ein Feld zu bereiten, so hat das Unvorhergesehene in der Aufführung so wie gut wie gar keinen Raum. In den meisten ↗SPIELWEISEN steht die Freiheit, während der Aufführung zu improvisieren, nicht auf dem Zettel.

Wer einmal versucht hat, eine besonders faszinierende Improvisation zu rekonstruieren, weiß, dass dies beinahe unmöglich ist. Schon kurz danach können wir das, was eben noch so lebendig und überraschend gewirkt hat, nicht mehr genau benennen und festhalten. Selbst wenn wir ein Video aufgenommen haben, folgt der Euphorie eine gewisse Ernüchterung: Alles, was beim ersten Erleben gefesselt hat, verrutscht plötzlich, wirkt schaler, zu breit, bedeutungsschwächer. Wir können uns darum bemühen, gelungene Abläufe nachzubauen und so lange zu feilen, bis sie dem spontan Gelungenen möglichst nahekommen, vollständig glückt es selten. Was wir auf Proben erleben, gilt auch für Aufführungen: In jeder Wiederholung verschiebt sich etwas. Aufführungen können sich im Laufe der Zeit anreichern, häufiger aber laufen sie Gefahr, auf Dauer ungenau oder mechanisch zu werden. Gelungene Momente haben auf dem Theater ein rasches Verfallsdatum. Und dennoch, am Ende der Proben muss ein Ergebnis stehen, das in Aufführungen zuverlässig und dauerhaft funktioniert. Wie gelingt uns das?

An Wiederholbarkeit arbeiten wir entweder, indem wir die dichte Textur der Verabredungen so kleinteilig wie möglich fixieren und bei jeder Wiederholung akribisch deren Einhaltung überwachen. Oder im Gegenteil, wir gehen den risikoreicheren Weg – wir verabschieden uns von der Vorstellung einer exakten Wiederholbarkeit und versuchen, den *Geist* von gelungenen Proben wiederzubeleben, indem wir die Bedingungen benennen, die zu ihrem Gelingen führten. Wir gehen sozusagen zurück zum Anfang und versuchen, *dasselbe,* aber *auf einem neuen Weg* zu erschaffen. Letzteres ist, zumal vor Publikum, ungleich schwieriger. Regie wird sich an einen solchen halb improvisatorischen Weg, der bei nur oberflächlich fixierten Partituren das Risiko in Kauf nimmt, vor Publikum zu scheitern, nur selten heranwagen.

Die meisten von uns werden im Kampf gegen verblassende Wirkungen Zuflucht suchen bei Methode Nummer 1: Wir verzichten aufs Improvisieren und bauen uns eine minutiöse Partitur. Sie gewährt uns Sicherheit – allerdings birgt das starre Festhalten daran auch die Gefahr, auf Kosten der Lebendigkeit zu gehen. Für das Publikum, haben wir gesagt, liegt die Lebendigkeit von Theater in seiner Unberechenbarkeit, und doch arbeiten wir in Aufführungen meistens entlang einer komplett berechneten Form. Dies bringt uns gleichsam in eine gespaltene Lage: Während wir live – lebendig – spielen, ist unser Kopf vollständig damit beschäftigt, eine Kette von dichten Verabredungen und Details abzurufen. Für uns ist all das, was für den Zuschauenden überraschend sein soll, komplett vorhersehbar. Und so besteht unsere Kunst darin, Dinge spontan erscheinen zu lassen, die genau geplant sind. Improvisationen haben es einfach – ihren Gewinn ziehen sie genau daraus, dass wir das Geschehen tatsächlich nicht im Voraus kennen und so gewissermaßen *ehrlich* reagieren. In der Aufführung können wir das nicht. Wir müssen so tun, als würde all das, was in wochenlanger Arbeit entwickelt, fixiert, eingeübt und wiederholt wurde, im Moment erst entstehen. Genau besehen, sind wir in Aufführungen permanent dazu aufgefordert, uns dumm zu stellen. Denn in Wahrheit können, ja dürfen wir gar nicht vergessen, was als Nächstes kommt. Wir würden im selben Moment die Aufführung sprengen. Also müssen wir auf zwei Ebenen gleichzeitig denken: Einerseits muss uns jedes Detail des Kommenden gewärtig sein, angefangen vom Text über die sichere Handstellung bei der Ohrfeige, die wir gleich erteilen werden, bis zur richtigen Position im Scheinwerfer – andererseits müssen wir den Eindruck vermitteln, als wüssten wir all dies nicht. An dieser Stelle berühren wir den heikelsten Punkt des Schauspielens. Denn wie gelingt es, einer bereits zur Premiere dutzendfach wiederholten, festgezurrten Partitur den Anschein zu geben, alles könne jederzeit anders sein?

Aber warum eigentlich genießt ein Publikum das Spiel einer perfekt einstudierten Partitur weniger als eine perfekt einstudierte Partitur, die gleichzeitig so tut, als würde sie gerade erst entstehen? Eine Antwort darauf ist jedenfalls so gut wie sicher: Das Publikum will es so. Letzteres löst Begeisterung aus, Ersteres langweilt. Zuschauende erwarten offenbar die Illusion, dass Verabredetes spontan erscheinen möge. Dabei ist es egal, ob das, was wir spielen, ein realistisches Abbild entstehen lassen soll oder ob ein abstraktes Bühnengeschehen auf sich selbst verweist – unser Spiel muss weder *echt* noch *wahrhaftig* noch *natürlich* sein, aber mechanisch darf es anscheinend nicht wirken. Wir kehren damit noch einmal zurück zu der Frage: ↗WARUM LANGWEILT SICH DAS PUBLIKUM? Bisher wurde sie mit strukturellen Argumenten beantwortet: Langeweile vermeiden wir durch alles, was *Zuständlichkeit, Absehbarkeit* oder *Überforderung durch zu große Zeichendichte* bekämpft. Der Schlüssel zur Aufmerksamkeit des Publikums ist dann unser geschickt wechselndes Spiel zwischen Bestätigung von Erwartungen und deren Durchbrechung. Aber eine Inszenierung mag so clever, überraschend, dicht und spannend gebaut sein, wie sie will, ihr einstudiertes Raffinement kann alle beschriebenen *formalen* Muster erfüllen, um ein dauerhaftes Band der Aufmerksamkeit zu knüpfen, und wir mögen am Ende diese starke Form sogar so akribisch und kleinteilig es nur irgend geht wiederholbar gemacht haben – in der Aufführung ist dies immer noch keine Garantie dafür, dass ein Publikum tatsächlich fasziniert ist. Denn die dichten und spannenden Strukturen, von denen bisher die Rede war, müssen auch jeden Abend aufs Neue wieder zum Leben erweckt werden. Das zumindest ist der unterschwellige Anspruch, den jedes Theater hat: Das Spiel soll lebendig und nicht verabredet wirken. Wir werden uns also in den folgenden Kapiteln noch mit einem anderen

Muster beschäftigen: Spielende und Zuschauende führen in Aufführungen miteinander ein geheimes Gespräch – sie antworten aufeinander. Wo dieser Faden abreißt, ist das Spiel tot. Wir bezeichnen dieses unsichtbare Gespräch als ↗LIVENESS. Was genau meinen Zuschauende damit, wenn sie sagen, etwas sei lebendig oder abgespult? Woran erkennt das Publikum den Unterschied? Und was genau müssen wir tun, damit wir auf Bühnen lebendig wirken?

LIVENESS

++++ warum das theater dort endet, wo wir uns nicht mehr im selben raum befinden ++++ über den versuch, durch kalkulierte unwägbarkeiten lebendigkeit zu erzeugen ++++

Theater ist *live.* Der Reiz eines Theaterbesuchs besteht darin, dass sich das Publikum mit den Spielenden im selben Raum befindet und etwas Gemeinsames erlebt. Und ganz offensichtlich gibt es einen Maßstab, mit dem ein Publikum misst, ob unser Spiel lebendig oder mechanisch wirkt. Nennen wir ihn *Liveness.* Der unterste Grad von Liveness bestünde in der Videoeinspielung innerhalb einer Inszenierung. Die vollständige Dosis Liveness bestünde in einem Theater, in dem das Publikum als Mitwirkende komplett in das Geschehen eintaucht. Irgendwo dazwischen erleben die Zuschauenden die Lebendigkeit oder eben die Mechanik unseres Spiels. Ein Video zu sehen, ist auf dem Theater immer irgendwie enttäuschend. Egal wie anspruchsvoll es sein mag, wir haben das Gefühl, um etwas Wesentliches betrogen zu werden. *Die haben das ja vorher gedreht,* ist unser erster Gedanke oder: *Wann spielen die denn wieder richtig.* Selbst wenn wir wissen, dass das, was wir auf der Leinwand sehen, irgendwo im Off gerade tatsächlich live gefilmt wird, haben wir das Gefühl, dass irgendetwas fehlt. Dieses Gefühl entsteht durch die mangelnde gemeinsame Anwesenheit im selben Raum. Denn auch wenn das Abgefilmte irgendwo in den Kulissen live gespielt werden mag, können die Spielenden die Publikumsreaktionen nicht wahrnehmen und auch nicht darauf reagieren. Unser Kontakt ist gekappt. Ein

Gutteil der Erwartungen an das Besondere im Theater besteht darin, dass etwas Gemeinsames im Raum stattfindet. Wir haben bereits vermutet, dass hierbei das ↗ RISIKO, dass etwas schiefgehen könnte, eine entscheidende Rolle spielt. Je höher die Beträge sind, die wir riskieren, desto faszinierter ist ein Publikum. Eine Videoeinspielung macht deshalb ein wenig müde, weil ihr einziges Risiko darin besteht, dass der Beamer ausfallen könnte. Die Schauspielenden sind hier vollkommen abgesichert. Ganz anders, wenn wir vor Publikum improvisieren oder den Text nicht vollständig lernen, um uns mutwillig im Spiel aus dem Konzept zu bringen, oder wenn wir uns in *ex tempore battles* mit den Zuschauenden begeben – in solchen Spielformen ist klar, dass das Live-Empfinden mit den Risiken zusammenhängt, die wir eingehen. Tiere erzeugen auf der Bühne zu einhundert Prozent Liveness – Kunststück: Sie haben kein Problem damit, das volle Risiko einzugehen. Das Publikumsurteil ist ihnen nämlich komplett egal.

Auf der Suche nach der hervorstechenden Liveness haben sich Theaterleute mit teils brachialen Mitteln des Einbruchs der Wirklichkeit in das Theater bedient. Ihr Verfahren besteht darin, dass sie kalkuliert Unwägbarkeiten ins Spiel einfließen lassen. Wenn mitten im Spiel das Saallicht angeht und das Einlasspersonal die Türen öffnet, wenn die Vorhänge zurückgezogen und dem Publikum der Blick auf die Straße gewährt wird oder die Spielenden mit einer Videokamera bewaffnet das Theater verlassen und unter den Passanten vor der Tür weiterspielen oder wenn die Bühnentechnik auftritt und mit einem Schlauch die Bühne unter Wasser setzt, dann sind dies Versuche, die auf das Erlebnis spekulieren, hier könne sich jederzeit auch alles anders entwickeln. Aber die Erklärung, dass Liveness ausschließlich durch die Inkaufnahme von Risiken und Fehlerquellen entsteht, trifft es bei Weitem nicht vollständig. Starken Live-Charakter können auch Aufführungen haben, in die keine Realität einbricht oder in denen nicht improvisiert wird. Was macht also bei perfekt durchinszenierten Abenden die Faszination aus? Wodurch erhalten sie einen starken Live-Charakter? Wie können vollständig verabredete Theaterabende ein Publikum fesseln? Der Garant dafür, dass unser Spiel am Ende Liveness erzeugt, scheint noch in etwas anderem zu liegen.

Wir haben gesagt, dass Spielende in nahtlos inszenierten Aufführungen *doppelt* denken: Einerseits konzentrieren sie sich darauf, komplexe Abläufe zu erinnern, andererseits tun sie so, als würden sie vom Geschehen überrascht. Wenn wir uns mit der Frage *Wie lassen wir genau Fixiertes live wirken?* beschäftigen, geht es genau darum: Was geschieht beim *doppelten Denken*? Wie kann es gelingen, diesen Widerspruch auf der Bühne aufzulösen? Denn zweifellos wird die fortdauernde Lüge unserer Unschuld nur dann überzeugen, wenn wir uns in die Lage versetzen können, daran irgendwie selbst zu glauben. Aber wie bewerkstelligen wir das? Wie können wir unser eigenes Vorwissen gewissermaßen austricksen? Die Antwort heißt: Wenn wir am Ende wochenlanger Proben bereit sind, das tausendfach Geübte vor Publikum zu zeigen, und es dabei dennoch so wirken soll, als sei es das erste Mal, ist der Schlüssel zur Liveness unsere *Wahrnehmung*. Inwieweit sind wir fähig, uns auf der Bühne in einen Modus realen Wahrnehmens zu versetzen?

INPUT UND OUTPUT

++++ von den zwei richtungen der konzentration ++++ warum es in aufführungen nicht um die erinnerung von verabredungen geht ++++ warum wir nur lebendig wirken, wenn wir unsere aufmerksamkeit nach außen richten ++++ und warum wir uns dennoch nie ganz dem spiel überlassen können ++++

Input oder *Output*: Unsere Konzentration kann sich in zwei gegensätzliche Richtungen orientieren – auf unsere Wahrnehmung oder auf unser Handeln. In welch unterschiedlicher Balance diese beiden Formen von Aufmerksamkeit stehen können, sehen wir am Alltagsleben. Vollständig konzentriert auf unser Handeln und komplett isoliert von allen Außenreizen sind wir zum Beispiel, wenn wir einen Computercode schreiben. Alle Konzentration liegt auf der peniblen Eingabe der vorgegebenen Formeln. Hier sind wir vollkommen fokussiert auf unser Tun, wir sind im Modus des Output. Die Konzentration auf den Input dagegen ist beinahe null. Wir bekommen von all den Geräuschen, Bewegungen,

Sinneseindrücken um uns herum so gut wie nichts mit, allein ein Pistolenschuss würde uns sofort reagieren lassen. Das umgekehrte Beispiel wäre ein Tennisspiel, bei dem unsere Wahrnehmung komplett auf den Input gerichtet ist. Um schnell reagieren zu können, sind unsere Sinne vollständig auf die Person gegenüber, auf Platz und Ball fokussiert. Der Output dagegen, unsere Schläge, fordert eher wenig Aufmerksamkeit – wir handeln automatisch. Nur Profis sind in der Lage, gleichzeitig auch noch bewusst die Abfolge der nächsten Schläge zu planen, also aus ihrem Denken Strategien abzurufen, mit denen sie den Widerpart ins Aus manövrieren. Auch im Zustand des Schreckens sind wir von Kopf bis Fuß nach außen gerichtet: Wir versuchen, so viel Input wie möglich zu bekommen, um die nötigen Informationen über die Bedrohung zu erhalten. Was wir dabei tun, wie wir uns bewegen, was wir sagen – unseren Output –, können wir dagegen im Nachhinein kaum noch erinnern. Input und Output, Konzentration auf unsere Handlungen oder Konzentration auf das Geschehen um uns herum stehen also in jeweils unterschiedlicher Balance, je nachdem, in welcher Situation wir uns befinden.

Wenn im Schauspiel vom *doppelten Denken* die Rede ist – der Arbeit an der Wiedergabe des Geprobten einerseits und andererseits dem *Sich-dumm-Stellen*, dass wir all dies in Wahrheit gar nicht zum ersten Mal erleben –, wendet sich unsere Konzentration abwechselnd in zwei Richtungen. Sich auf den Output zu konzentrieren heißt, alles, was wir selber erfunden, gestaltet, geübt haben – Text, Figur, Haltungen, Rhythmen, szenische Abläufe –, kurz, alles, was auf Proben verabredet wurde, zu erinnern. Sich auf den Input zu konzentrieren heißt dagegen, auf all das zu achten, was im Moment geschieht: das Spiel der anderen, die Bühne, das Publikum, sämtliche Dinge, die wir unmittelbar *wahrnehmen* und die im Spiel auf uns einwirken. Jedes lebendige Spiel tut beides gleichzeitig – oder, genauer gesagt, abwechselnd. Wir *handeln* – Output – und *wir nehmen wahr* – Input. Wir bewegen das Geschehen (Output) und wir lassen uns vom Geschehen bewegen (Input).

Die Lösung für unser Liveness-Problem scheint eigentlich ganz einfach: In der Aufführung sollte unsere Konzentration, auch wenn wir etwas Inszeniertes reproduzieren, *dauerhaft und fast vollständig* auf den *Input – unsere Wahrnehmung* – fokussiert sein. All das, was wir erarbeitet und eingeübt haben – die gedankliche Arbeit, Sprache, Figur, Haltung, Handlung, Form, das, wovon man meinen sollte, dass seine Reproduktion in Aufführungen uns ein riesiges Maß an Konzentration abverlangen müsse –, ist jetzt in Wahrheit Nebensache. Unser gesamter Output läuft von alleine. All das, wovon Zuschauende glauben, es sei die Hauptschwierigkeit unseres Berufes – *Wie können sie sich nur so viel Text merken?* –, verlangt in Aufführungen im Idealfall wenig Aufmerksamkeit. Genau wie beim Tennis müssen wir nicht mehr bei jedem Schlag darüber nachdenken, in welchem Winkel unser Schläger steht, wohin der Ball soll, wie unsere Beinhaltung ist und wohin wir am besten laufen – unsere volle Konzentration gilt vielmehr dem, was das Gegenüber tut. Wir spielen gewissermaßen nicht selber, sondern *werden* von anderen *gespielt*, wir lauern auf das, was sie tun, und bereiten uns vor zum Sprung. Das eigentlich Herausfordernde besteht am Ende darin, sich uneingeschränkt dem Input zu widmen – umzuschalten in den Modus der *reinen Wahrnehmung*.

Warum ist dieses konsequente Wahrnehmen und Sich-spielen-Lassen in der Praxis so schwer? Wenn das eingeübte Spiel von allein läuft, sollte es kein Problem sein, die Aufmerksamkeit vollständig nach außen zu richten. Die Schwierigkeit allerdings ist immer noch dieselbe: Beim Tennisspiel wird improvisiert. Niemand weiß, wohin der Ball als Nächstes fliegen wird. Auf der Bühne müssen wir uns aber auf Bälle konzentrieren, von denen wir bereits im Voraus wissen, wohin sie fliegen werden. Denn unser Match ist ja detailliert durchinszeniert, es ist gar kein Spiel, sondern ein *nachgespieltes Spiel*. Und dennoch sollen wir dabei aufgeregt und kämpferisch, überrascht, verärgert, belustigt, erschrocken – eben lebendig und emotional wirken. Wir sollen aussehen wie echte Tennisspieler und nicht wie Tennisroboter, die stoisch jeden Ball vorausberechnet haben und mechanisch effektiv Bälle zurückbefördern.

Sich so wach zu halten, dass man auf all das Verabredete reagiert wie beim ersten Mal, ist in Wahrheit ziemlich schwer. Und selbst wenn es uns gelänge, so ist die Bühnenrealität noch auf einer anderen Ebene eine kompliziertere. Wir dürfen dort natürlich gar nicht im Modus vollständiger Ahnungslosigkeit sein. Wenn wir spielen, dass wir eine Software programmieren und nichts davon mitbekommen, was um uns herum geschieht, empfiehlt es sich keineswegs genau in diesem Input-freien Zustand zu *sein.* Andernfalls würden wir nämlich versäumen, den Kopf exakt in der Position zu halten, in der das Bühnenglas, das beim nächsten Auftritt in unsere Richtung geworfen wird, an uns vorbeifliegen wird. Auf der Bühne müssen wir eben nicht, wie oft behauptet, nur einfach auf das reagieren, was die fiktive Situation vorgibt. Wir können uns nicht getrost in eine zweite Welt fallen lassen, wie es so viele Lehrbücher als Rezept für lebendiges Spiel vorschlagen. Wir müssen zusätzlich bereit sein, auf alle Reize zu reagieren, die sich aus der *Metaebene* der künstlerischen Verabredung ergeben. Und in einer dichten Inszenierung ist alles verabredet. Wir reagieren also auf der Bühne nie ausschließlich auf reale Reize und nicht einmal auf inhaltliche, sondern zusätzlich auf verabredete. Und das ist etwas völlig anderes. Denn ein Geschehen, das ständig nur so tut, als sei es real, kann uns auf Dauer nicht so berühren wie die Wirklichkeit. Irgendwann beginnen auch wir, nicht mehr real, sondern eben künstlich zu reagieren. Und genau das ist der Grund dafür, dass ein jedes Spiel in verabredeten Formaten auf Dauer dazu tendiert, mechanisch zu wirken. Das Paradox also bleibt vorerst: Wie reagiere ich *glaubwürdig* auf Dinge, von denen ich bereits weiß, dass sie geschehen werden? Das Kapitel ↗ ACTING IS REACTING wird beschreiben, wie sehr wir mit der Konzentration auf den Input dennoch auf der richtigen Spur sind. Sich im Spiel dauerhaft auf die Wahrnehmung zu konzentrieren, wird sich am Ende als der einzig zuverlässige Modus herausstellen, mit dem wir Liveness erzeugen können. Doch dazu bedarf es einer Technik.

Manchmal reißt unsere Konzentration auf den Input aber auch aus einem ganz trivialen Grund ab: weil unser Output nicht flüssig zur Verfügung steht. Wenn wir ständig damit beschäftigt sind, darüber nachdenken, was eigentlich genau verabredet war – *Wie heißt denn der nächste Satz?* oder *Wie hatten wir das nochmal letzte Woche gemacht?* –, können wir uns nicht auf das Geschehen um uns herum konzentrieren. Viele von uns sind tatsächlich deshalb auf der Bühne »blind«, weil sie sich auf Proben nicht der Mühe unterzogen haben, eine komplexe Textur so einzuüben, dass sie nun ohne jeden Aufwand verlässlich wiederholbar wäre. Wenn sie auftreten, arbeiten sie noch am Output und geraten so schnell ins Schleudern. Wo unsere Konzentration vollständig dem Erinnern des eigenen Spiels gilt, können wir nicht zusammenspielen. Wenn wir uns im Spiel vollständig dem Input-Modus des *Wahrnehmens* überlassen wollen, darf uns der Output nicht allzu viel Aufmerksamkeit kosten. Denn selbst wenn wir unsere Partitur wie im Schlaf beherrschen – sich dauerhaft für ein verabredetes Geschehen um uns herum offenzuhalten, bedarf einer Technik, die unsere ganze Konzentration verlangt. Sie wird im übernächsten Kapitel beschrieben.

DER INNERE KRITIKER

++++ wie uns die stimme der selbstkritik am spielen hindert ++++ und wie wir sie mit hilfe der subtilen improvisation zum schweigen bringen ++++

Ich bin nicht drin. Ich habe den Text verdreht. Ich muss direkter spielen. Ich fühle nichts. Ich habe das Stichwort verpasst. Ich stehe die ganze Zeit neben mir. Die anderen sind viel talentierter. Das war vollkommen mechanisch. Mein Lachen war künstlich. Verdammt, ich bin heiser. Wo bleiben die echten Tränen?…

Wenn wir untersuchen, was während des Spielens in unserem Kopf vorgeht, finden wir in der Konkurrenz um unsere Konzentration zwischen ↗ INPUT UND OUTPUT noch eine dritte Stimme, die bisher noch nicht ihren Auftritt hatte: den *inneren Kritiker*. Er ist die Stimme des ↗ ALARMZUSTANDES. Es dürfte kaum Schauspielende geben, die sich von deren Machtanspruch nicht dauerhaft gestört fühlen. Sobald wir spielen, schwebt sie über uns und hält ihre nörgelnden Monologe. Auf Proben kann der innere Kritiker unser Denken so sehr in Beschlag nehmen, dass wir vollständig blockieren. Wir erinnern uns weder an das, was verabredet war, noch sind wir in der Lage, Mitspielende wahrzunehmen oder ein ↗ ANGEBOT zu machen. Selbst auf die offensichtlichsten Impulse reagieren wir nicht mehr: Erhalten wir im Spiel einen Schlag auf den Kopf, bleiben wir ungerührt stehen. Hat der Kritiker in Aufführungen unsere gesamte Aufmerksamkeit, wirkt unser Spiel solistisch und blind. Wir sind absorbiert von dem Blick, mit dem wir uns selber kritisch von außen betrachten und uns ein Urteil bilden über das, was wir spielen.

Die Stimme des inneren Kritikers ist notwendig, ansonsten hätten wir keinen Anlass, etwas an unserem Spiel zu korrigieren. Als beobachtende Instanz regelt sie, ob das, was wir tun, angemessen ist. In den meisten Fällen aber ist diese Stimme etwas absolut Unproduktives. Ihr unbarmherziger Anspruch ist es, der uns beim Auftritt rät, lieber Zuflucht bei erprobten Mustern zu suchen, anstatt etwas Risikoreicheres auszutesten. Besonders auf Proben sind diejenigen von uns gesegnet, die unbekümmert und schamlos ausprobieren, weil der innere Kritiker bei ihnen kein Mitspracherecht hat.

Den Kritiker zum Schweigen zu bringen, wird uns nicht gelingen, indem wir aggressiv gegen ihn – also uns – vorgehen. Sich selber zu beschimpfen heißt, ihn zu füttern, und macht ihn nur lauter. Der einzige Weg, ihn abzustellen, wird darin bestehen, ihm die Energie zu rauben, indem wir seine Aufmerksamkeit auf jemand anderen lenken. Gegen den eigenen Druck können wir auf der Bühne wenig tun – gegen den unserer Mitspielenden allerdings sehr wohl. Der erste Schritt besteht darin, zunächst einmal das Urteil des inneren Kritikers zu akzeptieren – *Na gut, ich stehe neben mir, mein Spiel ist mechanisch und ich fühle mich unbeholfen* –, um dann den Spieß umzudrehen und den Blick auf die anderen zu richten: *Aber wie geht es eigentlich den Mitspielenden?* Häufig werden wir feststellen, dass auch sie mit wenig wachen Augen spielen, auch sie sind möglicherweise abgelenkt, gefangen in ihrer eigenen Selbstkritik. Was wir jetzt unternehmen, ist, dass wir von den geprobten Verabredungen ein wenig abweichen, und zwar jeweils genau so viel, wie es braucht, um die anderen aus ihrer Selbstbetrachtung zu reißen. Mit Hilfe einer *subtilen Improvisation* wecken wir sie und zwingen sie, uns wahrzunehmen: Wir spielen ein Detail, eine Pause, eine Lautstärke, einen Gang, eine Berührung, eine ↗ RAUMBEZIEHUNG anders als verabredet, oder wir stellen – jetzt schon nicht mehr besonders *subtil* improvisierend – unseren Text um oder treten woanders auf, kurz, wir tun etwas, auf das sie reagieren *müssen.*

Subtile Improvisation haben wir schon als das Mittel kennengelernt, mit dessen Hilfe wir uns auf Proben, in denen von uns keine neuen

Angebote erwartet werden, sondern alles schon sehr früh festgelegt wird, wachhalten. Subtil zu improvisieren bedeutet, auch sich selbst wieder neu in Bewegung zu setzen, indem man von den Verabredungen minimal abweicht. Subtile Improvisation ist das Mittel, mit dem wir unser Spiel auch in der hundertsten Wiederholung lebendig halten. Sie eignet sich ebenso als Mittel, um den inneren Kritiker zu stoppen: Wir versuchen, mit einem unberechenbaren Spielzug das Spiel der *anderen* zu verändern, und helfen damit uns *selbst*. Wir bewegen die Mitspielenden dazu, aus ihrer eigenen Blase aufzutauchen – und sind selbst wiederum gezwungen, darauf zu achten, wie die anderen auf das Ungewohnte reagieren. Im selben Moment haben wir unseren eigenen Kritiker kurzfristig zum Schweigen gebracht. Denn auf zwei Dinge gleichzeitig – das Spiel der anderen *und* unsere selbstkritischen Monologe – können wir nicht achtgeben. Unser Denken, Empfinden und Wahrnehmen führt auf der Bühne ein schwierig zu zähmendes Eigenleben – häufig entgleitet es uns, je mehr wir uns anstrengen. Was wir dagegen tun können, ist umschalten: Statt uns selbst beobachten wir die anderen, zwingen sie zurück ins Zusammenspiel und gewinnen auf diesem Umweg die Kontrolle über unsere eigenen Ablenkungen zurück.

Output, Kritik und Input – es sind in Wahrheit *drei* Konkurrenten, die um unsere Aufmerksamkeit kämpfen: das Erinnern des Geprobten, unser kritischer Beobachter und die Wahrnehmung dessen, was um uns herum geschieht. Die Antwort auf die Frage, warum es so schwer ist, sich auf der Bühne einfach genauso zu verhalten wie in der Wirklichkeit, lautet, dass wir auf der Bühne vollkommen *anders* denken. Wer Spielenden den Rat erteilt *Sei einfach ganz du selbst,* kann noch nie auf einer Bühne gestanden haben. Im Alltag reproduzieren wir weder auswendig gelernte Partituren, noch zapft dort ununterbrochen ein innerer Kritiker unsere Denkressourcen an, noch müssen wir uns anstrengen, Dinge wahrzunehmen, die wirklich da sind. Wie wir dieses *andere Denken* so ausbalancieren, dass sich auch das Paradox der ↗ LIVENESS auflöst – aus dem Moment agieren, obwohl wir alles schon vorher wissen – ist Thema der beiden nächsten Kapitel. Der Schlüsselbegriff dazu lautet *Reaktion.*

ACTING IS REACTING

++++ woran das publikum liveness und mechanik unterscheidet ++++ von der faszination einer reaktionskette ++++ vom gemeinsamen wahrnehmungsraum ++++ der einschlag: reagieren heißt sich treffen lassen ++++

Natürlich weiß das Publikum, dass das, was vor seinen Augen abläuft, nicht live entsteht, sondern einstudiert ist. Warum bemühen wir uns dann so sehr darum, diese Wahrheit zu verstecken? Wenn wir oben gesagt haben *Das Publikum will es so*, dann besitzt es offenbar ein feines Unterscheidungsvermögen dafür, wann wir live oder mechanisch wirken. Aber woran genau macht ein Publikum diesen Unterschied fest? Ein Vorschlag, mit dem Schauspieltheorie versucht hat, das Wesen echter ↗LIVENESS auf der Bühne zu erklären, lautete: *Acting is reacting.* Dieser Satz ist eine bemerkenswerte Behauptung. *Acting is reacting* sagt nämlich, dass auf der Bühne nichts aus dem Nichts heraus geschehen darf, wenn es sich übertragen soll. *Jede* Handlung auf der Bühne – auch wenn man deren Ursache nicht direkt sehen kann (!) – muss *als eine Reaktion gespielt* werden, wenn sie lebendig wirken soll. Wo unser Handeln nicht auf etwas reagiert, wird es als mechanisch empfunden.

In dieser Feststellung gleicht unser Zusammenspiel auf dem Theater einer Reaktionskette – wobei diese Kette wohlgemerkt weder logisch noch realistisch sein muss. Es ähnelt dann den raffinierten Anordnungen von Holzklötzchen, Wippen, Katapulten und Rädern, bei denen ein einziger Impuls reicht, um eine minutenlange Kettenreaktion auszulösen. Wir sehen eine komplett mechanische Welt ohne jeden Improvisationsspielraum und doch folgen wir fasziniert ihrem Eigenleben. Moment für Moment lassen sich einzelne Bausteine in immer neuen Varianten anstoßen, um selbst an anderer Stelle Neues auszulösen. Reißt die Kette ab, sind wir enttäuscht. Wir wollen nicht sehen, dass ein Dominostein umkippt und der nächste sich weigert zu fallen. Und an einem Szenario, in dem ein Finger eingreifen muss und einzeln herumstehende Klötzchen umwirft, würden wir vermutlich schnell das Interesse verlieren. *Acting is reacting* meint, dass das, was Zuschauende im Theater bannt, eine solche Kette von erlebbaren Reaktionen ist, ein Spiel, in dem die

Handlung des einen eine Veränderung beim anderen bewirkt. Anstatt anlass- und beziehungslos zu *agieren, reagieren* wir mit jedem Spielzug auf einen vorangegangenen.

Wenn unser Spiel einer Reaktionskette gleicht, bei der das Publikum sich genau in dem Moment zu langweilen beginnt, in dem diese abreißt, können wir diesen Befund nutzen. Suchen wir auf Proben nach dem Grund, warum unser Spiel sich leer und unlebendig anfühlt, sollten wir uns auf die Suche nach dem Punkt begeben, an dem das Aufeinander-Reagieren nicht mehr stattgefunden hat. In den meisten Fällen werden wir ein ganzes Stück weit zurückgehen müssen, um die Stelle zu finden, an der die Reaktionskette abriss. Die Regel heißt also: Wenn eine Passage im Spiel nicht funktioniert, liegt dies häufig an dem Augenblick davor. Proben heißt in diesem Sinne, eine lückenlose Reaktionskette zu erarbeiten.

Reagieren heißt für uns, sich auf das Motto ↗LASS DICH VERÄNDERN! einzulassen. Weigern wir uns, unser Spiel durch das Geschehen um uns herum beeinflussen zu lassen, beharren wir auf unserer vorgefassten Spielidee, anstatt auf das Neue zu reagieren, zerstören wir den Fluss der Reaktionskette und damit die Fähigkeit des Publikums, dem Geschehen zu folgen. Oben wurde gesagt, dass unser Spiel dann lebendig wirkt, wenn wir uns vollständig öffnen für den Modus der Wahrnehmung. Jetzt erklärt sich, warum dieses Nach-außen-gerichtet-Sein so unverzichtbar ist. Wenn *reacting* der Schlüssel zur Liveness ist, müssen wir, bevor wir im Spiel reagieren, etwas wahrgenommen haben. *Ohne Wahrnehmung keine nachvollziehbare Reaktion.* Ein starkes Live-Gefühl entsteht beim Publikum nicht allein dadurch, dass es unmittelbar unsere Reaktion miterlebt, sondern es will auch wahrnehmen, wer oder was diese Reaktion ausgelöst hat. Es will nicht nur miterleben, wie wir plötzlich zu Boden gehen, sondern auch den Schlag, der uns trifft. Und vielleicht auch die Beleidigung, die diesem Schlag vorausging. Selbst der allererste Moment unseres Spiels wirkt dann stärker, wenn wir auf etwas – auch etwas Unsichtbares – antworten: Zuschauende ahnen dann, *da war etwas*. Liveness ist – so die Definition – das Erlebnis der *gemeinsamen Wahrnehmung* von Spielenden und Zuschauenden. Wo Menschen im selben Raum sind, nehmen sie auch dasselbe wahr. Das Theater sagt umgekehrt: Wenn wir dasselbe wahrnehmen, sind wir im selben Raum. Und genau dies ist das Ziel: Bühnengeschehen und Publikum bilden einen gemeinsamen Raum. Der Raum des privaten Erlebens der Zuschauenden zu Beginn einer Vorstellung verschmilzt mit dem künstlichen Raum, den unser Spiel erschafft. Wollen wir *live* wirken, erschaffen wir einen gemeinsamen Wahrnehmungsraum. Unsere eigene Aufmerksamkeit auf der Bühne ist es, die die Aufmerksamkeit der Zuschauenden auf uns lenkt – und darauf, wie wir reagieren werden.

Wie entscheidend die Wahrnehmung beim Prinzip *Acting is reacting* ist, lässt sich gut an Dialogen veranschaulichen: Spielen wir sie als *Reaktionskette*, hört man uns zu, laufen Texte beziehungslos nebeneinander her, schaltet das Publikum ab. Es kann unfehlbar unterscheiden, ob B *real wahrgenommen* hat, was A sagt, und erst dann antwortet, oder ob B deshalb redet, weil A zu Ende gesprochen hat und nun B's Text »dran ist«. Der Unterschied ist von außen genau sichtbar: Wenn B zugehört hat, sieht man eine Art *Einschlag* in dem Augenblick, in dem A's Information B trifft. Man merkt es an B's Innehalten, Stirnrunzeln, Umdrehen, Kopfsenken, Handbewegung, Augenaufreißen, Lächeln, Erstarren, Lippenschürzen, Nicken, Fixieren, Aufatmen, Stutzen, Augenbrauenbewegung, Schulterzucken. Der *Einschlag* verrät, wie B die Äußerung von A versteht, schlagartig *bewertet* und erst dann reagiert. Und genau im selben Moment findet auch der Kurzschluss zwischen Spielenden und Publikum statt. Zuschauende erleben, wie eine Person auf der Bühne etwas *verstanden* hat, und werden Zeuge von: A *verändert* gerade B.

So schnell ein solcher Moment des *Einschlags* im Spiel vorbei sein mag – wenn etwas daran nicht stimmt, ist dies von außen sofort erkennbar. Wenn A etwas Wichtiges ausdrückt und B nicht reagiert, sondern *nur weiter Text macht,* wenn B etwas spielt, ohne vorher etwas *wahrgenommen* zu haben, was diese Reaktion auslösen könnte, sagen sich Zuschauende in derselben Sekunde: *Die spielen das ja nur.* Sie sehen, dass das von A Gesagte nicht vorher bei B *eingeschlagen* hat. Die Wirkung einer solchen Auslassung bezeichnet die Theatersprache als *vorreagieren* – wir spielen eine Reaktion, bevor wir überhaupt deren Anlass wahrgenommen haben. Nur wenn ein Impuls von A bei B einen *Einschlag* hervorruft, auf den B reagiert, erlebt man das Spiel als lebendig und echt. Offenbar hat der Satz *Acting is reacting* den Kern von Liveness präzise erfasst. Wo wir bisher unser Augenmerk auf das *Acting*, also auf unser *eigenes* Handeln im Spiel, auf unsere Muster, unsere Angebote, unseren Ausdruck gerichtet haben, dreht dieser Satz den Spieß um. Alle Brillanz, alles, was für das *Acting* erfunden, geprobt und eingeübt wurde, ist erst die halbe Strecke. *Acting* wird nur dann lebendig wirken, wenn es als ein *Re-acting* gespielt wird – wir reagieren auf etwas, das wir tatsächlich *wahrgenommen* haben.

WAHRNEHMEN

++++ über die kunst wahrzunehmen, was tatsächlich da ist ++++ wiederholen und aussprechen: wie wir wahrnehmung trainieren können ++++ was wir wahrnehmen, können wir auch bewerten ++++ wo das wahrnehmen an seine grenze kommt und die vorstellungskraft einspringt ++++

Anhand des Tennisspiels wurde gezeigt, was *Wahrnehmen* auf der Bühne vom Alltag unterscheidet: Schauspielende sollen sich von Spielbällen überraschen lassen, deren Weg sie bereits kennen. Wo Wahrnehmen uns in der Wirklichkeit keinerlei Aufmerksamkeit kostet, müssen wir es fürs Spielen gewissermaßen neu lernen. Nehmen wir ein einfaches Beispiel: Eine Gruppe wird gebeten zu spielen, dass sie Geräusche hört. Die Spielenden werden den Kopf in eine bestimmte Richtung drehen, die Stirn runzeln, sich dem vermeintlichen Geräusch körperlich zuwenden, den Kopf schütteln etc. Lässt man die Dinge eine Weile laufen, werden sie anfangen, kleine Geschichten zu erfinden und den Vorgang des *Hörens* mit immer größeren Mitteln darzustellen. Wir sehen eine Gruppe von Menschen, die sich angestrengt darum bemüht, das Hören zu *spielen.* Was man nicht sieht, sind Menschen, die *hören.* Der Grund dafür ist, dass die Spielenden in dieser Übung genau das gar nicht tun – hören. Verändern wir die Aufgabenstellung. Die Gruppe wird nun dazu aufgefordert, die genaue Anzahl der Geräusche, die sie im Raum wahrnimmt, innerlich zu zählen. Das Ergebnis ist frappierend. Die Personen auf der Bühne werden ruhig und aufmerksam, das Klima im Raum ist hochkonzentriert, die Gesichter sind entspannt, die Körper natürlich. Aber das Eindrucksvollste daran ist, dass nun auch die Zuschauenden hin*hören.* Sie nehmen wahr, wie auf der Bühne das leiseste Knacken in der Decke dazu führt, dass sich Augen und Köpfe der Spielenden in diese Richtung bewegen, und tun es ihnen im selben Moment gleich. Das Spiel hat die Trennung zwischen Spielenden und Betrachtenden überbrückt – beide Seiten nehmen gemeinsam dasselbe wahr. Aber wie ist es dazu gekommen? Die Spielenden haben die Geräusche gezählt, sie haben das *Hören* nicht nur gespielt, sondern sich mit einem Trick zum Hören gezwungen. Sie haben für die Bühne das *Wahrnehmen* zu einem bewussten Denkvorgang gemacht. Schauspielen heißt wahrnehmen und reagieren auf das, *was tatsächlich da ist.* Das ist die Formel für das, woran ein Publikum zwischen ↗LIVENESS und Mechanik unterscheidet. Wenn es etwas wahrnimmt und wir Spielenden reagieren darauf, lebt es mit uns mit. Ignorieren wir es und spielen kommentarlos weiter, ist es enttäuscht. Wir haben uns entlarvt als Agierende in einer mechanischen Welt.

Wahrzunehmen, *was tatsächlich da ist,* klingt einfach und ist auf der Bühne doch beinahe das Herausforderndste überhaupt. Häufig sind wir vom Wiederherstellen des Verabredeten und der Stimme unseres inneren Kritikers derart in Beschlag genommen, dass wir von außen geradezu blind für das Offensichtliche wirken. Stanislawski und seine Nachfolger haben das genau erkannt. Natürlich wussten auch sie, wie schwierig es ist, sich dauerhaft auf Abläufe zu konzentrieren, die uns nicht mehr überraschen. Sie wussten, welche Probleme es bereitet, ein Gespräch, dessen Antworten wir bereits kennen, spontan wirken zu lassen. Ihr Rezept hieß: *Lasst Schauspielende auf der Bühne reale Dinge tun.* Sie schlugen vor – ähnlich unserem einfachen Trick mit dem *Geräuschezählen* –, auf der Bühne solche Handlungen auszuführen, die unsere Aufmerksamkeit geradezu erzwingen. Wenn wir zum Beispiel auf der Bühne die Wand anstreichen oder eine Kartoffelsuppe kochen, können wir gar nicht anders, als wahrzunehmen, *was tatsächlich da ist* und *echt* zu reagieren. Wir werden, wenn wir heiße Suppe in kleine Schälchen füllen müssen, nicht darüber nachdenken, was als Nächstes kommt, und uns schon gar nicht den Kopf darüber zerbrechen, ob unser Schütten *gut* war. Wir werden – genauso wie die Zuschauenden – unsere

Aufmerksamkeit darauf richten, dass die Suppe an ihrem Bestimmungsort landet und nicht auf dem Boden. Besonders spontan wird unser Spiel wirken – so das Kalkül –, wenn uns die heiße Suppe über die Hände läuft. So weit die Theorie. Eine solche Empfehlung stößt natürlich schnell an ihre Grenzen, denn nicht alles, was Macbeth tut, können wir auf der Bühne real ausführen, ohne etwas zu beschädigen oder mit dem Strafrecht in Konflikt zu kommen. Und viele Bühnenvorgänge bilden, wie wir wissen, gar keine Realität ab, sondern sind in ihren Mitteln abstrakt. In solchen Fällen gleicht Regie, wenn sie uns in den realen Kontakt mit unserer Wahrnehmung bringen will, dieses Manko dadurch aus, dass sie andere Dinge anregt, die die Echtheit unserer Reaktionen hervorkitzeln sollen. Sie lässt singen und musizieren, Federball spielen, Stühle zertrümmern, Anwesende privat beleidigen oder mit dem Publikum reden, oder sie bringt uns einfach mit körperlichen Herausforderungen an die Grenze. Gemeinsam ist all diesen Vorschlägen, dass sie nach Dingen suchen, die uns den Blick von uns selbst weg und nach außen richten lassen. Wer im Spiel damit beschäftigt ist, real mit dem Außen zu kämpfen, kann nicht grübeln. Eine solche Technik hat den Nachteil, dass sie mit jeder Wiederholung nach höheren Dosen verlangt. Wir können noch so sehr versuchen, auf Bühnen Bedingungen zu schaffen, die unsere Aufmerksamkeit herausfordern, auch davon wird sich vieles in der Wiederholung abnutzen und läuft, wenn es nicht die Freiheit hat, sich improvisatorisch weiterzuentwickeln, Gefahr, sich zurückzuverwandeln in eine mechanische Kunst.

Wahrzunehmen, *was tatsächlich da ist*, statt ablenkenden Gedanken nachzuhängen, müssen wir trainieren. Anstatt sich auf die Suche zu begeben, mit welchen real auf uns einwirkenden Reizen wir uns wachhalten, besteht die Technik des Wahrnehmens auf der Bühne darin, unsere Alltagswahrnehmung zunächst umzuwandeln in einen bewussten Denkvorgang. Das *Hören* machen wir uns übungsweise zum Beispiel bewusst durch das *Zählen*. Über einen ähnlichen Umweg schulen wir unseren Blick. Das ↗ AUGE auf der Bühne wirklich *sehen* zu lassen, gelingt uns, indem wir die Dinge, die wir visuell wahrnehmen, zunächst einmal benennen. *Ich sehe einen Schuh; ich sehe die Wand; ich sehe eine Steckdose; ich sehe einen Fensterrahmen; ich sehe eine Person.* Unser Blick wirkt echt, wenn wir Einzelheiten entdecken: *Ich sehe einen braunen, spitzen Schuh, der auf der Seite einen runden weißen Fleck hat. Ich sehe eine viereckige Aufputzsteckdose mit einer grauen Abdeckklappe.* Einfacher gelingt diese Übung, wenn wir unsere Beobachtungen anfangs laut aussprechen. Der Kontakt wird uns noch realer erscheinen, wenn wir mit den Dingen handeln. *Ich versuche diesen Fleck abzuwischen. Ich ziehe den Schuh aus. Ich betrachte den Schuh und bemerke, dass der Absatz abgetreten ist.* Unsere Wahrnehmung können wir auch bewusst machen, indem wir das Äußere anderer Personen benennen: *Du hast einen blauen Pulli mit gelben Streifen an. Du hast ein Taschentuch in der Hand. Du ziehst die linke Schulter hoch. Du wackelst mit dem linken Knie.* Der Schauspiellehrer Sanford Meisner hat dazu eine Fülle von Übungen beschrieben, mit denen wir trainieren, in Kontakt zu treten mit dem, *was da ist.*

Die *Repetition*-Übung etwa lehrt anschaulich, wie durch Wiederholen und Aussprechen die Wahrnehmung und Reaktion zusammenspielen. Wir lernen, wie man sich gleichzeitig an die Partitur des eigenen Spiels – den Text – hält und dennoch alles als Reaktion auf das spielt, was man beim anderen wahrgenommen hat. In der anfänglichen Form dieser Übung – *Du hast den linken Schnürsenkel offen. – Ich habe den linken Schnürsenkel offen und du hast einen Leberfleck am Hals. – Ich habe einen Leberfleck am Hals und du bist gerade irritiert* etc. – besteht unser »Text« aus den Worten, mit denen die anderen uns beschreiben und die wir wiederholen. Wir üben dabei zunächst nur, abwechselnd zu sprechen und zu beobachten. Am meisten gewinnt die Übung jedoch dadurch, indem dies möglichst *gleichzeitig* abläuft, das heißt: Während wir noch die Bemerkung des anderen wiederholen – unseren *Text* sprechen –, beobachten wir bereits konkrete Merkmale am anderen. Wenn Sprechen und Wahrnehmen simultan stattfindet, erhöht sich das Tempo der Übung und das Zusammenspiel verdichtet sich erheblich.

In einer erweiterten Variante versuchen wir wahrzunehmen und zu benennen, was Mitspielende *denken. Du bist genervt, weil es so laut ist nebenan. – Ja, ich bin genervt, weil es laut ist. – Du bist müde, weil dich diese Übung langweilt. – Wie bitte, ich bin müde, weil mich diese Übung langweilt?!* Ins Spielen führt uns dieses Wiederholen von Texten und Benennen von Wahrnehmungen, wenn wir es mit einer ↗ HALTUNG verknüpfen. *Wahrnehmen* und *Reagieren* wird dann ergänzt durch *Bewerten.* Arbeiten wir mit der Haltung *überrascht,* heißt es dann nicht mehr *Ich sehe einen braunen Schuh,* sondern wir *bewerten* den Schuh entsprechend: *Ach, da ist ja ein brauner Schuh, woher kommt denn auf einmal der Fleck?* Für die Haltungen *verärgert, gelangweilt* und *verliebt* könnten die Reaktionen etwa so aussehen: *Der verdammte Schuh! Schon wieder dreckig!; Och nö, ich putz doch jetzt nicht schon wieder die Schuhe* bzw. *Wie süß ist der denn? Ich liebe fleckige Schuhe!* Wir lassen uns also von unserer Wahrnehmung treffen, aber nicht allgemein, sondern unsere Reaktion hat eine konkrete Qualität.

Auf der Probe ist der Gegenstand, den wir wahrnehmen und auf den wir reagieren, in erster Linie die *Sprache* der anderen. In einer Variante der *Repetition*-Übung, in der nicht improvisiert, sondern mit Stücktext gearbeitet wird, wiederholen wir den Text des anderen und spielen erst dann unseren eigenen. Indem wir wiederholen und aussprechen, erleben wir eine Verknüpfung zwischen fremder Rede und eigener Antwort und stellen so sicher, dass unsere Antwort tatsächlich eine Reaktion ist. Der Dialog *A: Wo warst du? B: Ich habe auf dich gewartet!*, klingt jetzt übungsweise folgendermaßen: *A: Wo warst du? B: Wo warst du? Du fragst mich, wo ich war? Ist das dein Ernst? Ich habe auf dich gewartet.* Indem B den Text von A wiederholt, umformuliert und vielleicht ergänzt, verknüpft sich B's Text *Ich habe auf dich gewartet* mit A's Satz *Wo warst du?* und lässt ihn wie eine Antwort klingen. Die Haltung, in der B die Antwort spielt, wird in dieser Übung dadurch verdeutlicht, dass B beim Wiederholen den Text ein wenig ergänzt. Im Beispiel geschieht dies durch den Satz: *Ist das dein Ernst?* B reagiert offenbar *empört.* Würde B stattdessen einfügen *Das war ein fantastischer Vorschlag von dir!*, klänge der Satz *Ich habe auf dich gewartet* plötzlich *begeistert.* Wenn wir die *Repetition*-Übung mit dem Spiel unterschiedlicher Haltungen kombinieren, ergänzen wir unsere Antwort mit einer Art *Trigger-Satz** der uns den genauen Ton dieser Haltung plastisch macht. B's Antwort auf A's *Wo warst du?* könnte in der Haltung *begeistert* dann so lauten: *Wo warst du, wo warst du? Wow! Love it!* (Trigger-Satz) *Das war ein fantastischer*

* Siehe dazu das Kapitel »Haltung« ab S. 216 in diesem Buch.

Vorschlag von dir! Warten! Echtes, pures Warten! (Ergänzung) *Ich habe auf dich gewartet!* (Originaltext). Im weiteren Verlauf von Proben werden dann alle Hinzudichtungen wieder weggelassen, der emotionale Ausdruck bleibt dabei im Originaltext erhalten.

Wir können die Technik des Wiederholens und Benennens auch in der Probenarbeit anwenden. Wir wiederholen den Text der anderen oder unterbrechen den eigenen Text, indem wir eine Beobachtung, eine Nachfrage, einen Kommentar einfügen. Wir können anfänglich alles laut aussprechen, indem wir dem anderen und uns selbst gewissermaßen ständig hineinreden, um dasselbe später nur in Gedanken auszuführen. Auch dort, wo unser Spiel im Wesentlichen aus Zuhören besteht, können wir das Aussehen der Dinge um uns herum innerlich benennen, die Bewegungen der Mitspielenden oder die Haltung, die sie spielen und wie sie auf uns wirkt. Wir können in Gedanken zum Beispiel sagen: *Ja, ja, schon gut, aber warum schreist du so?*, oder: *Ich verstehe kein Wort von dem, was du sagst*, oder: *Das tut mir alles so leid*, oder: *Da ist eine Falte in deinem Hemd.* Wir können den Text der anderen stumm wiederholen und uns eine Meinung dazu bilden: *Sein oder Nichtsein, das ist wirklich eine Frage für dich? Wieso denn Pfeil und Schleudern des wütenden Geschicks, wo bist du denn bitte Pfeilen und Schleudern ausgesetzt?* Im selben Moment, wo wir diese Dinge innerlich aussprechen, wird alles, was wir selbst spielen, unweigerlich zur Reaktion.

Dennoch – sich auf der Bühne ständig im Modus bewusster Wahrnehmung zu halten, um so auch in der x-ten Wiederholung frisch zu reagieren, bleibt eine Herausforderung. Geräusche im Raum zu zählen, Kartoffeln zu schälen oder innerliches Wiederholen und Benennen mögen uns eine Weile dabei helfen, im Kontakt zu bleiben. Doch auf der Bühne berührt uns das wenigste auf Dauer so selbstverständlich wie im Alltag. Die Dinge, auf die sie reagieren sollen, erleben Schauspielende entweder als Teil einer künstlichen Welt oder sie sind gar nicht erst vorhanden. Es fällt zwar ein Schuss, aber es kommt keine Kugel aus der Pistole. Die Wut unserer Mitspielenden wirkt auf uns glaubwürdig bedrohlich, aber wir wissen, sie wird uns heute nicht töten, sondern uns nach der Vorstellung, wie jeden Abend, im Auto mitnehmen. Aus den Lautsprechern mag ein Bassbrummen dröhnen, aber die Erde, auf deren

Beben wir physisch und emotional so reagieren sollen, als könne sie Möbel umwerfen, bleibt in Form des Bühnenbodens völlig unbewegt. Alles andere müssen wir uns dazudenken. Insbesondere vor der Kamera werden wir in den weiten Räumen der *Greenscreens* sehr wenig vorfinden, was uns noch zu echten Reaktionen herausfordert. In vielen Fällen können wir also nicht reagieren auf *das, was tatsächlich da ist*, sondern wir müssen es durch unsere *Vorstellung* ersetzen. *Acting* ist eben nicht allein *Re-acting*, sondern, wie Lee Strasberg ergänzt, auch *die Fähigkeit, auf vorgestellte Reize zu reagieren.*

Wir müssen in der Lage sein, auch auf Dinge zu reagieren, die nur in unserem Kopf sind. Wenn wir in der Szene *Lokomotive nähert sich bedrohlich unserem blockierten Auto* glaubhaft reagieren wollen, müssen wir uns eine herannahende Lokomotive vorstellen können. Wir werden im fünften Teil – ↗ DENKEN UND FÜHLEN – darauf zurückkommen.

Acting is reacting – auch wenn der Impuls, auf den wir reagieren, für andere gar nicht sichtbar ist, sondern in unserem Kopf stattgefunden hat. Ebenso in monologischen Situationen. Auch *Sein oder Nichtsein* sagen wir deshalb, weil wir auf etwas reagieren, das diese Worte in diesem Moment zwingend macht. Und dieses *Vorher* lässt sich spielen, selbst wenn gerade erst die Scheinwerfer angegangen sind: als Wahrnehmung eines Gedankens in uns oder – wie es der Theaterpraktiker Shakespeare selbst vorschlägt – als Blick auf einen Totenschädel.

Wenn Wahrnehmung und Reaktion der Schlüssel sind für ↗ LIVENESS, was ist dann mit den Theaterformen, in denen die scheinbare Logik einer Wirklichkeit gar nicht vorkommt, in denen keine Dinge geschehen, die aufeinander reagieren können, geschweige denn sich gegenseitig beeinflussen oder gar verändern? Viele ↗ SPIELWEISEN bemühen sich gar nicht sonderlich darum, real zu wirken. Im Gegenteil, sie stellen ihre eigene Künstlichkeit sogar bewusst aus. Sie rufen uns fortlaufend zu: *Seht her, alles vorbereitet, alles Fake!* Und dennoch unterscheidet ein Publikum auch bei ihnen zuverlässig zwischen lebendig und mechanisch. Auch da, wo stumm oder vollkommen abstrakt miteinander gespielt wird, zeichnet sich lebendiges Spiel durch die Kette von Wahrnehmung und Reaktion aus. Nur treten wir hier auf der Bühne in echten Kontakt mit all dem Falschen, Unechten, übertrieben oder abstrakt Gespielten – und reagieren darauf. Und auch hier ist es ein Unterschied, ob die Performenden mit dem Publikum einen gemeinsamen Raum schaffen oder eine Maschine. Selbst dort, wo programmatisch nicht aufeinander reagiert wird, ist dieser Akt konstanter Verweigerung eine Art Reaktion auf ein Verbot – und auch diesen Kampf erlebt das Publikum. Auch hier misst sich unsere Lebendigkeit am Ende daran, inwieweit wir in der Lage sind, *einen Raum zu schaffen,* in dem das Publikum erlebt, dass *jederzeit alles anders* sein könnte.

LASS DICH VERÄNDERN!

++++ warum zusammenspielen heißt, eigene ideen bereitwillig aufzugeben ++++ erst bewerten, dann reagieren ++++ warum wir veränderungen nur schwer akzeptieren können ++++

Eine Reaktionskette aus umfallenden Holzklötzchen hält uns nicht allein deshalb in gebannter Aufmerksamkeit, weil jeder fallende Stein auf seinen Vorgänger reagiert. Hätten wir es bei der Welle fallender Dominosteine mit einer schnurgeraden Kette immer gleicher Bauteile zu tun, würde unser Interesse rasch erlahmen. Wenn wir uns von Reaktionskettenmaschinen, die Tüftler im Netz präsentieren, faszinieren lassen, liegt das an ihrer unerwarteten Struktur. Bauteile unterschiedlichster Form und Größe reagieren in verschiedenen Tempi und überraschendster Mechanik aufeinander, fließen, schleudern, fallen, springen, explodieren, kippen und reagieren dergestalt in einer endlosen Folge von Variationen aufeinander. Das Interesse des Publikums, so haben wir anfangs festgestellt, wird gefesselt von Sprüngen und Veränderungen in unserem Spiel. Auf etwas zu reagieren heißt, dass wir uns im Spiel *sichtbar verändern und in etwas Neues fallen lassen.*

Aber warum fällt uns Spielenden das *Sich-verändern-Lassen* auf der Bühne so schwer? Entweder ist unsere Aufmerksamkeit nicht bei den Mitspielenden, sodass wir Dinge, die uns verändern könnten, gar nicht erst wahrnehmen, oder unsere Reaktionen werden durch unsere eigenen Beharrungskräfte gelähmt. Wenn *Acting is reacting* der Schlüssel für unsere Lebendigkeit ist, wird deutlich, warum wir uns so ausführlich mit eingefleischten Patterns beschäftigt haben. Unser schnelles Denken in Mustern, unsere Scheu, uns in die Räume des Unbekannten vorzuwagen, unser Versuch, Energie zu sparen, und die Tendenz, Risiken zu meiden, sind Kräfte der Beharrung, die uns daran hindern, uns *verändern* zu lassen. Aber die Bereitschaft, sich *verändern zu lassen,* ist im Zusammenspiel von Wahrnehmung und Reaktion das Entscheidende. Um uns verändern zu lassen, müssen wir in der Lage sein, die eigene Planung *aufzugeben.* Wir müssen raus aus dem Raum des Vertrauten und hinein ins Neue. Wir müssen akzeptieren, dass jemand andere Wege gehen will, und uns darauf einlassen. Wir müssen umschalten von einem Modus, in dem wir unbedingt etwas spielen wollen, in einen, in dem wir uns von anderen *spielen lassen.*

Schauen wir noch einmal auf die Szene, in der A zur Party einlädt. Wir waren stehengeblieben bei der Frage, warum sich B in einer Improvisation selten wirklich stark verändern lässt und zum Beispiel in Tränen ausbricht. Um auf ein solches Angebot zu kommen, müssen wir, wie gezeigt, zunächst einen Gang zurückschalten und wahrnehmen, *was tatsächlich da ist:* Wir benennen innerlich, was A gerade gespielt hat, und *akzeptieren* diesen Spielzug. Dieser Schritt ist sehr viel schwieriger, als er klingt. Wer nie auf der Bühne stand, kann sich schwer vorstellen, wie der Druck, originell zu sein, uns sogar daran hindert mitzubekommen, was der andere gerade gesagt hat. Und selbst wenn, sind wir häufig nicht geneigt, dies auch auf uns wirken zu lassen. Das würde nämlich von uns verlangen, trotz aller Beharrungskräfte unsere eigene Spielidee über den Haufen zu werfen und uns *verändern zu lassen.* Tatsächlich liegt es an unserer mangelnden Bereitschaft, etwas aufzugeben, wenn im Spiel die Reaktionskette abreißt. B mag vielleicht flüchtig wahrgenommen haben, was A gerade gespielt hat, aber B *ignoriert* es. B ist so sehr befangen von der Sorge, der eigene Spielzug müsse dann neu erfunden werden, dass B lieber etwas spielt, das gar keine echte Reaktion auf A ist. Das Publikum dagegen hat, anders als B auf der Bühne (!), genau wahrgenommen, was A gespielt hat, und erwartet eigentlich, dass B reagiert und sein Verhalten ändert. Tut B dies nicht, reißt genau an dieser Stelle die Aufmerksamkeit des Publikums ab. Das Zusammenspiel hat sich als *Fake* entlarvt.

Nehmen wir an, B's Konzept für eine Szene lautet: *Ich habe schlechte Laune.* A lädt B ein und B reagiert *unwirsch* – in derselben Haltung, in der B schon vorher in der Szene auf Dinge reagiert hat. Auch wenn A spielen würde, gerade in eine Glasscheibe getreten zu sein – B bleibt weiterhin schlecht gelaunt. Und selbst wenn A's Worte *Ich liebe dich* lauten würden, so würde dies bei B keine besonders abweichende Reaktion auslösen. Egal, was A macht, B spielt weiter dieselbe ↗ HALTUNG, anstatt sich von A *verändern* zu lassen. – Dieses falsche Beharren ist auf Proben weit verbreitet. B weicht dabei dem Entscheidenden aus, dem Moment des Widerspruchs, in dem B sich treffen lassen könnte. Theatersprache nennt einen solchen Haltungswechsel einen *Bruch*. Anstatt eine bestimmte Haltung durchzuziehen – schlechte Laune –, lässt sich B von A's Spielzug *verändern*. Wir könnten diesen Moment auch »dramatisch« nennen.

Sich verändern zu lassen, gelingt uns nur, wenn wir zuvor entschleunigen. Im kurzen Moment des Innehaltens, Verwerfens und Neuerfindens entscheidet sich, ob wir Neues riskieren oder weiterhin unseren Mustern vertrauen. Nur wenn wir dies tun, sehen wir, dass zwischen Wahrnehmen und Reagieren noch ein Drittes steht, das wir gern übergehen: das *Bewerten*. Nicht allein, *dass* wir reagieren, sondern vielmehr *wie*, ist das eigentlich Interessante. Wir können jeden einzelnen Spielzug vollkommen unterschiedlich *bewerten*. Denn etwas wahrzunehmen, bestimmt nicht zwangsläufig, wie wir darauf reagieren. Mit der *Bewertung* wählen wir aus der unendlichen Fülle von Reaktionsmöglichkeiten, die uns ein Blick in die Bücher der unterschiedlichen ↗ PARAMETER liefert, einen Spielzug aus, der uns wirklich ins Neue führt. *Lass dich verändern!*, lautet daher das Grundprinzip für jedes Zusammenspiel. Eine solche Feststellung sollte jedoch nicht unterschätzt werden. Von außen wirkt eine solches Gebot leicht. Es lässt sich einfach sagen: *B müsste doch nur…* Aber unser Hang, auf der Bühne auf dem Vertrauten zu beharren, ist so ärgerlich wie nachvollziehbar. Wir sparen Risiko, Aufregung und Energie, wenn wir einfach das wiederholen, was wir bereits gezeigt haben: unsere ↗ PATTERNS. Sie sind es, die uns ständig zuflüstern: *Bleib bei dem, was du hast! Meide das Unvertraute!* – Ignorieren wir diesen Auftrag und folgen lieber der Devise *Change the pattern!*

5_Denken und fühlen

Reden Sie mir nicht vom Gefühl!
Ein Gefühl kann man nicht festhalten.
Konstantin Stanislawski

WÄRME- UND KÄLTETECHNIK

++++ warum wir von echten tränen besessen sind ++++ können 2500 Jahre gesammelte schauspieleranekdoten danebenliegen? ++++

Wenn traditionelle Schauspieltheorie uns den Grund für gelangweilte Zuschauende nennen will, muss sie meist nicht lange nachdenken: mangelnde *Wahrhaftigkeit.* Ihre Methoden kreisen dabei allein um die Frage, mit welcher Technik wir *echte Gefühle* erzeugen, und eher selten – ketzerisch –, ob der Ausdruck solcher Gefühle überhaupt sinnvoll ist. Und so lautet auch die erste Frage, die der Laie den Profis stellen wird: *Wie erzeuge ich echte Tränen*? Wie selbstverständlich wird also davon ausgegangen, ein Publikum komme in erster Linie deshalb, weil es an unsere Gefühlsartistik andocken möchte. Unsere echte Träne ist hierbei der Pokal. Warum halten wir so hartnäckig an der Vorstellung fest, dass sich ein Publikum in erster Linie danach sehnt, die Sensation unseres großen, nachweislich *echten* Gefühls, möge sich erkennbar real vor seinen Augen ereignen?

Actors on Acting heißt ein 700 Seiten starkes Buch, in dem Stimmen von Schauspielenden von der Antike bis ins 20. Jahrhundert versuchen zu beschreiben, was Theaterspielen für sie ausmacht. Theater gelingt in der Sicht der Mehrzahl dieser Zeugnisse tatsächlich in erster Linie durch die Übertragung *echter Gefühle* auf das Publikum. Wer uns zuschaut, wolle diese Sensation erleben, von der man zwar wisse, dass wir sie auf der Bühne künstlich hergestellt haben, deren Gewalt wir dennoch anscheinend wirklich durchleben. Zuschauende wollen Zeugen eines Zaubertricks sein oder vielleicht sogar mehr: einer magischen Verwandlung. Trotz aller Versuche, die Behauptung zu widerlegen, beim guten Schauspiel ginge es im Kern um echte Gefühle, trotz aller ↗SPIELWEISEN, in denen wir uns forciert künstlich geben – jeder Arbeitstag, den wir auf Probebühnen begeistert oder eben gelangweilt verbringen, wird dieses Dogma erst einmal bestätigen. Auch ein Theater, das nicht mit großen Gefühlen arbeitet, wird nicht darum herumkommen anzuerkennen, dass Zeugnisse der schauspielerischen Selbstanalyse aus 2500 Jahren nicht grundsätzlich danebenliegen können.

Dem Plädoyer für das Gefühl als wichtigstem Prüfstein unserer Präsenz folgt unweigerlich die ebenso alte Frage nach der Wahrhaftigkeit: Müssen wir das, was wir darstellen, selber auch empfinden, oder darf das Gefühl, dessen Zeuge ein Publikum wird, Ergebnis kalkulierter Arbeit an Wirkungen sein? Müssen unsere Gefühle *echt* sein oder müssen sie nur *echt wirken*? Muss unsere schauspielerische Betriebstemperatur im Spiel heiß laufen, indem wir alle Leidenschaften unserer Figur selbst empfinden, oder köchelt unser privates Gefühl dabei auf niedriger Flamme? Zu welcher Schule bekennen wir uns, zur *heißen* oder zur *kalten?*

Interessant an dieser Debatte ist ihre umgehende Moralisierung. Richtiges und falsches Spiel stehen hier für richtiges und falsches Leben. Denn Spielende, die ihr Publikum durch ihre persönlichen, im Moment durchlebten Gefühle erschüttern, sind in dieser Argumentation eine Art Heilige; andere, die dieselbe Wirkung kalten Sinnes durch die genaue Kopie fremder Gefühle erzeugen, Betrüger. Die einen leiden für uns, die anderen führen uns hinters Licht. Beide betrachten die Arbeit des anderen mit äußerster Verachtung. Die *heißen* Spieler halten das *kalte* Spiel für äußerlich, unglaubwürdig, seelenlos, unpersönlich. Deren Vertreter seien Schauspielroboter. Sie verteidigen die Magie, das Unwägbare und Geheimnisvolle, dass diejenigen umgibt, die fähig sind, ihr eigenes emotionales Erleben zum Gegenstand von Kunst zu machen. Die Kalten wiederum halten die Heißen für Dilettanten, sie werfen ihnen fehlende Beherrschung des Handwerks und mangelnde Wandlungsfähigkeit vor, vor allem aber sei deren Spiel vollkommen stimmungs- und damit zufallsabhängig, mit anderen Worten, sie können zwar wüten, aber nicht wiederholen. Voraussetzung für eine umfassende Kontrolle der eigenen Wirkung ist nach Überzeugung der kalten Spieler, dass man auf keinen Fall das, was man emotional verkörpert, selber privat empfinden darf. Im Gegenteil, die Überschwemmung des Geistes durch echte Gefühle würde uns daran hindern, präzise diejenigen Gefühle zu spielen, die wir ausdrücken wollen.

Der Glaubensstreit um die *Echtheit* von Gefühlen zieht sich nicht nur wie ein Riss durch die Lehrbücher, mit denen wir immer noch arbeiten. Er wird hier deshalb so ausführlich zitiert, weil er eine Kette von Behauptungen, Missverständnissen und Grenzziehungen produziert, wo es um verwandte Themen geht: Spielweisen, ↗ FIGUR, Identifikation,

Verfremdung und, neu hinzugekommen: Repräsentation: *Dürfen* wir überhaupt einen anderen spielen, ohne Menschen, die ähnlicher Identität sind wie unsere Figur, in ihren Rechten zu verletzen? Im Streit um die Berechtigung, auf dem Theater andere *Identitäten* zu repräsentieren, ist die Frage nach der Wahrheit von Gefühlen in ihre vorerst letzte – wiederum moralische – Runde gelangt. Auch wenn es in dieser vorläufig letzten Runde auf einmal um die Integrität der Gefühle von Zuschauenden geht.

Wenn wir über Gefühle auf dem Theater sprechen, stellen wir uns allerdings ziemlich unterschiedliche Fragen: Um wessen Gefühle geht es eigentlich, um meine oder um die der Figur? Und müssen diese notwendig *identisch* sein? Versuchen wir den Nachgeschmack unserer persönlichen starken Gefühle hochzuholen und geben ihnen dann Ausdruck und Form? Oder reproduzieren wir mit Hilfe genauer Beobachtung und präziser Einstudierung die äußere Form eines fremden Ausdrucks? Führt das wahre Gefühl zum präzisen Ausdruck oder produziert präziser Ausdruck wahre Gefühle? Ist mein Spiel *heiß* oder *kalt*? Eher selten wird in diesem Streit die Frage gestellt: Sind *echte Gefühle* auf den Bühnen der *Tausend Theater* überhaupt entscheidend?

VON INNEN – VON AUSSEN

++++ erinnerung oder beobachtung ++++ niemand trägt alle gefühle in sich ++++ warum wir uns häufig ein falsches bild von den eigenen gefühlen machen ++++ wie die kopie körperlicher formen gefühle triggern kann ++++ vom weinen am flughafen ++++

Technisch formuliert unterscheidet die Alternative im Streit um die *heiße* oder *kalte* Arbeitsweise, ob wir mit der *Erinnerung* oder mit der *Beobachtung* arbeiten. Die *von innen* startende Methode erinnert, die *von außen* beobachtet. Untersuchen wir zunächst die erinnernde Methode und fragen, welche Aspekte dabei als selbstverständlich vorausgesetzt werden und was sie übersieht. Wenn wir *von innen* arbeiten, machen wir unsere private Persönlichkeit zum Ausgangsmaterial. Idealerweise sollen sich Spielende hier nicht hinter einer Figur *verstecken*, sondern die Figur rundum mit ihrer privaten Persönlichkeit ausfüllen. Grundsätzlich wird dabei von dem Gedanken ausgegangen, dass alles, was darstellbar ist, sich auch im individuellen Ich finden lässt. Liebe, Wut, Angst, Verzweiflung, Freude erhalten hier ihr Echtheitssiegel durch die Tatsache, dass sie von uns vermeintlich genauso durchlebt wurden. Nur wer radikal in die Erinnerung eigener Gefühle eintaucht, könne so auf ein Publikum wirken, dass auch dieses vollständig ergriffen wird. Natürlich sitzt eine solche Technik des Erinnerns einer Zahl von Verkürzungen auf. Werfen wir einen Blick auf die Annahme, alles, was theatrale Konzepte von uns emotional fordern, sei auch irgendwo in uns selber auffindbar. Das ist natürlich ein frommer Wunsch. Vielen von uns sind bestimmte Teile unseres Ausdrucks nicht deshalb fest verschlossen, weil zuvor erst verschüttete Erinnerungen freigeschaufelt werden müssten, sondern weil uns einfach die entsprechenden Erfahrungen fehlen. Auch wenn die *Von-innen*-Methode empfiehlt, dann zu Substituten zu greifen, also etwas Vergleichbares in sich aufzusuchen, wird das nichts gegen den Befund helfen, dass wir vieles, was Menschen tun und erleben, gar nicht kennen. So sehr wir in Erinnerungen an unsere eigenen Euphorien oder Frustrationen suchen mögen, wir können weder problemlos empfinden, wie es sich anfühlt, einen Weltrekord zu laufen, noch wie es ist, an 250 Tagen im Jahr an einer Supermarktkasse zu sitzen.

Nicht alles Menschliche ist auch zuverlässig in uns auffindbar. Und mag die Schule des *Von-innen*-Spiels auch auf dem Authentizitätsbonus ihrer Methode bestehen, sie übersieht dabei einen noch gewichtigeren Einwand: Erinnerungen liefern weder automatisch Wahrheiten noch produzieren sie zuverlässig Bilder echten Verhaltens. Wir mögen uns an bestimmte Gefühle erinnern, aber das heißt noch lange nicht, dass wir wissen, wie wir sie tatsächlich ausgedrückt haben. Sehr häufig erinnern wir uns falsch. Wir mögen uns vielleicht an das Gefühl erinnern, aber wie wir uns dabei verhalten haben, wie dies für andere aussah, das wissen wir nicht. Sähen wir diese Erinnerung von uns festgehalten auf einem Film, wären wir vermutlich ziemlich überrascht darüber, wie anders unser Verhalten tatsächlich wirkte. Das, was wir erinnern, ist in Wahrheit häufig etwas sehr Allgemeines. Und so führt eine Technik, die ihren

Ausgangspunkt im erinnernden Kopf hat, in Bühnenhandlung übersetzt in vielen Fällen gar nicht dazu, dass wir überraschend hochindividuelle Angebote machen, sondern dass wir in eine Schublade greifen, eben genau zu unserem ersten schauspielerischen Zugriff, unserem ↗ PATTERN NO. 1. Sehr häufig kippt der Wunsch, emotional persönlich und authentisch zu spielen, in ein sentimentales Wunschbild um. Anstatt dass die Widersprüchlichkeit der Figur ausgelotet wird, gleichen wir das menschliche Verhalten, das wir zeigen sollen, unserem persönlichen Lieblingsbühnenausdruck an: defensiv oder arrogant, niedlich, lasch oder auch gerne: leidend. Die Orientierung an der eigenen Erinnerung ist keineswegs ein Garant für Wahrhaftigkeit.

Selbst angenommen, das persönlich erinnerte Spiel ist wirklich *wahrhaftig*, das blinde Vertrauen auf die Annahme, alles, was persönlich sei, sei auch automatisch interessant, ist ziemlich naiv. Viele von uns fangen genau dann an, Präsenz zu erzeugen, wenn sie sich von ihrem privaten Ausdruck weit entfernt haben. Für die übergroße Mehrzahl bedeutet eine Methode, die ausschließlich das eigene Erleben zum Material macht, nicht nur eine böse Täuschung über die eigene Wirkung. Sie ist eine selbstgewählte Begrenzung ersten Grades. Ihre Figuren haben immer maximale Ähnlichkeit mit ihnen selbst. Sie verzichten auf das riesige Materialfeld, das ihnen Zugang gewährt zu den Empfindungen und Verhaltensweisen anderer Menschen. Und so kommt es, dass eine Fernsehschauspielerin die betrogene Ehefrau, die emanzipierte Kommissarin und die Buckelwalforscherin exakt gleich spielt.

Die größte Klippe für die Techniken der Erinnerung aber besteht in ihrer Unwägbarkeit. Wir versuchen zwar, das vorstellende und erinnernde Denken so unter Kontrolle zu bringen, dass es verlässlich abrufbar ist. Genau dies aber stellt sich in der Praxis als ziemlich heikel heraus. Denn das Denken in all seiner Vielschichtigkeit vollzieht sich, wie jeder Meditierende aus eigener Erfahrung weiß, derart ungreifbar, schwammig, abdriftend, dass sich dessen kontrollierter Einsatz auf der Bühne schlichtweg als unzuverlässig erweist.

Selbstverständlich ist die erinnernde Methode auf ihre Weise unerlässlich – wie im Kapitel ↗ HALTUNGEN, dem einzigen der im Praxisteil beschriebenen Parameter, der *von innen* arbeitet, beschrieben, lässt sich eine Haltung nur dann *scharf stellen,* wenn wir sie mit einem sehr persönlichen Subtext unterfüttern. Hier ist genaues Erinnern unverzichtbar. Nur sollte sie sich über ihre unausgesprochenen Voraussetzungen ehrlich machen: Das Diktum *Sei ganz du selbst,* das uns von zahllosen Lehrbüchern anempfohlen wird, blendet aus, dass persönliche Erinnerungen weder automatisch *verfügbar* noch *wahr* noch *interessant* noch *abrufbar* sind. In der Praxis der *Tausend Theater*, deren ↗SPIELWEISEN weit über Fragen wie die der Wahrhaftigkeit von Gefühlen hinausgreifen, hat *von innen* definitiv seine Grenzen. »Reden Sie mir nicht vom Gefühl! Ein Gefühl kann man nicht festhalten. Dem Gedächtnis einprägen und festhalten kann man nur eine physische Handlung.« Ausgerechnet Stanislawski, der vehementeste Kämpfer für die Wahrhaftigkeit des präzise erinnerten Gefühls, legte an seinem Lebensende eine spektakuläre Kehrtwende hin und stellte seine Theorie buchstäblich vom Kopf auf die Füße. Wie diese neue Methode *von außen* genau aussehen sollte, konnten allerdings erst Stanislawskis Nachfolger beschreiben.

Wo sich mit dem erinnernden *Kopf* nicht präzise arbeiten lässt, nimmt die *Von-außen*-Technik den *Körper* ins Visier. Wenn die Erinnerung dem Kommando *Sei jetzt wütend!* nicht unfehlbar gehorchen mag, kann der Körper das Kommando *Zeig deine Zähne und balle die Faust!* nicht verweigern. Er gehorcht immer. Wir starten also mit der Beobachtung dessen, was Wirklichkeit oder Kunst uns liefern – einen anderen Menschen zum Beispiel – und kopieren sie auf unseren Körper und unsere Stimme. Wir beschränken unser Material nicht auf unsere persönliche Erfahrung, sondern erweitern es auf alles, was wir in der Welt vorfinden. Wir erschaffen einen uns fremden Ausdruck, ungewöhnliche Charaktere und fremdes Verhalten, indem wir körperliche und sprachliche Muster anderer nachahmen, und rufen auf diese Weise – so die Theorie – auch deren Erleben in uns hervor. *Von-außen*-Methoden fordern dazu auf, widersprüchliche Wirklichkeiten anzuerkennen und bewusst zu formen, ohne sich dabei von der Logik privater Gefühle oder Vorlieben leiten zu lassen. Sie behaupten, nur was sich exakt beobachten lasse, können wir so präzise einüben, dass es auf Abruf wiederholbar ist. Und schließlich sagen sie – und das ist das Spektakuläre an ihnen –, dass die präzise Kopie fremder Formen zuverlässig *echte Gefühle* triggert.

Wenn wir in uns nichts finden, was dem Gefühl einer Weltrekordgewinnerin oder dem Alltag eines prekär Beschäftigten gleicht, können wir es bei anderen studieren und dann versuchen, mittels exakter Kopie an deren Gefühl anzuknüpfen. Das Nachempfinden eines Arbeitslebens an der Supermarktkasse triggern wir hier nicht, indem wir uns intensiv vorstellen, wie *wir* uns in einer solchen Welt fühlen würden, sondern indem wir die krumme Körperhaltung, den erloschenen Gesichtsausdruck und die schmerzenden Armbewegungen des *anderen* nachahmen. Allerdings müssen wir darauf vorbereitet sein, dass die Wirklichkeit nur eines zuverlässig liefert: Widersprüche. Die eine Weltrekordlerin steht regungslos im Fernsehbild und verzieht keine Miene, ein anderer springt schreiend seinen Mannschaftskollegen an, um sich dann konvulsivisch auf dem Boden zu wälzen. Beide Varianten bilden auf der Bühne eine konkrete Wahrheit ab – und sind möglicherweise nicht nur *echter*, sondern auch interessanter als das, was meine Erinnerungen an eigene Momente überbordender Freude als Vorlage liefern.

Wie man auf dem Feld der Gefühle von *außen* nach *innen* arbeitet, wie aus *kalt heiß* wird, zeigt ein fulminant ironisches YouTube-Video. Hier wird unsere allgegenwärtige Frage *Wie fließen auf Kommando Tränen?* mit einer höchst unterhaltsamen Praxisanleitung gekontert: Die Tränenspielerin unterdrückt sehr lange ihr Blinzeln und spricht, wenn die Augen brennen, stumm, langsam, aber extrem artikuliert das Wort *Flughafen* aus. Jetzt dauert es auch schon nicht mehr lange, bis die erste Träne fließt. Die Schauspielerin, die diese sarkastische Übung demonstriert, zieht als zusätzliche Ebene ihrer Performance eine Ironisierung ein. Ein Blick in die Kommentarspalten aber zeigt, wie viele User dankbar erklären, ihr Tränenproblem damit endgültig gelöst zu haben. Die Erfinderin dieser »Technik« hat offenbar die Mundbewegungen weinender Menschen sehr genau studiert, so genau jedenfalls, dass die Ausübung der Form tatsächlich etwas in uns in Bewegung setzt. Eiskalter Blödsinn schlägt um in heiße Verzweiflung. Eine solche Demonstration ist als ironischer Kommentar zu unseren ernsten Sorgen um das *echte Gefühl* gemeint, zeigt aber anschaulich, wie Arbeit *von außen* denkt. Sie geht davon aus, dass die Gefühle im Körper und nicht im Kopf lagern, und bringt sie durch Bewegung zum Vorschein. Denn natürlich ist die Absicht auch dieser

Technik, verlässlich *echtes* Erleben zu erzeugen – zumindest in Spielweisen, die von uns diese Form von Wahrhaftigkeit erwarten. Im Idealfall werden also auch die kalten *Von-außen*-Spieler am Ende innerlich *heiß*.

RESONANZ

++++ membran in schwingung: wie erleben von zwei seiten getriggert wird ++++ weiß glühende Distanz ++++ vom glücklichen Spiel unglücklicher Figuren ++++

↗ACTING IS REACTING heißt der Satz, der präzise beschreibt, was Zusammenspiel im Kern ausmacht. Vollständig allerdings lautet er: *Schauspiel ist die Fähigkeit, auf vorgestellte Reize zu reagieren.* Neben der Fähigkeit wahrzunehmen, was um uns herum geschieht, und darauf im Spiel zu reagieren, sollen wir auch auf Dinge reagieren, die wir uns vorstellen. Denn ein Gutteil dessen, auf das wir im Spiel reagieren, ist ja gar nicht real vorhanden, sondern wir müssen es uns vorstellen: den Schmerz einer Wunde, die Volksmasse, zu der wir reden, den Duft der Blumen, die Lokomotive, die auf uns zurast. Vorstellungskraft bedeutet die Fähigkeit, sich von einer körperlichen Empfindung, einem Gegenstand, einer Person oder einer Situation anschaulich ein gedankliches Bild zu machen. Das können Bilder von erinnerten Welten sein oder – schwieriger – Dinge, die wir noch nie erlebt oder gesehen haben. Für den Lehrsatz sind Schauspielende Menschen, die fantasierte Welten so real in sich zum Leben erwecken können, dass sie auf diese Vorstellungen tatsächlich reagieren. Müssen wir demnach dann nicht immer *von innen* arbeiten?

Im vorigen Kapitel haben wir beschrieben, wie sich *innen* und *außen* im Ergebnis berühren, denn beide – Vorstellung oder Beobachtung – dienen dazu, gezielt Erleben hervorzurufen. Getriggert werden kann dieses Erleben von beiden Seiten – von innen oder von außen. Wir verwenden für diesen Berührungspunkt, wo entweder *eigene Vorstellung, Erinnerung, Fantasie* oder eben *nachgespielte Wirklichkeit* in uns reales Erleben auslöst, den Begriff »Resonanz«. Resonanz bedeutet »in Schwingung versetzt werden«. Stellen wir uns Resonanz als eine Membran vor, die entweder von einer konkreten körperlichen Handlung oder von einer konkreten geistigen Vorstellung in Schwingung versetzt wird. *Von-innen*-Methoden versuchen, Resonanz durch eine mentale Anstrengung zu erzeugen; die physische *Von-außen*-Methode klopft von der anderen Seite an: Sie startet mit dem handelnden Körper. Wir können uns von der Kraft der eigenen Vorstellung derart glaubhaft in Schwingung bringen lassen, dass wir getriggert werden, sehr real zu handeln. Oder umgekehrt, präzise Nachahmung einer äußeren Form löst bei uns dasselbe Erleben aus. Resonanz ist die Fähigkeit, etwas real zu erleben, was gar nicht da ist. Sie steht in der Mitte beider Methoden: von *innen* nach *außen* in der Reihenfolge *Vorstellungskraft* löst *Resonanz* aus, triggert *Handlung*. Von *außen* nach *innen* dementsprechend umgekehrt: *Handlung* löst *Resonanz* aus, triggert *Vorstellungskraft*.

Ein Vorteil, den die *Von-innen*-Methode allerdings nicht bietet, ist der, dass wir *von außen* nicht allein mit dem Nachspielen anderer Menschen arbeiten können, sondern zusätzlich mit dem Spiel *abstrakter* Formen. So kann etwa die Aufgabenstellung *Spiel's schneller!* ebenso zuverlässig in uns inneres Erleben triggern. Resonanz entsteht, wenn *schnelles* Spiel in uns auslöst, dass wir uns gehetzt, unter Stress, gar panisch fühlen – je nach dem Tempo, das wir anschlagen. Resonanz entsteht, wenn wir mit einer fremden Stimme reden. Resonanz wird ausgelöst, wenn wir willkürlich die Rhythmen ändern, mit denen wir auf andere im Spiel reagieren. Resonanz entsteht, wenn die Beschränkung unserer Bewegungsmuster die Wirklichkeit eines fremden Menschen entstehen lässt. Der Begriff Resonanz ist hier deshalb so wichtig, weil alle Werkzeuge, die im Praxisteil vorgestellt werden, mit Ausnahme der ↗ HALTUNG, mit dem Mittel der formalen Regel arbeiten. Es ist dabei wichtig zu verstehen, dass alle Spiele, die *von außen*, also mit der Form arbeiten, immer darauf abzielen, Erleben zu generieren. Ohne Resonanz wirken solche Spiele leer. Ob etwas wahrhaftig oder mechanisch wirkt, hat – anders als es Lehrbücher behaupten – rein gar nichts damit zu tun, *wie* dieses Erleben erzeugt wird. *Von innen* zu spielen, erzeugt nicht automatisch emotionale *Wahrhaftigkeit*, genauso wie *von außen* zu arbeiten, nicht notwendig *kalte* Ergebnisse befördert.

Wir werden die allergrößten Mühen haben, wenn der Kanal in der einen oder anderen Richtung blockiert ist: Im ersten Falle bleibt alles im Kopf, im zweiten alles in der äußeren Erscheinung. Wir können sehr wohl präzise Erinnerungen und plastische Vorstellungen einer Situation haben – Schauspielende sind wir erst, wenn dadurch in uns Erleben ausgelöst wird. Die strengen Exerzitien zur Schulung von Vorstellungskraft an Schauspielschulen, die ausgedehnten Gefühlserinnerungsübungen werden sinnlos sein, wenn diese Kopfarbeit von uns nicht real erlebt wird und einen Impuls zum Spielen auslöst. Ebenso umgekehrt: Nachahmendes Spiel oder Spiel mit formalen Regeln muss immer zum Ziel haben, das eigene Erleben zu triggern, andernfalls sehen wir Sport. Wenn uns vorgeworfen wird, unser Spiel sei unbeteiligt, mechanisch, äußerlich, ihm mangele es an Natürlichkeit, Wahrhaftigkeit und Eigenheit, ist die Membran zwischen äußerer Nachahmung und innerem Erleben nicht durchlässig. Unser Spiel mag als die präzise Kopie einer fremden Form erscheinen, löst aber sichtbar in uns nichts aus, sondern es wirkt leer. Wenn wir mit brennenden Augen das Wort *Flughafen* aussprechen, werden wir nur dann wie echte Verzweifelte wirken, wenn unsere verzerrten Gesichtszüge, unser zitternder Kiefer und unser stockendes Zwerchfell in uns ein Erleben triggern. Alles andere ist Comedy.

Ohne die Fähigkeit, auf Wunsch etwas zu erleben, bleibt jedes Schauspiel wirkungslos. Aber was ist dann mit den *Distanziert*-Spielenden, die ihre Figuren gar nicht durch sich selbst repräsentieren wollen, deren Distanz zu echten Gefühlen ihrer Figuren sogar für ihre ↗ SPIELWEISE programmatisch ist? Immerhin sind sie im zeitgenössischen Theater erheblich gefragt. Sind solche Spielenden nach unserer Definition etwa notwendigerweise schlecht? Die Antwort darauf führt uns direkt zu all den zeitgenössischen Spielweisen, in denen es keineswegs um die Identifikation mit und die Verkörperung von Figuren geht. Wenn wir die Notwendigkeit eines Erlebens als unverzichtbar anerkannt haben, beantworten wir damit noch nicht die Frage *Wessen Erleben?* – das der Figur oder das des Spielenden? Denn selbstverständlich *erlebt* der distanziert Spielende auch, nur geht es dabei nicht um das Erleben der Figur, sondern um das des Spielenden. Spätestens an dieser Stelle der Theorie werden nicht nur Schauspielstudierende das Handtuch werfen. Denn ein solcher Gedanke klingt vollkommen haarspalterisch. Ein praktisches

Beispiel mag helfen: Wenn ein kalt Spielender den gesamten *Reineke Fuchs* mit dutzenden Figuren, Konflikten und Erzählperspektiven allein im leeren Raum stehend performt, steigt er nicht in die wahren Gefühle von Dachs, Wolf, Löwe und Bär ein, er skizziert sie mit klar unterscheidbaren Mitteln und macht ihre Haltungen deutlich, indem er ihre Sprechakte ironisch zitiert. Dabei vollziehen die Zuschauenden zwar die gefühlsmäßige Situation der einzelnen Tiere mit, der Mensch auf der Bühne aber steht dabei, obwohl er virtuos deren Emotionen vorführt, irgendwie kalt lächelnd neben der ganzen Misere. Ist er so herzlos? Hat er denn gar kein *inneres Erleben*? Löst die fabelhafte Kopie der leidenden Tiere denn in ihm gar keine Resonanz aus? Müsste man sein Spiel nach dieser Logik nicht notwendig als schlecht bezeichnen? Das *innere Erleben* dieses Spielenden ist sehr wohl vorhanden, es ist sogar emotional weiß glühend und geradezu mit Händen zu greifen: Er spielt nämlich aus einer tief empfundenen Verzweiflung heraus, einer sarkastischen Genugtuung, einer beißenden Ironie über die am Verhalten der Tiere penibel durchbuchstabierte und maßlos dumme Einrichtung dieser Welt, wie sie der Autor Goethe vorlegt. Es ist diese Haltung der *stahlharten Verachtung*, mit der der Spielende in das Bild einer unglücklichen Welt eintaucht, die sich als Gefühl auf uns überträgt. Das *Gefühl*, oder besser gesagt die Haltung, die ein Publikum hier unmittelbar erlebt, ist in diesem Fall allerdings das Gefühl des Spielenden, nicht seiner Figuren.

Die Gegensätze *innen/außen, heiß/kalt* sind nicht zuletzt eine Scheindebatte, insofern als sich, wenn wir auf der Bühne stehen, gar nicht genau trennen lässt, wo genau sich die Grenze zwischen Gefühl und kalkulierter Imitation befindet. Denn natürlich ist beim Spielen beides untrennbar vermischt. Der hochglühende Ausbruch des heißen Spielers kann innerlich genauso tot sein wie der Ausdruck der kalten Textmaschinistin gleißend emotional. Umso weniger lässt sich für andere beurteilen, was Schauspielende fühlen, wenn sie schreien. Denn selbstverständlich sind wir, wenn wir in Tränen aufgelöst in wahrhaftigster Verzweiflung zu Boden gleiten, gleichzeitig auch sehr *glücklich* darüber, wie fantastisch wir heute spielen. Die ewige Rätselei um die Echtheit unserer Empfindung ist in Wahrheit gleichgültig. Was wir dabei empfinden, wenn wir toben, ist unsere Privatsache.

6_Tausend Theater

Alles ist erlaubt, nichts ist verboten.
Jonathan Meese

SPIELWEISEN

++++ vier regler zur einstellung der spielweise ++++ wer bin ich, wenn ich spiele? ++++ spiegel, zerrspiegel oder zerbrochener spiegel? ++++ vierte wand oder mitspieltheater? ++++ welche freiheit haben wir, von einer partitur abzuweichen ++++

An der *Spielweise* lässt sich vielleicht die fortschreitende Entwicklung des Theaters und dessen Halbwertzeit am klarsten ablesen. Aufnahmen, die zu ihrer Zeit als Meisterschaft realistischen Spiels galten, wirken heute auf uns manieriert. Nicht nur die Empfindung dafür, was realistisches Spiel ausmacht, verändert sich ständig. Spielweisen insgesamt befinden sich fortlaufend im Fluss – und die meisten Regieführenden werden selbst gar nicht unbedingt in der Lage sein, technisch zu beschreiben, was genau sie von uns erwarten. Spielweise, das ist der Stil, in dem sie selbst inszenieren. Umso wichtiger ist es für uns Spielende, die Unterschiede zu verstehen. Jede Spielweise fordert uns schließlich zu etwas völlig anderem auf. Das hier vorgeschlagene Modell bedient sich vier unterschiedlicher Bezugsgrößen, die in jeder Spielweise anders gewichtet sind: das Verhältnis von ICH und FREMDFIGUR, das Verhältnis von REALITÄT und deren ABBILDUNG, das Verhältnis von SPIELENDEN und PUBLIKUM und schließlich das Verhältnis von PARTITUR und FREIHEIT.

Das Verhältnis von ICH und FREMDFIGUR misst, welchen Anteil von privater Persönlichkeit Spielende ihrer Darstellung verleihen. Am Nullpunkt der Skala ist die eigene private Person das einzige Material. Die Figur, die auf der Bühne steht, ist man selbst. Am oberen Ende stünde die vollständige Verwandlung in eine Fremdfigur. Dazwischen liegen die einzelnen Stufen von Merkmalen, die wir unserem Spiel hinzufügen, bis sich am oberen Ende der Skala die private Person der Spielenden nicht mehr erkennen lässt und die Verwandlung in eine Fremdfigur vollkommen ist.

Ebenso lassen sich die drei anderen Verhältnisse jeweils als eine Skala denken. Im Verhältnis REALITÄT und deren ABBILDUNG versucht unser Spiel am Nullpunkt der Skala so detailliert wie möglich eine konkrete Realität zu rekonstruieren, das obere Ende dagegen stünde für ein Bild, das sich in der reinen Abstraktion von Zeichen auflöst. Ein solches Spiel würde nicht mehr den Versuch machen, eine menschliche Welt abzubilden.

Die dritte Skala – das Verhältnis von SPIELENDEN und PUBLIKUM – misst den Kontakt beider Seiten zueinander. An ihr zeigt sich, inwiefern wir die Anwesenheit der Zuschauenden in unser Spiel einbeziehen oder ignorieren. Der Nullpunkt markiert hier die komplette Trennung der Zuschauenden vom Bühnengeschehen, der höchste Level dagegen deren uneingeschränkte Einbeziehung ins Spiel.

Die vierte Skala – das Verhältnis von PARTITUR und FREIHEIT – beschreibt das Maß an Freiheit, das Spielende im Umgang mit der fixierten Partitur einer Inszenierung haben. Der Nullpunkt bezeichnet hier ein Spiel, in dem exakt und detailgenau die Reproduktion des Geprobten gefordert ist, der höchste Level dagegen die uneingeschränkte Freiheit zur Improvisation.

Das Modell, das uns hier als Werkzeug zur Beschreibung unterschiedlicher Spielweisen dient, wäre also ein Mischpult mit vier Reglern, die sich unabhängig voneinander einstellen ließen. Ihre Skalen messen die jeweiligen Anteile von Ich, Realität, Kontakt und Freiheit in unserem Spiel. Um eine Spielweise genau zu beschreiben, müssten wir vier Fragen beantworten:

1. Wie viel ICH?

Die erste Skala – das Verhältnis von ICH und FREMDFIGUR – beschäftigt sich mit der Frage *Wer bin ich, wenn ich spiele?* Sie markiert die unterschiedlichen Grade von Identität einer Figur mit der Privatperson ihres Spielers.

a) ICH als ICH in der WELT VON ICH hieße die Position am untersten Ende der Skala. Spielende machen hier ausschließlich ihre Privatperson zum Material. Ihr Spiel beabsichtigt nicht, eine andere Person zu repräsentieren, sie verkörpern in ihrem Spiel vollständig sich selbst. Hier treten Menschen auf, die nicht unbedingt beruflich Schauspielende sind, sie performen Berichte und Handlungen aus ihrer persönlichen oder beruflichen Welt. Auch Stückentwicklungen, in denen die privaten Geschichten von Spielenden Gegenstand der Erzählung sind, bedienen sich meist des Mittels ICH als ICH in der WELT VON ICH. Ihnen allen ist gemeinsam, dass im Spiel jeder Anschein von Repräsentation eines anderen abgelehnt wird, um den Eindruck von umfassender Authentizität zu erwecken.

b) ICH als ICH in der WELT EINER FREMDFIGUR beschreibt einen Punkt etwas weiter oben auf der Skala. Hier entspricht unser Spiel weiterhin im Ausdruck genau unserem privaten Verhalten, allerdings handeln wir in einer fiktiven Situation, was bedeutet, dass der Gegenstand, den wir darstellen, nicht unserer persönlichen Welt entstammt, sodass wir das Denken, Fühlen und Verhalten der Figur nicht unbedingt aus unserer eigenen Erfahrung ableiten können. Spielen wir zum Beispiel eine Königin der Renaissance, so werden wir Dinge gestalten müssen, von denen wir nicht das geringste Erfahrungswissen besitzen: die Ausübung eines höfischen Zeremoniells etwa oder das Abschlagen eines Kopfes. Dennoch geben wir auf dieser Stufe der Skala dem *Verhalten* der Figur den Ausdruck, der unserem privaten so ähnlich wie möglich ist. Der Renaissancemensch spricht hier also heutig beiläufig, sein Körperausdruck entspricht dem Ausdruck eines Alltagsmenschen. ICH spielt hier bereits eine FREMDFIGUR, aber die FREMDFIGUR drückt sich genauso aus wie ICH. Selbstverständlich wirkt unser Spiel dadurch im strengen Sinne unhistorisch, rückt dafür aber Theaterfiguren näher an ihr Publikum heran, die ihm in dieser Form von Repräsentation vertrauter erscheinen. Tatsächlich bedient sich jede Theaterform, die sich selbst als im theatersprachlichen Sinne realistisch versteht, genau dieser Spielweise. *Spiel nicht so viel*, lautet die Regieanweisung, die versucht, ihre Spielenden auch in fremden Kontexten auf dem Level ihres privaten Ausdrucks zu halten.

c) ICH als FREMDFIGUR in der WELT EINER FREMDFIGUR. An diesem Punkt, der sich bereits in der Mitte der Skala befindet, entfernen wir uns von uns selbst. Wir machen nicht unseren privaten Ausdruck zum Material des Spiels, sondern unsere Figur ist – je nach dem gewünschten Grad der Verwandlung – zusammengesetzt aus Material, das wir dem Ausdruck anderer Menschen entnehmen. Wir bedienen uns eines anderen Körperausdrucks, einer anderen Sprachmelodie, eines anderen Erscheinungsbildes, uns unvertrauter ↗ HALTUNGEN, kurz, das Verhaltensrepertoire unserer Figur hat zunehmend weniger mit unserem privaten Ich zu tun. Die Figur sieht anders aus, bewegt sich anders, denkt, handelt, empfindet nicht so wie wir selbst, vor allem aber *bewertet* sie die Dinge, die ihr begegnen, vollkommen anders als wir. Innerhalb dieses Feldes beobachten wir eine große Bandbreite unterschiedlicher Grade von Verwandlung.

Am obersten Ende der Skala schließlich ist unser ICH nicht mehr auf der Bühne erkennbar. Es ist vollkommen unter dem Bild einer FREMDFIGUR verschwunden. Im Extremfall wird diese Verwandlung so vollständig sein, dass ein Publikum uns nicht mehr wiedererkennt.

2. Wie viel REALITÄT?

Die zweite Skala – das Verhältnis von REALITÄT und deren ABBILDUNG – gehört zu den stärksten ästhetischen Grundentscheidungen einer Inszenierung. Hier wird bestimmt, in welchem Maß von exakter Spiegelung oder Verzerrung wir eine Wirklichkeit zeichnen – oder ob wir im Extrem gar keine Wirklichkeit abbilden wollen. Wir fragen also nicht, wie viel ICH wir unserem Spiel geben, sondern ob wir uns als Menschendarsteller oder als Wirkungsmaschinen begreifen, ob wir auf der Bühne eine Wirklichkeit abbilden oder nicht, und wenn ja, wie *ähnlich* das Bild seiner Realvorlage sein soll. Bewegen wir uns auf dieser Skala nach oben, werden die äußeren Mittel, die wir unserem Spiel hinzufügen, immer deutlicher und abstrakter. Nehmen wir zum Beispiel das Verstellen der Stimme als ein solches Mittel. Wir können die Stimme so verstellen, dass es niemanden auffällt, oder auch so, dass es das Gegenüber mitbekommt. Man kann die Stimme am Telefon verstellen, um sich für einen anderen Menschen auszugeben – niemand soll dabei merken, dass diese Stimme nicht echt ist. Andererseits kann man auf einer Party vor Gästen ganz bewusst die Stimme verstellen, nach dem Motto: Seht her, hier ist der witzige A, der – für alle wahrnehmbar – B lächerlich macht und vorführt. Die Stimmverstellung dient dabei nicht nur unterschiedlichen Absichten, sie ist auch unterschiedlich wahrnehmbar. Nutzen wir am Nullpunkt dieser zweiten Skala alle Mittel dazu, *täuschende Echtheit* zu erzeugen, wird ihr Einsatz, sobald wir Regler 2 hochziehen, bewirken, dass die *Täuschung selbst* zusätzlich erfahrbar wird. Dieses Spiel *simuliert* keine Wirklichkeit mehr, sondern *zeigt* sie. Interessant ist, dass wir im selben Maße auch unser Bemühen um das Verschmelzen mit einer Figur aufgeben und stattdessen die *Distanz* zwischen Spielenden und ↗ FIGUR deutlich wird. Je mehr sich der Regler auf dieser Skala nach oben bewegt, desto weniger Menschen abbildend und realistisch, desto künstlicher und *theatraler* wird unser Spiel sein. Und desto stärker macht es auch die eigene Künstlichkeit zum Thema. Am obersten Ende der Skala zielt unser Spiel gar nicht mehr darauf ab, die Realität eines handelnden Menschen zu verkörpern. Ein Publikum nimmt dann keine konkrete Figur mehr wahr, sondern nur noch das abstrakt wirkende Bild handelnder Personen ohne jeden Bezug zu einer Realität. Betrachten wir die unterschiedlichen Stufen auf dieser zweiten Skala:

a) SPIEL ALS KOPIE VON WIRKLICHKEIT. Hier markiert die Nullstellung den Versuch, auf der Bühne eine naturalistisch genaue Kopie der Realität zu erzeugen. Diese Kopie berücksichtigt alles, was das Vorbild liefert, auch das, was nicht unbedingt zum Kern der Erzählung beiträgt, sondern nur der Erzeugung von Echtheit dient – etwa lange Phasen des Nichtstuns oder Sprache, die bereits Gesagtes wiederholt, oder etwa Störungen, deren exakte Reproduktion auf der Bühne das Geschehen für ein Publikum unklar machen, wie etwa Übereinander-Sprechen, minimale Lautstärken, Verdeckung des bildlichen Geschehens – Ziel ist die exakte Spiegelung von Wirklichkeit. Spielende in einem komplett naturalistischen Theater würden sich zum Beispiel bemühen, nicht lauter zu sprechen als im Alltag, um ihrem Abbild von Wirklichkeit keinen *Theaterton* hinzuzufügen. Nichts an ihrem Spiel soll hier auch nur die geringsten Konzessionen an die Erfordernisse des Theaterhaften machen. Schauspielen an diesem absoluten Nullpunkt von Künstlichkeit ist etwas extrem Herausforderndes. Auf der Bühne ein Verhalten zu zeigen, das exakt genauso im Alltag stattfinden könnte, verlangt von uns – vergleichbar der Malerei des Fotorealismus – die denkbar akribischste Beobachtung von wirklichen Verhältnissen. Naturalismus ist nicht unbedingt eine Spielweise, die nur in Verbindung mit Texten des 19. Jahrhunderts steht – im Gegenteil, wenn wir an die unterschiedlichen Formen des Re-Enactments und des Dokumentarischen und Performancehaften denken, sehen wir, dass ein guter Teil des postmodernen Theaters ebenfalls vollkommen naturalistisch operiert. Hier geht Theater häufig so weit zu behaupten, dass es gar kein Theater sei, sondern dass die Menschen, die wir auf der Bühne erleben, sich einfach so mit uns getroffen hätten, um mit uns gemeinsam etwas zu verhandeln – was natürlich bei genauer Betrachtung nicht stimmt. Jede Ästhetik, die es sich zum Ziel setzt, Wirklichkeit komplett eins zu eins zu kopieren, dürfte allerdings ein vergebliches Unterfangen sein: Je genauer wir versuchen, exakte Kopien anzufertigen, desto mehr provozieren wir ein Publikum dazu, den Fehler im System zu suchen.

b) SPIEL ALS VERDICHTETE KOPIE VON WIRKLICHKEIT wäre die abstrahierendere Variante derselben Form. Hier wird das Bühnenabbild von Realität insofern verdichtet, als alles Redundante, Undeutliche, Überflüssige, das im reinen Naturalismus seinen Platz hat, weggefiltert und aufgeräumt wird. So entsteht eine klarere, aber eben auch schon leicht künstliche Form von Wirklichkeit auf der Bühne. Um den Unterschied zu verdeutlichen: Wären wir bei der rein naturalistischen Abbildung Zeuge einer Gruppe, die sich beim gemeinsamen Kohleschaufeln im Blechcontainer unterhält, würden wir kein einziges Wort verstehen – die verdichtete Abbildung derselben Wirklichkeit würde dafür eine Lösung finden: Sie würde die Arbeitenden etwa zum Reden eine Arbeitspause machen lassen, oder sie gibt den Schauflern ein Mikroport oder nutzt Kohlen aus Gummi. In dieser Variante von Wirklichkeitsabbild wird also darauf geachtet, dass die relevanten Informationen für das Publikum im Vordergrund stehen. Alles andere dagegen fällt weg. Schauspielende bemühen sich an diesem Punkt weiterhin darum, ihr Spiel auf der Bühne möglichst *echt* erscheinen zu lassen, nur sorgen sie dabei zusätzlich für Klarheit, Deutlichkeit, Nachvollziehbarkeit. Bei näherer Betrachtung lässt sich ein solches Spiel natürlich bereits als künstlich bezeichnen: Die Stimme ist gehoben, um bis in die letzte Reihe verständlich zu sein, die Sprache ausreichend artikuliert, die Reaktionen, Haltungen, Brüche werden so deutlich gespielt, dass Zuschauende alles sauber nachvollziehen können. Eine in dieser Weise verdichtete Realität auf der Bühne idealisiert also gewissermaßen ihren Gegenstand. Tatsächlich bedient sich die Spielweise, die sich selbst als die psychologisch-realistische versteht, genau dieser Mittel – und nicht der des oben geschilderten Naturalismus.

c) SPIEL ALS KOPIE VON WIRKLICHKEIT PLUS X befände sich ungefähr auf der Mitte der Skala und beschreibt das weite Feld von Übertreibungen, Verzerrungen, Disruptionen und Kommentierungen von erzählter Wirklichkeit. Auf diesem Punkt der Skala fügen Schauspielende ihrem Spiel ein *plus x* hinzu, ein formales Mittel, das die abgebildete Wirklichkeit gewissermaßen überhöht oder konterkariert. Die Mittel, mit denen dieses jeweilige *plus x* arbeitet, sind sehr unterschiedlicher Natur. Sie umfassen expressiven Körperausdruck, elaborierte Sprechweisen, deutliche Zeichnung einer Figur als *Typus*, Ausstiege aus der Figur oder deren Ironisierung, Kontrastierung von Haltung und Text und vieles mehr, was sich durch Anwendung unterschiedlicher darstellerischer ↗ PARAMETER in den unterschiedlichen Graden von ↗ DEUTLICHKEIT ergibt. Das Entscheidende dabei ist, dass dem Publikum hier nicht nur der Inhalt, sondern beiläufig auch die Form der Erzählung bewusst gemacht wird. Die Schilderung realer Menschen in realen Konflikten steht hier weiterhin im Zentrum des Interesses, jedoch wird durch die Anwendung eines *plus x* die Distanz zwischen Spielenden und erzählter Figur kenntlich gemacht. Denn wenn unser Spiel nicht mehr primär dazu dient, eine *möglichst real* wirkende Figur zu verkörpern, werden wir als Spielende selbst für das Publikum auffällig. Spielende und Figur treten gewissermaßen auseinander. Das Publikum erlebt Figuren, die mehr oder weniger zeichenhaft auf der Bühne erscheinen, aber zusätzlich eben auch die Spielenden, die diese Zeichen präsentieren. Unser Spiel macht auf diesem Level der Skala ständig auf die Theatralität des Geschehens aufmerksam, und auf die Tatsache, dass in Wahrheit *zwei* Personen auf der Bühne erlebbar sind: die/der Spielende und die Figur bzw. deren Zeichen. Jede komödiantische Spielweise arbeitet nach diesem Prinzip: Sie funktioniert nur dann, wenn sie sich auf konkrete reale Situationen bezieht, aber durch deren Zuspitzung oder Übertreibung wird ein Mittel des *plus x* hinzugefügt, das die Realität ironisiert. Wie stark ein *plus x* von uns angewendet wird, bestimmt der Parameter, den wir Deutlichkeit nennen. Ein *plus x* mag winzig sein, es kann eine fast unmerkliche Bewegung der Braue sein, die Betrachtenden zeigt, der Spielende denkt dasselbe über seine Figur wie sie, oder *plus x* vermittelt sich im ironisch glitzernden Klang einer Sprachmelodie. *Plus x* kann aber auch mit den riesigen Übertreibungen des Slapsticks arbeiten – ohne *plus x* keine komische Wirkung. Selbstverständlich verwenden wir auch Mittel des *plus x,* wenn wir uns nicht um komödiantische Wirkungen bemühen.

Die mittlere Position auf dieser *Realitäts*-Skala beschreibt ein Theater, das sich zwar immer noch darum bemüht, die überlieferten Geschichten von Theaterstücken zu erzählen, in dem aber die Spielenden auch an die Rampe gehen und mit dem Publikum in Kontakt treten; die Verkörperung einer Figur wird hier nicht durchgängig schlüssig und konsistent sein, wenn Hamlet Mikrofontexte in den *Looper* einspeist oder aus dem Programmheft vorliest, wenn Figuren aus dem Text fallen und zu Privatgesprächen übergehen oder zwischendurch den Fernseher einschalten oder eine YouTube-Szene re-enacten, bevor sie mit dem Stücktext fortfahren. All dies sind Mittel des *plus x,* die die Wirklichkeiten auf der Bühne dadurch unterbrechen, dass sie sie kommentieren, ironisieren, übertreiben. In dieser Spielweise mag so viel herumgewürfelt werden wie möglich, letztendlich steht aber immer noch die *Story,* also die Abbildung handelnder Menschen in konkreten Umständen, im Kern ihres Interesses. Selbstverständlich lässt sich Regler 2 auch noch weiter nach oben schieben:

d) SPIEL ALS KONSTRUKTION VON WIRKLICHKEIT: Auf dieser Stufe wird keine Nachahmung von Wirklichkeit mehr angestrebt, sondern es werden andere Welten erfunden, zum Beispiel die des Mythos, des Traumes, der Virtualität. Um diese Welten zu gestalten, bedarf es schauspielerischer Mittel, die über die Menschendarstellung hinausgehen. Es gilt, Formen zu erfinden, die es in der Realität nicht gibt. Es ist wichtig anzumerken, dass die Darstellung einer Welt, in der die Regeln der Wirklichkeit nicht mehr gelten, nicht unbedingt nach großen und verzerrenden Mitteln verlangt. Das *plus x,* das wir unserem Spiel hinzufügen, kann durchaus dezent sein, nur wird es hier seinen Verweis auf eine Realität abstreifen. Die Wirklichkeit, die hier gezeigt wird, kann durchaus in sich logisch und konsistent sein, sie ist nur vollkommen surreal. Die abgebildeten Personen verhalten sich zeitverzögert, ihre Bewegungsmuster sind seltsam und ihre Handlungen absurd, manchmal wird, anstatt zu reden, gesungen oder die Abläufe des Spiels können choreografiert oder repetitiv sein. Die eingesetzten Mittel dienen nicht mehr der Abbildung einer Wirklichkeit, sondern sie beginnen ihr zeichenhaftes Eigenleben. Pegeln wir den zweiten Regler aufs Maximum, entsteht das

e) SPIEL ALS ABSTRAKTION VON WIRKLICHKEIT. Hier wird gar nicht erst der Versuch unternommen, eine in sich konsistente Welt abzubilden, sondern die Zeichen selber beginnen zu tanzen. Schauspiel ist hier Material, das keine Menschen abbildet, ebenso wenig wie Text, Bild, Handlung versuchen, eine Geschichte zu erzählen oder eine wie auch immer geartete fremde Wirklichkeit abzubilden. An dieser Stelle spielen wir auch keine Figur mehr. Stattdessen wird hier die Zeichenhaftigkeit des Spiels selbst thematisiert. Die Texte einer Figurenvorlage können hier willkürlich auf alle Spieler verteilt und die Reihenfolgen komplett durcheinandergewirbelt sein. Schauspielende betätigen sich zusätzlich als Musiker, Tänzer, Bildner, Videografen. Ihr Spiel arbeitet nach dem Prinzip eines Samplers, in dem alle Zeichen ohne festgelegte Hierarchie gleichwertig sind und beliebig neben- und übereinander gelagert werden können. Nachvollziehbarkeit von Sprache oder Handlung ist hier weder beabsichtigt noch gewünscht. Aufführungen, die sich auf dieser Skala maximal vom Wunsch entfernen, eine Wirklichkeit zu spiegeln, entziehen sich absichtsvoll dem Diktat leicht lesbarer Bedeutungen. Es leuchtet ein, dass die Mittel, derer wir uns an diesem Punkt der Skala bedienen, dem Prinzip *anything goes* folgen. Da hier auf den Proben eher selten über *Inhalte* und *Bedeutungen* gesprochen werden dürfte, sind wir in einer solchen Ästhetik vollständig auf die Beherrschung unseres Umgangs mit *Formen* angewiesen. Wenn wir uns hier nicht vollkommen verloren fühlen wollen, wird die Arbeit mit der Variation und Kombination unterschiedlicher Parameter für uns das Mittel der Wahl sein.

3. Wie viel KONTAKT?

Die dritte Skala fragt danach, inwieweit unser Spiel Zuschauende ignoriert oder mit einbezieht. Sie befasst sich also mit dem Verhältnis von SPIELENDEN und PUBLIKUM und beschreibt das Maß von deren Kontakt und Distanz. Sie zeigt an, inwiefern beide Seiten aufgefordert oder gehindert sind, miteinander in Kontakt zu treten und aufeinander zu reagieren. Die Distanz reicht vom vollkommenen Ausschluss des Publikums vom Bühnengeschehen bis zu dessen vollständigem Eintauchen.

a) VIERTE WAND. Der Nullpunkt auf dieser Skala zeichnet sich durch maximale Distanz aus. *Vierte Wand* beschreibt eine Konvention, in der die Handlung auf der Bühne einen geschlossenen Raum simuliert. Die Spielenden behaupten, dass sie das Publikum nicht wahrnehmen, weil für sie die Rampe eine Wand darstellt, deren jenseitige Wirklichkeit für sie nicht wahrnehmbar ist. Spielende nehmen niemals Kontakt auf mit den Zuschauenden. Reaktionen des Publikums werden von ihnen vollkommen ignoriert. Stehen sie an der Rampe, spielen sie, als stünden sie vor einer Wand oder einem Fenster, hinter dem sich kein Publikum, sondern eine andere Welt befindet. Die Anwesenheit des Publikums wird also auch dann komplett ausgeblendet bleiben, wenn der Blick im Spiel nach vorn in eine imaginäre Ferne gerichtet ist. *Vierte Wand* ist das Verhältnis, das in der Tradition des bürgerlichen Schauspiels sehr lange die Regel war, findet aber auch heute Anwendung.

b) EINSEITIGE REAKTION. Im nächsten Schritt lassen die Spielenden die Simulation der *Vierten Wand* fallen und richten ihren Blick ins Publikum. Es gibt hier die Möglichkeit gegenseitiger Reaktion, nur ist sie ungleich verteilt. Die Spielenden machen den Raum zum Publikum auf, ihr Spiel ist nicht ausschließlich an die Mitspielenden, sondern auch erkennbar an die Zuschauenden gerichtet. Ein Beispiel dafür wäre das *À-Part*-Sprechen (Beiseitesprechen). Spielende unterbrechen ihr Spiel und wenden sich aus der Rolle fallend und kommentierend an das Publikum. Auch Monologe richten sich häufig direkt ans Publikum. Können die Spielenden auf dieser Stufe jederzeit auf das Publikum reagieren, es ansprechen oder zu ihm gehen, wird das Publikum in dieser Verabredung in seiner Reaktion eher gehemmt sein. Die Kontaktaufnahme bleibt einseitig, die Zuschauenden bleiben von der direkten Beeinflussung des Spiels ausgeschlossen. Die Spielenden wirken unmittelbar auf sie ein, das Publikum kann allenfalls Zustimmung oder Missfallen bekunden.

c) In der Form BEIDSEITIGE WAHRNEHMUNG UND REAKTION rücken beide Seiten noch näher aufeinander zu und handeln auf Augenhöhe. Das Publikum befindet sich nicht nur im selben Raum, sondern ist auch zum Mitspiel aufgefordert. Spielende reagieren auf die Betrachtenden, und Zuschauende bringen sich selbst in das Geschehen ein. Notwendigerweise erfordert eine solche Spielweise das Mittel der ↗ IMPROVISATION. In solchen Szenarien werden Zuschauende in das Spielgeschehen eingebunden. Sie werden direkt angesprochen, in Gespräche und Spiele verwickelt, denen sie sich nur schwer entziehen können. Die nächste Konsequenz wäre die Eins-zu-eins-Situation, in denen beide Parteien einander überhaupt nicht ausweichen können.

d) Level 100 auf der Distanz-Skala, die SPIELENDEN ALS AVATARE DES PUBLIKUMS, beschreibt das Maximum an Nähe, das Zuschauende zu Spielenden überhaupt einnehmen können. Dieses Modell ist denkbar radikal. Zuschauende drehen hier sozusagen den Spieß der theatralen Verabredung um und verwandeln sich in Regieführende, während die Spielenden nur reagieren dürfen. Das Publikum übernimmt quasi die Kontrolle über das Geschehen. Es bemächtigt sich der Spielenden und steuert sie. In den Improvisationsspielen des *Theatersports* bestimmt das Publikum nicht nur das Thema von Szenen, es darf sogar das Personal und die Gattung des Spiels festlegen. Den Spielenden dagegen bleibt es überlassen, die Szene improvisatorisch zu erfüllen. In den Experimenten des Theaters und der Digitalität wird dieses Szenario nochmal verschärft. Die Spielenden bewegen sich sozusagen als Avatare einzelner Personen am anderen Ende der Leitung in konkreten oder virtuellen Welten und erfüllen innerhalb mehr oder weniger festgelegter situativer Skizzen szenisch die Vorgaben oder Texte, die ihnen von Zuschauenden online gegeben werden. War im Theaterspiel mit einer vierten Wand das Publikum vom Verlauf des Geschehens komplett ausgeschlossen, ist es hier umgekehrt – die Spielenden verfügen nicht über das Geschehen, sondern sind diesem ausgeliefert.

e) UNSICHTBARES THEATER ist eine sehr besondere Form, die sich dem Bild einer sauber skalierten Steigerung von Distanz entzieht – hier gerät das Modell des Schiebereglers bereits an seine Grenzen. Es gibt kein Publikum im eigentlichen Sinne, sondern in dieser Form intervenieren Spielende performativ in Alltagswirklichkeiten, ohne dass das Zufallspublikum sich bewusst wäre, Zeuge von Theaterhandlungen zu sein. Wenn sich das theatrale Geschehen unter die Passanten mischt und diese quasi unfreiwillig zum Publikum werden, ist hier die Distanz mitunter eine ziemlich kleine, andererseits gibt es im eigentlichen Sinne keine Zuschauenden mehr: ihre Distanz zu den Spielenden ist insofern unbestimmbar, als man sie gar nicht mehr als Publikum identifiziert.

f) SPIEL OHNE BETRACHTER wäre ebenfalls eine Sonderform, der Regler stünde hier bildlich gesprochen im Minusbereich. Wenn niemand mehr da ist, auf den wir als Spielende live reagieren können, ist das Theater an seine letzte Grenze gekommen. Insofern müsste man hierzu auch das Spiel über Video zählen, weil der direkte Kontakt beider Seiten gekappt ist. Wo wir – anders als im engen Kontakt des Modells *Avatar* – in unserem Spiel keine Zuschauenden mehr spüren können, ist die Kernverabredung von Theater, nämlich die leibliche Co-Präsenz von Spielenden und Zuschauenden, aufgehoben. Aber natürlich ist auch diese Grenze schon längst überschritten worden. Jenseits angesiedelt sind die Versuche, in denen nicht mit einem Spiel ohne Betrachter experimentiert wird, sondern umgekehrt mit Betrachtern ohne Spiel. Zuschauende treten in diesem Beispiel im Morgengrauen auf ein Feld und erleben dort

Dinge, von denen sich nicht genau sagen lässt, ob es sich um Theater oder die Wirklichkeit handelt. Man hat es ihnen nicht verraten.

4. Wie viel FREIHEIT?

Die vierte Skala schließlich – das Verhältnis von PARTITUR und FREIHEIT – beschreibt das Maß an Freiheit, das Schauspielende in einer Aufführung haben, vom auf der Probe Festgelegten abzuweichen. Die Nullstellung markiert ein Spiel, in dem wir akribisch die eingeübte Form reproduzieren. Komplett durchchoreografierte Inszenierungen oder chorische Arbeiten würden diese Forderung an uns stellen. In einem Theater, das jede Körperstellung, jede Geste, jeden Ton, jedes Tempo exakt festlegt, ließe die geringste Abweichung davon die komplex choreografierten Abläufe zwischen Mitspielenden, Bühne, Licht und Sound ins Stolpern geraten. Jeder Individualismus in der Sprache würde den Gesamtklang eines chorischen Sprechens ruinieren. Texte, die in Verssprache geschrieben sind, geben ebenfalls ein ziemlich genaues Maß an Reproduktion vor. Soll der Vers für Zuhörende erlebbar sein, wird das unsere Freiheit im Umgang mit dem ↗RHYTHMUS der Sprache beschränken. Wir sind hier darauf angewiesen, nicht nur wortgenau, sondern silbengetreu zu sprechen, wenn wir die inszenierte Form nicht auflösen wollen. Und natürlich können auch realistisch inszenierte Arbeiten Partituren so detailliert festgelegt haben, dass die Spielenden nicht davon abweichen dürfen.

Im zeitgenössischen Theater wird mit sehr unterschiedlichen Graden von Freiheit umgegangen. Die Mehrzahl der Inszenierungen legt Abläufe genau fest, innerhalb derer aber eine gewisse Freiheit zugelassen wird. Das Maß, wie viel Abweichung möglich ist, wird im Laufe der Probenarbeit herausgefunden. Häufig haben auch einzelne Spielende ein unterschiedliches Maß an Freiheiten – der Star darf improvisieren, alle andern halten sich an den Text. Gehen wir in der Skala weiter nach oben, beschriebe dies eine Form, in der Improvisationsinseln festgelegt sind: innerhalb einer bestimmten Passage darf extemporiert werden, bis wir uns wieder in die Partitur einfädeln. Gehen wir noch einen Schritt weiter, begegnen wir Aufführungen, in denen ganze Passagen, gar die

Verteilung der Texte und die szenische Auflösung offengelassen und jeden Abend aufs Neue improvisiert werden. Der *Theatersport* befindet sich als durchgängiges Improvisationstheater im oberen Viertel der Skala. Und schließlich, bei den Spielformen, in denen das Publikum selbst ins Geschehen eintaucht, beschränkt sich das Ausmaß, in dem sich Spielende an eine inszenierte Partitur halten können, naturgemäß nur noch auf die Frage, wie genau das grobe Setting einer Aufführung vorbereitet ist. Es liegt auf der Hand, dass der Regler, der das Maß zwischen exakter Reproduktion und improvisatorischer Freiheit bedient, hier mit Regler drei – Kontakt oder Distanz zum Publikum – parallel läuft. Je größer die Nähe des Publikums zu unserem Spiel ist, desto größer wird auch das Maß an improvisatorischer Freiheit sein, das von uns gefordert ist. Aber selbstverständlich können auch Formen, die sich hermetisch vom Publikum abschließen, sich selbst auf der Bühne die vollkommene Freiheit zur täglichen Neuerfindung einer Partitur geben.

MISCHPULT

++++ schauspielende als DJ ++++ über die freiheit der kombinatorik ++++ beispiele aus der prallen wirklichkeit des state of the art ++++ warum sich die spielweise nicht aus dem text erschließt ++++

Auch wenn es uns vielleicht widerstrebt, uns mit einem elektronischen Gerät zu vergleichen, hilft uns das Modell des Mischpults, um zu verstehen, dass wir bei jeder Spielweise eine Entscheidung auf allen vier Ebenen gleichzeitig getroffen haben. Immer. Sobald wir auftreten, erzeugen wir automatisch Zeichen auf allen vier Ebenen. Eine Spielweise, in der eine der vier überhaupt keine Rolle spielt, gibt es nicht. Auch hilft das Modell, sich darüber klarzuwerden, dass sich mit einem Regler einzelne Aspekte sehr nuanciert herausheben oder abmildern lassen, das Gesamtbild aber sich dadurch verändert. Alle vier beschriebenen Verhältnisse können wir uns als Skalen vorstellen, auf denen wir uns für unterschiedliche Grade an Intensität entscheiden können. Unsere Spielweise wird bestimmt durch die jeweils unterschiedlichen Stellungen der vier Regler zueinander.

Auf den ersten Blick ist nicht einfach nachzuvollziehen, inwiefern Skala 1 – das Verhältnis ICH und FREMDFIGUR – etwas völlig anderes beschreibt als Skala 2 – REALITÄT und deren ABBILDUNG. Nehmen wir ein einfaches Beispiel, um den Unterschied zu veranschaulichen: Wir spielen einen Menschen, der humpelt. Als privates ICH humpeln wir nicht, wenn wir also auf der Bühne damit anfangen, dann bewegen wir uns in unserem Modell auf der ersten Skala ein Stück weit nach oben: weg vom ICH, hin zu einer FREMDFIGUR. Wir versuchen hierbei, unser Humpeln so glaubwürdig wie möglich wirken zu lassen, niemand soll erkennen, ob wir tatsächlich verletzt sind oder nicht. Binden wir dagegen einen Stock an unser Bein und machen auf diese Weise die Beeinträchtigung deutlich, so wird dadurch gleichzeitig das Mittel kenntlich gemacht, mit dem wir das Humpeln herstellen. In diesem Fall hätten wir Regler 2 nach oben gezogen. Unser Humpeln wirkt nicht besonders echt, aber das ist egal, denn hier ist Echtheit, im Gegensatz zu Regler 1, gar nicht die Absicht. Im Gegenteil, es geht darum, dass ein Publikum wahrnimmt: Hier ist Schauspielerin A auf der Bühne, die uns eine humpelnde Figur B zeigen möchte. Beide Versuche sollen eine Verletzung erzählen, aber während man im ersten Fall nicht erkennen kann, ob hier nur die Figur humpelt oder eine verletzte Schauspielerin auftritt, kümmert sich die Stock-Variante weniger um die Glaubwürdigkeit dieses Spiels, gibt dafür aber zusätzlich die Information, dass diese Schauspielerin das Humpeln spielt. Der zweite Regler erhöht die Distanz, erzählt aber dagegen rein gar nichts über die *Figur*. Wer diese ist, regelt die andere Skala. Wir können das künstliche Stockzeichen des Reglers 2 sowohl für eine Figur verwenden, die – zurück zu Regler 1 – komplett mit uns selbst identisch ist (Nullstellung), als auch für eine, in der wir uns vollständig und glaubwürdig in einen fremden Menschen (Level 100) verwandelt haben. Wir können also in diesem Fall willkürlich mit Regler 1 herumspielen, ohne dass sich das Maß an verfremdeter Wirklichkeit (der Stock!) verändert. Genauso umgekehrt: Wenn wir Regler 1 konstant auf null lassen, also alles so eng wie möglich an uns selbst heranholen, heißt das keineswegs, dass unser Spiel dadurch gleichzeitig auch immer vollkommen natürlich sein muss. Das nämlich bestimmt Regler 2. Selbstverständlich können wir diesen ganz hochziehen, ohne damit Regler 1 auch nur im Geringsten zu beeinflussen. Wenn wir unserem Spiel weitere starke *plus-x*-Mittel hinzufügen, also das Humpeln komplett übertreiben, uns vielleicht noch ein Plastiksägeblatt um das verletzte Bein schnallen, uns mit Kunstblut übergießen und das Ganze in eine tänzerische Form überführen, heißt all das noch lange nicht, dass wir uns dabei in eine andere Figur verwandelt haben müssen. All diese *plus-x*-Mittel, die unser Spiel so sehr verkünstlicht haben und sich weit von jedem Wirklichkeitsabbild entfernen, können wir genauso gut als ICH wie auch als FREMDFIGUR spielen, also in den verschiedenen Graden – Regler 1 – der Entfernung zum ICH. Wenn wir Regler 1 ebenfalls ganz weit nach oben schieben – radikale Verwandlung in eine FREMDFIGUR –, träte der Kunstblutgießer in Form eines völlig Fremden auf, lassen wir Regler 1 auf der Nullstellung, sieht ein Publikum, wie die Privatperson des Spielenden – ICH – eine »Humpel-Performance« macht.

Die Frage, wie real eine Abbildung im Verhältnis zur Wirklichkeit ist, hat also nichts mit der Frage zu tun, wie nah die Figur, die wir spielen, unserer privaten Person ist. Beide Regler arbeiten unabhängig voneinander. Wie gezeigt, können wir ausschließlich uns selbst zum Material unserer Darstellung machen (1), dabei aber keineswegs darauf zielen, auf der Bühne eine naturalistische Wirklichkeit abzubilden (2). Wenn wir mit einer deutlichen Verfremdung spielen (2), bedeutet das nicht zwangsläufig weniger ICH (1). Viele zeitgenössische Theaterformen arbeiten genauso – sie sind gleichzeitig hochartifiziell und dennoch vollkommen persönlich. Deren ekstatische Spielende etwa reden sich mit ihren privaten Vornamen an und bemühen sich nicht im Geringsten um die Gestaltung eines anderen Menschen – Regler 1 bleibt unten. Aber der Grad an realistischem Spiel schwankt von Szene zu Szene, der zweite Regler zuckt in ihrem Spiel also in den größten Amplituden auf und nieder, vom privat persönlichsten Moment des Aussteigens und Referierens über die Theatersituation, die wir gemeinsam teilen, über virtuoses Slapstick-Spiel bis hin zur komplett verzerrenden Raserei. Das Verhältnis von ICH und FREMDFIGUR aber bleibt davon durchgehend unberührt. Sie spielen als sie selbst.

Umgekehrt, ein komplett naturalistisches Theater, wie etwa ein Hinterglas-Environment, in dem wir in Echtzeit Zeugen einer quälend langsamen Altersheimwirklichkeit sind, in der Menschen minutenlang durch Flure schlurfen, ohne dass sonst irgendetwas geschieht, wird körperlich und stimmlich täuschend echt performt von ganz jungen Spielenden. Der Realitätsregler ist hier also nahe null, er markiert ein fotorealistisches Bild von Wirklichkeit, der ICH-Regler dagegen steht am oberen Anschlag: die Privatperson der Performenden nämlich ist hier als Material vollkommen unkenntlich, hinter der Maske der perfekten Kopie einer Greisin nehmen wir die jugendliche Privatperson der Spielenden überhaupt nicht mehr wahr. Ihre Verwandlung in eine FREMDFIGUR ist vollkommen. Dennoch, ihr Spiel enthält auf Skala 2 keinerlei kommentierendes *plus x,* sodass wir trotz ihres gewaltigen Einsatzes von Mitteln, sich komplett zu verwandeln, der Realität ihrer Verkörperung vollständig glauben. Ob eine Aufführung auf uns abbildend oder zeichenhaft wirkt, entscheidet der Realitäts-Regler; inwieweit unser persönliches ICH auf der Bühne in unterschiedlichen Graden an Verwandlung sichtbar bleibt oder verschwindet, entscheidet der ICH-Regler. In dem Maße, wie wir mit den unterschiedlichen Kombinationen experimentieren, erhalten wir unterschiedliche Spielweisen.

Es lohnt sich, das Modell *Mischpult* an verschiedenen existierenden historischen und zeitgenössischen Ästhetiken durchzuspielen.

Betrachten wir die Aufführungen der Performancegruppe Rimini Protokoll, in denen sogenannte *Expert*innen des Alltags*, Menschen aus unterschiedlichen Lebenswelten, auf der Bühne ihre eigene Geschichte oder ein ihnen vertrautes berufliches Thema verhandeln. Der ICH-Regler-Stand zeigt auf null, er bezeichnet präzise ICH als ICH in der WELT VON ICH. Das Publikum sieht keine fiktive Figur, sondern die Privatperson der Spielenden. Der Realitäts-Regler stünde hier *beinahe auf null*, denn das Geschehen auf der Bühne fiktionalisiert nichts, von den Performenden wird nichts durch Kunstmittel verstärkt, sodass auch keinerlei Distanz zwischen Spielenden und Figur entstehen kann, kurz: Das Spiel bildet eins zu eins die Wirklichkeit ab, in der wir uns gemeinsam befinden, und diese Wirklichkeit gleicht der einer Talkshow: Menschen erzählen von sich selbst und ihrer Welt, dazwischen mögen sie vielleicht einzelne Metaspiele performen, aber in der Bühnenverabredung ist das alles Teil eines Talkshow-Formats. Das Abbild, das wir betrachten, verweist darüber hinaus auf keine weitere Wirklichkeit. Der Naturalismus wird hier dadurch auf die Spitze getrieben, dass der dritte Regler, der das Verhältnis zum Betrachter beschreibt, sehr weit oben steht – ein hohes Maß an Kontakt zum Publikum. Die Grenze soll hier so unsichtbar wie möglich sein, indem behauptet wird, beide Seiten befänden sich in einem gemeinsamen Wirklichkeitsraum. Die Spielenden beziehen die Zuschauenden mit ein und reagieren womöglich auch auf sie. Der vierte Regler – PARTITUR und FREIHEIT – dagegen ist im unteren Drittel, denn der Ablauf und die Texte bleiben ziemlich gleich. Das Kalkül einer solchen Spielweise ist ein Theater scheinbar ohne jede Fiktionalisierung. Wir repräsentieren auf der Bühne ausschließlich uns selbst – die Absicht ist maximale *Realness*.

Warum sagen wir, der Regler 2 – das Spannungsverhältnis von Wirklichkeit und deren Theatralisierung – stünde in diesem Setting *beinahe auf null* und nicht vollständig? Selbstverständlich verwandelt sich auch die Laienspielerin in eine Schauspielerin, sobald sie die Bühne betritt. Denn ihrem privaten Ausdruck wird sie unwillkürlich einige zusätzliche Dinge – *plus x* – hinzufügen, die ihr Sicherheit geben, sobald sie weiß, dass sie betrachtet wird. Auch ihre vorgebliche Authentizität unterliegt den Launen, die im Kapitel ↗ ALARMZUSTAND Thema waren. Die scheinbar authentisch Performenden mögen noch so sehr in sich und ihrer Welt ruhende Privatpersonen sein, im Augenblick, in dem sie die Grenze überschritten haben, sind sie denselben Gesetzen und Problemen unterworfen wie wir.

In einem anderen Beispiel besteht das Textmaterial, mit dem gearbeitet wird, ausschließlich aus Aufnahmen privater Telefongespräche der Spielenden mit ihren Eltern. Die Identität von ICH und Figur ist also vollständig. Die Form aber, in der diese *privaten* Figuren auftreten, bedient sich stark verfremdender Mittel. Der Realitäts-Regler steht hier ganz weit oben: Die Performenden, die quasi privateste Momente offenbaren, *singen* die Texte ihrer Telefonate *in Musicalform*. Sie bedienen sich also eines starken *plus x* und verfremden dadurch die Realität ihres Spiels maximal. Wir erleben kein intimes Abbild von Telefongesprächen, sondern ein hochemotionales Musical. Auf der ICH-Skala dagegen spielen die Darstellenden keine von ihnen unterschiedenen Fremdfiguren – sie bleiben vollkommen sie selbst. Der Distanz-Regler wiederum steht im oberen Drittel: Dem Publikum wird Essen angeboten, mitsingen darf es allerdings nicht. Der Partitur-Regler steht im unteren Drittel: Die Freiheit zu improvisieren ist hier naturgemäß sehr gering, denn die musikalische Form verlangt präzises Befolgen der Verabredungen.

In einem weiteren Beispiel spielen die Performenden in einer Art morbider Märchenwelt sogenannte *Hunsche*, eine Mischung aus Mensch und Hund. Das Publikum wandert durch ein fremdes Haus und kann in einzelnen Räumen in Kontakt mit ihnen treten. Die Zuschauenden werden in diesem Setting zu Mitspielenden, der Distanz-Regler ist hier beinahe auf Level 100 gestellt. Nur ein verabredetes Codewort bewahrt sie vor Übergriffen der *Hunsche.* Ebenso steht Regler 4 weit oben – die Freiheit, von der Partitur abzuweichen, ist hier unvermeidlich maximal. Denn jeder Abend verläuft vollkommen anders, allein das Setting und bestimmte einführende Abläufe zu Beginn bleiben gleich. Das Geschehen selbst ist im Verhältnis REALITÄT und ihre ABBILDUNG vollkommen surreal, künstlich. Einzig im Verhältnis ICH zur FREMDFIGUR steht der Regler ganz unten, denn obwohl die Performenden Tiere spielen, also auf der Realitätskala eine starke Verfremdung erzielen, verstellen sie sich nicht, sondern verhalten sich vollkommen privat. Nebenbei wird das Publikum permanent dem Konflikt ausgesetzt, ob es in der Begegnung mit den Hundefiguren auf der realen oder einer fiktiven Ebene kommuniziert. Es muss sich entscheiden, auf Fragen privat und »ehrlich« zu antworten oder sich selber hinter einer Rolle zu verbergen. Letzteres hieße, sich komplett auf die Märchenerzählung einzulassen und als Mitspielender in dieser Logik zu antworten. Andererseits können Zuschauende sich aber auch von der fiktiven Ebene distanzieren und die Performenden auf ihrer privaten Ebene ansprechen und sie auffordern, gewisse Grenzen nicht zu überschreiten. Das Publikum hat hier den Distanzregler sozusagen selber in der Hand. Der Zuschauende steht hier in gewisser Weise vor derselben Frage, die sich Schauspielende stellen, wenn sie das Maß zwischen ICH und FREMDFIGUR beim Spielen festlegen sollen: *Wer bin ich, wenn ich zuschaue?*

Ein letztes Beispiel: Nehmen wir an, wir beginnen mit den Proben eines Kleist-Dramas. Wie könnten bei der Wahl der Spielweise einzelne Entscheidungen aussehen? 1) ICH oder FREMDFIGUR? Hier müssten wir uns fragen, ob wir eine Figur erschaffen, die nichts mit dem Menschen des 21. Jahrhunderts zu tun hat, ob sie in einer historisch weit entfernten Welt der Ritter und Burgfräuleins lebt oder ob sie der heutigen Zeit und uns als Person entspricht. Um uns in einen Ritter zu verwandeln, müssten wir nicht nur massiv an unserem Äußeren, sondern auch am körperlichen Habitus und der Sprache arbeiten, aber vor allem müssten wir in der Lage sein, uns in die Logik dieses Denkens zu finden. Allein der Begriff »Ehre« hat für uns in seiner Konsequenz eine andere Bedeutung als in der Historie. Die meisten Inszenierungen würden hier sicher die Entscheidung treffen, die Fremdfigur zu ignorieren: *Spiel's als du selbst.* 2) Auf der zweiten Skala fällt die Entscheidung darüber, wie sehr wir mit unserem Spiel versuchen, der literarisch hochartifiziellen Verssprache eine Realität abzuringen – denn egal ob wir uns in eine *Herzogin* verwandeln oder eben gar nicht und stattdessen umgekehrt die *Herzogin* in uns und sie auftreten lassen als uns selbst –, damit ist noch nicht die Entscheidung getroffen, *wie* mit der Textvorlage umgegangen wird: Versuchen wir, die Verssprache wie Prosa klingen zu lassen und sie nah an unseren heutigen Sprachduktus heranzuziehen, oder bekennen wir uns zur Künstlichkeit dieser Sprache und *bedienen* den Vers? Erschaffen wir auf der Bühne mit unserem Spiel das Bild einer konkreten Welt? Schleifen die Ritter ihre Waffen, essen sie mit den Fingern? Wie bewegen sie sich? Sind sie in historische Bilder arrangiert oder liegen sie in ihrer Rüstung auf Sofas und halten sich eine Handykamera vor das Gesicht? Diese Regieentscheidungen – ob wir uns um ein kohärentes Abbild einer wie auch immer gearteten historischen oder nicht-historischen Wirklichkeit kümmern oder die Theatralität der Vorlage ausstellen und betonen – haben erhebliche Auswirkungen für uns Spielende, wenn wir ↗ANGEBOTE machen sollen. 3) Die Distanz zum Publikum wird in einer solchen Inszenierung ziemlich wahrscheinlich groß sein – andernfalls entsteht die reizvolle Herausforderung, Zuschauende in ein historisch-literarisches Setting einzubeziehen. Was natürlich möglich wäre. 4) Das Maß unserer Freiheit im Umgang mit der Partitur ist allein durch die Verssprache schon stark eingeschränkt. Wir werden kaum in der Lage sein, die Jamben der Vorlage mit eigener Dichtung durcheinanderzuschütteln – und genau das wäre der Reiz, wenn wir bei dieser Vorlage den Partitur-Regler nach oben ziehen. Denn natürlich ist auch der Wechsel zwischen Vers und Alltagssprache, gar Improvisation, eine Option, die wir wählen können.

All diese Beispiele sind unterschiedliche *Spielweisen*, und jede verlangt Schauspielenden vollkommen Unterschiedliches ab: Improvisationsvermögen, Musicalkenntnisse, Bereitschaft zur Distanzlosigkeit, Verssprache, souveräne Natürlichkeit, Verwandlungsfähigkeit, Vorstellungskraft für das Denken eines Hundes.

Wie viel ICH, wie viel REALITÄT, wie viel PUBLIKUMSNÄHE und wie viel FREIHEIT sind die vier Fragen, die wir als Spielende jeweils neu klären müssen. Auf Proben sind wir meistens aufgefordert, das genaue Maß selbstständig herauszufinden. Sinnvolle ↗ANGEBOTE können wir nur dann machen, wenn wir verstanden haben, in welcher Spielweise wir uns bewegen. Wir werden in einem Kontext, in dem Ironie gefragt ist, niemals mit Angeboten erfolgreich sein, die nicht in Distanz zu unserer Privatperson gehen. Und in einem performativen Kontext wird die Suche nach realistischen Begründungen völlig sinnlos sein. Genau aber diese so offensichtlichen Missverständnisse unterlaufen auf der Probe ständig. Als Analysetool soll das Bild des Mischpults mit seinen vier Skalen dazu dienen, für die diffusen Anforderungen unterschiedlicher Regieführender klare Begriffe zu finden, mit denen es sich über das Gemeinte verständigen lässt. Und das bewusste Verändern unterschiedlicher Grade von Ich, Realität, Publikumsnähe und Freiheit dient uns auf der Suche nach der richtigen Form als Werkzeug, mit dessen verschiedenen Reglerstellungen wir herumspielen können. Wir werden dabei ziemlich sicher zu überraschenden Ergebnissen kommen, ja womöglich Spielweisen finden, die es noch gar nicht gibt.

Eines sollten wir dabei aus unserer Vorstellung streichen: Bestimmte Texte und Stoffe verlangen nicht nach bestimmten Spielweisen. Komödien müssen nicht zwangsläufig mit hochgezüchteten Figuren und großer Distanz zwischen Realität und Abbildung gespielt werden. Ein naturalistischer Text verlangt nicht unbedingt die Identifikation mit der

Figur, im Gegenteil: Wollen wir mit einer solchen Vorlage maximalen Naturalismus erzielen, werden wir uns im Spiel sehr weit von uns selbst entfernen müssen. Und selbstverständlich gilt auch Folgendes: Nichts zwingt uns dazu, einen Gerhart-Hauptmann-Text naturalistisch zu spielen. Die eindrucksvollsten Ergebnisse erzielen wir möglicherweise, wenn wir hier den Regler 2 ganz nach oben schieben und somit dem Text jeden Versuch, Realität abzubilden, austreiben. Eine Tschechow-Inszenierung, die ihre Figuren als Clowns vorstellt und somit die Distanz zwischen Realität und Abbildung maximiert, kann die allergrößte Tragik erzielen. Und umgekehrt gilt: Radikal abstrakte Texte entfalten selten eine Wirkung, wenn man ihrem Gebot vollkommener Künstlichkeit folgt. Spielen wir diese Texte dagegen mit maximalem Wirklichkeitsgebot, verlagern sie etwa in realistische Settings oder versuchen gar, ihre gänzlich alogischen Satzperioden mit psychologisch-realistischen ↗ HALTUNGEN zu unterfüttern, ergeben sich die faszinierendsten Reibungsflächen. Texte der deutschen Klassik können in einer Spielweise anarchischster Albernheit maximale Härte entfalten, so wie man umgekehrt den französischen Komödienautor, dessen Texte ihr Pointenfeuerwerk im Sekundentakt gewöhnlich nur dann zünden, wenn sie flüssig gespielt werden, extrem komisch erleben mag in einer tranceartig leisen, verlangsamten Version. Stellen wir uns der Erkenntnis: Textvorlagen und Spielweisen stehen in keiner Abhängigkeit voneinander.

7_Werkzeuge

Ich glaube, der größte Feind des guten Theaters ist ein Tisch.
Peter Brook

Jede Methode, jeder Lehrsatz, jedes Werkzeug ist eine *Krücke.* Im Idealfall kommen wir ohne sie aus. Wir nutzen sie also nur, wenn wir nicht vorwärtskommen – und nicht, weil wir glauben, Schauspiel müsse in jedem Fall etwas sehr Kompliziertes sein. Schauspiel ist manchmal – trotz allem bisher Gesagten – etwas sehr Einfaches und niemand zwingt uns, umständlich und grüblerisch zu arbeiten, wenn wir dasselbe auch aus dem Stand können.

Im Folgenden wird beschrieben, wie sich die einzelnen ↗PARAMETER konkret auf unser Spiel auswirken. Aus der Beschreibung ergibt sich meist schon, wie wir damit experimentieren. Das meiste, was über die Arbeit mit einzelnen Parametern gesagt wird, gilt in abgeänderter Form für alle. Um Wiederholungen zu vermeiden, wird die genaue Anwendung nicht immer im Detail geschildert. Vom einen lässt sich mühelos auf das andere schließen. Einiges von dem, auf das aufmerksam gemacht wird, ist offensichtlich, gar auf den ersten Blick banal, anderes erschließt seine Wirkung erst in der Anwendung. Die Beschreibung einzelner Beispiele mag im besten Falle dazu anregen, andere Werkzeuge zu erfinden. Denn die vorgestellte Reihe ist keineswegs abgeschlossen.

Im Anschluss an die Erklärungen zu den einzelnen Werkzeugen sind jeweils Aufgaben skizziert, mit denen in der Praxis probiert werden kann. Sie behaupten weder eine Systematik noch eine irgendwie geartete Vollständigkeit, sondern dienen als Anreiz zum selbstständigen Weiterdenken. Für alle gilt: Wir können jeweils nur an *einer* Aufgabe arbeiten. Am fruchtbarsten wird die Arbeit sein, wenn wir den Text oder die Abläufe, die wir mit einem Parameter bearbeiten, flüssig beherrschen. Andernfalls kann sich unsere Konzentration nicht der Aufgabe und dem, was sie bei uns auslöst, widmen. Und schließlich, wenn wir mit langen Versuchsreihen arbeiten, sollten wir die stärksten Ergebnisse notieren und somit wiederholbar machen, damit wir am Ende auswählen können. Versäumen wir es, auf Proben starke Ergebnisse festzuhalten, verschwimmt am Ende alles und lässt uns ratlos zurück. Alle Werkzeuge sollen uns dabei helfen, die Dinge auf der Probe so konkret wie möglich zu spielen. Wenn wir es uns zur Gewohnheit machen, Ideen sofort praktisch auszuprobieren, anstatt über sie zu diskutieren, werden wir verstehen, warum man behaupten kann, dass der Tisch der Feind des guten Theaters ist. Die Aufforderung *Change the Pattern!* bedeutet dabei, Proben als den Ort zu verstehen, an dem wir uns von Werkzeugen inspirieren lassen, ständig neue Varianten möglicher Lösungen zu erfinden, und erst am Ende darüber befinden, was uns begeistert.

ACHSE*

Ich stehe dem Publikum frontal gegenüber. Ich wende dem Publikum den Rücken zu. Mein Körper dreht sich nach rechts, ich stehe *im Profil.* Ich drehe mich um 180 Grad und stehe im linken *Profil.* Der Körper steht in einer Diagonale nach vorne rechts gewendet. Nach hinten rechts, hinten links, vorne links. Denken wir uns unsere Körpervorderseite als einen Zeiger, der im Verhältnis zum Publikum in unterschiedliche Richtungen weisen kann, erhalten wir acht mögliche *Achsen.* Jede vermittelt eine unterschiedliche Bedeutung. In der Wahl der Achse – einer Wahl, die fast immer spontan erfolgt – treffen wir in Wahrheit eine grundlegende Entscheidung: Wir wählen, ob und in welchem Maße unsere ↗ AUGEN für das Publikum sichtbar sind oder nicht. Denn wir spüren, Zuschauende blicken durchgängig auf unsere Augen. Sie wollen unsere Augen lesen. Wir wissen, dass es für uns wesentlich schwieriger ist, mit dem Publikum in Kontakt zu sein, wenn wir zur Seite blicken oder gar mit dem Rücken zu ihm spielen. Wir haben das Gefühl, in diesen Achsen mehr Energie zu brauchen, wenn wir es erreichen wollen. Deshalb tendieren wir dazu, ihm möglichst häufig das Gesicht zuzuwenden. Bitten wir jemanden, spontan einen Ort auf der Bühne einzunehmen, wird uns diese Person deshalb eher selten den Rücken zuwenden, auch nicht das Profil. Auch in Improvisationen oder auf Proben suchen wir fast immer intuitiv eine Achse, in der unsere Augen lesbar sind. Wir spielen zugewandt – *en face.*

Wie wesentlich es ist, ob Zuschauende das Gesicht sehen oder nicht,

* Wer sich bei der praktischen Anwendung unsicher ist, lese bitte die Kapitel des zweiten Teils sowie die Kapitel »Von innen – von außen« und »Resonanz«, die auf die vorgestellte Technik und deren Sinn näher eingehen.

mag als eine banale Feststellung erscheinen, aber tatsächlich schöpfen wir häufig die Möglichkeiten nicht aus, die sich aus dem Wissen um unterschiedliche Achsen ergeben. Wenn es um die Augen geht, arbeiten wir spontan nach dem Prinzip *Viel hilft viel.* Wir glauben, unser Spiel sei nur lesbar, wenn unsere Augen ständig sichtbar sind. Der Wunsch danach, ununterbrochen im Kontakt mit dem Publikum zu sein – *viel Gesicht zu zeigen* –, hat jedoch einen Nachteil: Das Mittel nutzt sich schnell ab. Blickt das Publikum in mein Gesicht, folgt es mir, solange hier die spannenden Informationen spielen. Behalte ich dagegen die *En-face*-Situation dauerhaft bei, in dem Wunsch, die Zuschauenden mögen darin auch meine stummen Reaktionen lesen, unterliege ich einem Irrtum. Wenn mein Gesicht ständig lesbar ist, sinkt, sobald dort keine Veränderung mehr stattfindet, das Interesse. Will ich also in der Folge etwas wirklich Relevantes zeigen, wird es schwer sein, neu Aufmerksamkeit auf mich zu ziehen.

Zuschauende können tatsächlich viel mehr in unseren Augen lesen, wenn sie diese eine Weile *nicht* sehen. Mit diesem Wissen können wir spielen. Die Variation der Achse ist das Mittel, mit dem wir Auftakt, Fokus, Energie erzeugen. Denn die verschiedenen Stellungen unseres Körpers, das Auftauchen und Verschwinden des Gesichts und damit unserer Augen, wirken wie ein zweiter Auftritt oder Abgang. War unser Gesicht für Momente nicht sichtbar, werden wir mit einer Drehung des Körpers einen sehr klaren Auftakt setzen können, für alles, was folgt.

In den Momenten, in denen unser Gesicht nicht sichtbar ist, erzählt die Stellung unserer Körper etwas. Spielen wir übungsweise ein szenisches Detail nacheinander in den verschiedenen Achsen durch, sehen wir sofort, dass jede Drehung dem Moment eine andere Qualität und Bedeutung gibt. Wenn wir uns im Profil positionieren, hat unser Spiel eine andere Bedeutung, als wenn wir nach vorne spielen. Die Profilsituation erzählt, dass sich der Mensch auf der Bühne auf etwas Drittes bezieht, auf etwas, das das Publikum unter Umständen nicht sehen kann. Sie erzählt von einer Welt außerhalb der Bühne. Die *En-face*-Situation dagegen bezieht sich, egal ob Spielende eine Vierte Wand annehmen oder nicht, vollständig auf das Publikum. Sie signalisiert unmittelbar *Ich bin für euch da, ich lasse euch teilhaben.* Die Rückenposition schließt die

Zuschauenden gewissermaßen aus, sie erzählt: *Es gibt etwas, das ihr nicht wissen müsst*, oder: *Wartet es ab, das Eigentliche kommt noch.* Wollen wir starke Erwartungen erzeugen, ist die Rückenposition ziemlich dankbar. Wenn wir mit der Vorderseite zum Betrachtenden stehen, ist alles gesagt. Umgekehrt steht das Eigentliche noch bevor. Die Rückenposition ermöglicht es auch, uns mit der Perspektive der Betrachtenden gemeinzumachen. Indem wir als Spielende ebenfalls das Bühnengeschehen betrachten, versetzt uns dies in eine Gemeinschaft mit dem Publikum. Und schließlich, wenn wir nach vorne diagonal stehen, lassen wir die Zuschauenden an etwas teilhaben, das sich neben ihnen, aber außerhalb befindet.

Wenn wir mit Achsen experimentieren, entdecken wir schnell, welch starkes Mittel das Zu- und Abwenden des Gesichts ist und wie wir es im Spiel nutzen können. Verstehen wir den abrupten Wechsel der Achse jeweils als Auftakt für etwas Neues, sehen wir, wie wichtig dieses Mittel ist, wenn wir einen *Bruch* spielen wollen – den Moment, in dem sich plötzlich etwas bei uns verändert und wir die ↗ HALTUNG wechseln. Auch Reaktionen wie etwa Schreck, Freude, Schmerz, Wut – alles, was eine spontane Veränderung meines Verhaltens ausdrücken soll – lassen sich durch einen Wechsel der Achse auf der Bühne viel einfacher sichtbar machen als mit dem Gesicht allein. Zur Verfügung stehen acht unterschiedliche Optionen.

Ich starte eine Szene in unterschiedlichen Achsen und stelle fest, was sich dadurch verändert. Ich variiere im Spiel die Achse. Ich variiere in Dialogen die Achse. Ich spiele in Achsen, die meine Augen für das Publikum nicht sichtbar machen, und stelle fest, wie weit dies trägt. Ich teste das Prinzip des Auftaktes, indem ich für einen Moment, der fokussiert werden soll, zuvor abgewandt spiele und dann einen Wechsel der Achse vollziehe und so meinen Augen einen zweiten Auftritt ermögliche. Ich behalte im Spiel nur eine Achse bei, egal was geschieht. Ich probiere eine Szene mit dem Rücken zum Publikum. Ich wähle aus den Ergebnissen aus. Ich nutze Achsen-Wechsel als Mittel, um wichtigen Spielzügen ein größeres Gewicht zu verleihen. Ich vergrößere einen Bruch – eine Reaktion, in der sich ein Wechsel der

Haltung vollzieht – durch den Wechsel der Achse. Ich probiere Erstaunt-Sein, Erkenntnis, Schreck, Freude, Angst, Schmerz mit einem Wechsel der Achse aus. Ich folge mit der Wahl der Achse nicht dem scheinbar logischen Impuls, den die Spielhandlung liefert. Ich probiere das Gegenteil. Ich suche bewusst Kontraste. Ich spiele Achsen nach einer selbstgewählten Regel und nicht in der Folge, die mir mein intuitives Spiel liefert. Ich mache aus diesem Spiel kein Problem. Ich dosiere den Einsatz der ↗REGEL. Ich mache aus dieser Regel keinen Zwang. Ich variiere zwischen häufigen Wechseln und gar keinen. Ich bleibe einfach. Ich lasse das Spiel mit den Achsen wieder weg und arbeite mit einem anderen ↗PARAMETER.

RAUM

Mitte. Hinten. Vorne. Rechts. Links. Oben. Unten. Überall dazwischen. Im Publikum. Im Off. Die Frage *Wo?* ist im W-Fragen-Katalog der traditionellen Lehrbücher eine inhaltliche. Sie macht uns darauf aufmerksam, dass wir uns auf einem Acker anders verhalten als in einem Ballsaal. Hier aber wird die Frage nach dem *Wo* – wie bei allen folgenden Parametern – nicht inhaltlich, sondern *formal* gestellt. *Wo* bezieht sich nicht auf den Schauplatz, den ich darstellen möchte, sondern ganz konkret auf den *Bühnenort, den ich bespiele.* Zuschauende lesen die Position eines Körpers im Raum. Jeder Ort, den wir auf einer Bühne einnehmen, erzählt bereits eine Geschichte. Diejenige Person, die am Seitenrand sitzt, hat für das Publikum eine andere Bedeutung als die, die in der hinteren Ecke kauert, in der zentralen Tür weit hinten steht oder sich vorne am Bühnenrand befindet. Die Person am Seitenrand hat offenbar den Schauplatz des eigentlichen Geschehens noch gar nicht betreten oder sieht nur zu, die hinten Kauernde hat eine furchtbare Geschichte bereits hinter sich, die in der Tür hat etwas sehr Wesentliches vor sich und die an der Rampe nimmt gerade nicht am Geschehen teil und wird sich vermutlich unmittelbar folgend erklären.

Wenn wir proben, können wir über jeden neuen Spielzug mit einer konkreten Auswahl aus dem *Buch des Raums* entscheiden. Dort, wo wir die Wahl unseres Platzes im Raum nicht dem Automatismus von Bühnengewohnheiten überlassen, entstehen gewöhnlich stärkere Spannungsverhältnisse. Es empfiehlt sich auf Proben, die zuerst gewählten Raumentscheidungen nicht sofort beizubehalten oder gar festzulegen und einfach zu wiederholen, sondern einzelne Spielmomente räumlich variierend auszutesten. Wir werden erstaunt darüber sein, dass häufig die nicht naheliegende Raumentscheidung eine viel größere szenische Kraft entfaltet als diejenige, die sich von alleine entwickelt hat. Die Anzahl der zur Verfügung stehenden ↗OPTIONEN hängt davon ab, wie viele unterschiedliche Orte wir im Raum unterscheiden können. Es empfiehlt sich, sich dafür Zeit zu nehmen, denn auf den ersten Blick übersehen wir gerne die besten. Ganz hinten, an der Seite, in der Bühnenmitte, links der Bühnenmitte, in der Tür, auf dem Tisch, nur halb sichtbar hinter dem Sofa, vielleicht anwesend, aber noch nicht sichtbar oder natürlich auch vorn in der Mitte an der Rampe.

Spielen wir diese Übung eine Weile und kombinieren sie mit dem Parameter ↗BEWEGUNG, entdecken wir nach kurzer Zeit die abenteuerlichsten Positionen auf der Bühne. Der Körper liegt in fragiler Position am Abgrund der Rampe, kauert in der Mitte, die Beine lugen hinter einem Vorhang hervor, nur ein Arm ist sichtbar oder nur der Kopf, oder wir entdecken die Höhe und Tiefe des Raums: Wir hängen oben auf der Türkante oder kommen von unten. In kurzer Zeit sind Bühnenorte gefunden, die gewöhnlich in acht Wochen Probenzeit nicht im Ansatz in Betracht gezogen werden. Mit dieser wirklich simplen Übung wird effektiv Material generiert, von dem die gesamte Probenzeit zehren kann.

Ich beginne nicht auf der Bühne. Ich setze mich vor die Bühne. Ich stelle mir die Frage, wo überall ein Körper anwesend sein kann. Ich wähle im Spiel einzelne Orte aus, die ich geplant oder einer ↗REGEL folgend in die szenische Arbeit einbeziehe. Ich versuche herauszufinden, was mir jeder einzelne Ort auf der Bühne im Kontext des szenischen Momentes, an dem gerade gearbeitet wird, gibt. Ich verändere den Ort zu unterschiedlichen

Zeitpunkten einer Szene, ohne immer notwendig einem *inhaltlichen* Impuls zu folgen. Ich folge der Regel: Wechsle *grundlos* den Ort. Ich folge der gegenteiligen Regel: Wechsle *nicht grundlos* den Ort. Ich erteile mir die Regel, bestimmte Orte komplett auszulassen, zum Beispiel setze ich mich *nie* auf den Stuhl. Oder ich benutze generell nur einen bestimmten Teil der Spielfläche. Ich kombiniere den Parameter ↗RAUM mit dem Parameter ↗ACHSE. Ich teste unterschiedliche Achsen an einem Ort aus. Ich teste unterschiedliche Orte in nur ein und derselben Achse aus.

RAUMBEZIEHUNG

Malerei, die sich mit dem Abbilden von Menschengruppen beschäftigt, arbeitet nicht nur mit den Achsen, wie die Figuren zu den Betrachtenden ausgerichtet sind, sondern auch damit, wie sich die Figuren *zueinander* »im Raum« verhalten. Bei Rembrandt ist eine Gruppe so aufgebaut, dass der Blick sofort auf die Kerninformation des Bildes gelenkt wird und von dort zuverlässig in der Reihenfolge ihrer Wichtigkeit über die Details wandert. Hieronymus Bosch dagegen überwältigt uns mit einer Überfülle von Einzelheiten, einem Tumult wild durcheinandergewirbelter Körper, der auf den ersten Blick kaum Orientierung bietet. Die Frage, wie sich Körper im Raum anordnen, wird von beiden Künstlern sehr unterschiedlich behandelt, der eine setzt auf Fokussierung, der andere auf Chaos. Eines aber ist deren Anordnung nie: beliebig.

Die *Raumbeziehung* fragt nach unserem räumlichen Verhältnis zu Mitspielenden. An welchen *Orten* im Raum bzw. in welchem Verhältnis von *Nähe und Abstand* zu ihnen und in welcher ↗ACHSE befinde ich mich im Verhältnis *zu anderen Spielenden.* Die Psychologie der Körpersprache kann ziemlich genau benennen, welche nonverbalen Signale wir allein durch die Stellung und Abstände unserer Körper zueinander ausstrahlen, und unterscheidet dabei Distanzen, in denen wir in einem *intimen*, *persönlichen* oder eher *gesellschaftlichen* Verhältnis zum anderen agieren. Sie kann aus der Stellung der Körper zueinander nicht nur deren soziale Beziehung ablesen, sondern darüber hinaus identifizieren, welches Vertrauen, welches Maß an Zuneigung und welche Machtverhältnisse sich allein durch die Körperbeziehungen ausdrücken – und genau diese Information liest auch ein Publikum in unserem Spiel.

Das räumliche Arrangement, das die Beziehungen der Figuren erlebbar macht und die wichtigen Informationen *in den Fokus* rückt, die nebensächlichen dagegen so ordnet, dass sie nicht ablenken, ist traditionell Aufgabe der Regie. Sie kann mit der Wahl der Orte, Distanzen und Achsen einer Figurengruppe bestimmen, wessen Spiel zu einem bestimmten Zeitpunkt das größte Gewicht hat: Diejenige Figur, nach der sich alle anderen Achsen richten, hat auch die Aufmerksamkeit des Publikums. Wo Regie Raumbeziehungen nicht eindeutig vorgibt, ist das eine Lücke, die wir nutzen sollten. Denn wir haben mit unseren ↗ ANGEBOTEN ganz erheblichen Einfluss darauf, ob räumliche Spannungen unser Spiel stützen oder nicht.

Am Beispiel Raumbeziehung lässt sich gut zeigen, wie stark Theaterproben von Dingen beeinflusst werden, die nichts mit dem zu tun haben, was eigentlich erzählt werden soll. Schwache ↗ MUSTER DER MITTE entstehen hier nicht nur, weil wir uns gegenseitig schonen oder Höflichkeitsabstände einhalten wollen, sondern auch, weil wir manchmal miteinander um den *Fokus* rangeln – also um die Position auf der Bühne, die die größte Aufmerksamkeit verspricht. Auf der Probe dürfte es zum Beispiel einigermaßen schwerfallen, eine Raumbeziehung durchzusetzen, in der sich A *vor* B stellen soll. Spätestens auf der zweiten Probe ist A ein wenig beiseitegerückt, um B nicht zu verdecken, oder hat sich der Körper von B hinter A wieder ein bisschen in die Sicht gerückt. Beide Körper sträuben sich dagegen, wenn die Regie ein solches Arrangement vorschlägt: A hat die ganze Zeit ein schlechtes Gewissen und B fühlt sich weginszeniert. Wenn wir Raumbeziehungen nicht als unausgesprochene private Verhandlung um Gerechtigkeit verstehen, sondern als starkes künstlerisches Gestaltungsmittel, machen wir sie zum Thema und arbeiten damit.

Das *Buch der Raumbeziehungen* zeigt uns, welche ↗ OPTIONEN zur Verfügung stehen, wenn wir austesten wollen, was die unterschiedlichen

Positionen von Körpern im Raum erzählen. Unsere Möglichkeiten setzen sich zusammen aus dem *Ort*, an dem wir uns auf der Bühne befinden – der gleichzeitig die *Distanz* zu den Mitspielenden bestimmt –, und der *Achse*, die wir ihnen gegenüber einnehmen. Würden wir am Tisch austesten, welche möglichen Kombinationen sich ergeben, wenn zwei Figuren an verschiedenen Orten bzw. in unterschiedlichen Distanzen zueinander und unterschiedlichen Achsen spielen, würde sich das Buch schnell mit hunderten Möglichkeiten füllen. A wählt zum Beispiel die Position *Ich stehe exakt vor B.* Anstatt sich benachteiligt zu fühlen, wird B diesen Spielzug als Chance begreifen: *Welch fantastische Stellung! Ich bin hier vollkommen abgedeckt!* B wird, wenn sie denn unbedingt das Gesicht wieder sichtbar machen will, jetzt nicht die Spannung auflösen und einfach ausweichen, sondern sich erst einmal die Frage stellen: *Wie kann ich die Beziehung verändern?* Ein Nachschlagen im *Buch der Raumbeziehungen* verrät B, dass man auf zwei Feldern variieren kann: *Ort* bzw. *Distanz* und *Achse.* Anstatt *wegzugehen* oder *auszuweichen,* was B's Intuition vorschlägt, findet B im Buch eine wirklich überraschende Möglichkeit: *Achse/beibehalten, Abstand/reduzieren (!).* B wird also überraschenderweise *noch näher hinter* A treten und könnte A nun von hinten umarmen und die Wange an A schmiegen. B *minimiert* die Distanz, behält aber die Achse bei. Wenn der Satz, der nun im Textbuch folgt, etwa hieße: *Du hast mein ganzes Leben ruiniert,* spielt B diesen plötzlich nicht mehr wie vorher im keifenden Ton oder mit einem angedeuteten Schlag fuchtelnd, sondern leise, beißend, zynisch lächelnd, ganz so, wie es die plötzliche Nähe anbietet. Entstanden ist ein Widerspruch zwischen Text und Körperposition, der die Spannung auf eine andere Ebene führt. Bei der Lektüre des Satzes *Du hast mein ganzes Leben ruiniert* würde uns dieser Spielzug wahrscheinlich eher nicht einfallen. Aber B hat natürlich auch noch Dutzende anderer Optionen zur Auswahl. B könnte sich, anstatt die Distanz zu verringern, auch hinter A langsam rückwärts in die Tiefe bewegen und auf diese Weise wieder sichtbar werden. B verändert dem Ort und damit den Abstand, aber nicht die Achse. Diese Bewegung würde auf das Publikum vielleicht ziemlich bedrohlich wirken. Will B etwas holen, ohne A aus dem Blick zu lassen? Oder B könnte sich auch um neunzig Grad drehen und nur einen Schritt rückwärts machen. Hier verändert B nur die Achse, Ort und Distanz bleiben fast erhalten. Oder B verändert beides radikal und geht nach hinten links und wendet sich dort ab. Oder – und das wäre sicherlich die stärkste Entscheidung – B ändert gar nichts. B bleibt verdeckt stehen und tut damit etwas, was wir *spontan* niemals tun würden: den Text *ungesehen* hinter A's Körper sprechen. – Die Möglichkeiten sind endlos. Das Verdecken einfach zu akzeptieren, wäre die stärkste Option.

Raumbeziehungen verändern sich durch unsere ↗ BEWEGUNGEN im Laufe einer Szene. Ein typisches Muster, das sich spontan ergibt, sieht so aus: A befindet sich vorne links und B tritt vielleicht von hinten rechts auf – so weit, so gut. Aber B zieht es nach kürzester Zeit auf direktem Weg nach vorne zu A. Sie stehen dann in genau der Raumbeziehung zwischen zwei Figuren, die wir auf Bühnen am häufigsten sehen: im vorderen Bereich, aber nicht scharf an der Rampe, einander halb zugewendet: ein Mini-Halbkreis. Für ein Publikum ist dieses Bild das mit der denkbar geringsten Energie, weil es alle Beteiligten schont. Wenn B von hinten rechts kommt und dann eine neue Position sucht, geht B ziemlich wahrscheinlich *nicht* den Umweg hinten an der Rückwand entlang und dann ein Stück weit vor, um schließlich einige Meter *hinter* A zu landen, was eine ganz interessante Beziehung aufbauen würde. B wird auch nicht nur zwei Schritte vorgehen und sich dann nach rechts abwenden. B wird sich weder im Bogen noch im Zickzackkurs nach vorn bewegen. B tritt auch nicht rückwärts auf oder seitlich gehend. Manchmal geht B gerade nach vorne und richtet sich im Abstand zu A ebenfalls *vorne* ein, aber nach einiger Zeit wird es die eine Figur wieder zur anderen hinziehen. Wenn B zu A geht, widerstrebt es B meist, die *Achse* zu variieren und sich *von A abzuwenden*, genauso wie B fast nie zu A hingeht und dann im Profil stehen bleibt. B wird in den allermeisten Fällen unmittelbar nach der Ankunft bei A die Achse wechseln und sich ebenfalls halb zum Publikum wenden, obwohl diese Drehung ausschließlich erzählt: *Hallo, jetzt bin ich auch wieder für euch da,* und nichts über die Beziehung zu A aussagt.

Die geschilderten Raumbeziehungen entstehen dadurch, dass wir, bevor wir auftreten und während wir probieren, nicht innehalten und die Möglichkeiten dieses Parameters nutzen, um Alternativen anzubieten.

Schwache Raumbeziehungen entstehen aber auch dadurch, dass wir häufig versuchen, den Inhalt eines Stoffes vermeintlich *logisch* zu bebildern. Nehmen wir an, unsere Szene verlangt, dass wir uns *aggressiv* oder *bedrohlich* verhalten. Unsere Vorlage sagt, B ist wütend und will A zur Rede stellen. A ist wieder vorne links. B wird beim ersten Angebot in großer Entfernung zu A auftreten, um einen langen Gang folgen lassen zu können. Die Erfahrung sagt B, wenn ich aus der Distanz auftrete, bekommt der Auftritt eine größere Gewalt. Und genau dies geschieht. B tritt hinten rechts auf, aber B wird dort nicht lange verweilen, sondern stracks auf A zugehen. A weicht dann vielleicht aus, B schneidet A den Weg ab, und schon sind beide dauerhaft beieinander. Beide wissen, wir arbeiten am Thema *Bedrohung*. Die Szene wird in dieser Position ziemlich bald auf *Gerangel* und diffuse *Schreierei* hinauslaufen müssen. Die spontane Raumbeziehung hat die Szene bereits nach zwei Zügen an ihren Endpunkt geführt, und so liefert uns unsere Schublade mit der Aufschrift *Bedrohung* gar keine anderen Steigerungsformen mehr als den physischen Übergriff oder das Anschreien.

Wie würde sich die Szene entwickeln, wenn beide bewusst mit der Raumbeziehung experimentieren? A und B schalten um in den Modus des *langsamen Spielens*. Sie wählen bei jedem Spielzug eine Option aus dem *Buch der Raumbeziehungen*. B entscheidet: *Beginne an einem anderen Ort*. A ist wie gewohnt vorne links und B tritt auf, aber jetzt nicht aus der Entfernung, wie es B's Intuition *gewaltsamer Auftritt* riet, sondern diesmal ganz *nah*. B ist ebenfalls vorne links in kürzester Distanz zu A aufgetreten und ist jetzt *plötzlich* da. Der intuitive Impuls von A wäre jetzt, diese Nähe aufzulösen und zu fliehen oder aber sich B kampfbereit zuzuwenden. A verwirft diese erste Idee und fällt die Entscheidung *Achsen-Wechsel*. A bleibt am Ort, wendet aber dem wütenden B einfach den *Rücken* zu. Dieser bewusste Verzicht auf die spontan *»richtige«* Bewegung – *fliehen* oder *konfrontieren* – und stattdessen die Wahl eines minimalen Achsen-Wechsels haben eine explosive Wirkung: B ist aufgetreten, um A zur Rechenschaft zu ziehen, und A nimmt B's Wut kaum zur Kenntnis. A zeigt B buchstäblich die kalte Schulter. B geht jetzt noch näher auf A zu, aber *hinter* A, wartet, wechselt die Achse, dreht sich ebenfalls ab und geht ein paar Schritte in die Tiefe des Raums. Was ist entstanden? B wollte A offenbar physisch bedrohen, gleitet aber an A's Ruhe ab und wendet sich verblüfft über die Dreistigkeit ab, um sich zu fassen. Beide stehen jetzt mit dem Rücken zueinander, während der Dialog die ganze Zeit weiterläuft. A wählt im folgenden Spielzug eine komplexe, verwirrende Raumbeziehung. A dreht sich rasch zu B und geht zwar nach hinten auf B zu, aber *an B vorbei*, wechselt im Gang die Achse und geht *rückwärts, sich weiterhin um die eigene Achse drehend* hinten ab, kehrt nach kürzester Zeit wieder und bleibt hinten kurz stehen, wechselt diesmal seitlich die Achse und lehnt sich, jetzt sehr weit hinten stehend im Profil, an das nächstbeste Bühnenteil. Der Spielzug wird in A eine Kette unterschiedlicher Assoziationen ausgelöst haben: A *rechtfertigt* diese Positionswechsel im Raum mit dem, was durch sie entstanden ist: in diesem Fall *spielerische Provokation,* dann auf einmal *Schmollen* oder *unverschämtes Lachen.* Der Gegenstand, an dem wir arbeiten, heißt wohlgemerkt immer noch B will A *zur Rechenschaft ziehen.* Der Text, den die beiden sprechen, drückt dies auch aus, aber das räumliche Arrangement folgt in dieser Übung nicht der inhaltlichen Logik – das hieße nämlich, wir würden, wie oben erwähnt, nach allerkürzester Zeit bei Gebrüll und Gerangel landen –, sondern der Logik formaler Optionen im Raum, deren einzelne Ergebnisse durch die Spielenden *gerechtfertigt* werden und sich so ins Spiel einfügen. Raumbeziehung und Inhalt der Szene – der Streit – stehen allerdings jetzt in einem widersprüchlichen Verhältnis zueinander, was die Szene sowohl für die Spielenden als auch für die Betrachtenden *unberechenbarer* wirken lässt und sie gleichzeitig nicht sofort auf einen Endpunkt hinführt, an dem nur noch geredet, gebrüllt oder gerangelt werden kann.

Diese spannungsgeladene Raumbeziehung konnte nur deshalb entstehen, weil A und B bewusst auf alles verzichtet haben, was ihre Intuition ihnen riet – sie entstand, weil beide Achse und Ort bzw. Distanz variierten, *ohne* dass sie dabei auf die Inhalte der Vorlage, des Textes, Rücksicht genommen haben. Wir leisten also *nicht* den vermeintlich *naheliegenden* und *logischen* räumlichen Konsequenzen dieser Inhalte Folge, sondern den Regeln einer *Form.* Wir *akzeptieren* das neu gewonnene Muster und *rechtfertigen* es. Wir bauen es in die Szene ein oder suchen weiter. Nach einer Weile werden sich diese Spiele abnutzen. Dann wechseln wir den ↗PARAMETER und arbeiten mit einem anderen. Oder wir arbeiten intuitiv weiter – ohne Parameter. Die Ergebnisse der verschiedenen Versuchsreihen und auch die neu gewonnene Gewohnheit, schwache Raumbeziehungen zu meiden, werden noch eine ganze Weile von alleine fortwirken und uns nun auch spannungsreiche Beziehungen suchen lassen, ohne dass wir uns darauf konzentrieren müssten – bis sich nach einer gewissen Zeit die alten, schwächeren Gewohnheitsmuster langsam wieder einstellen.

Raumbeziehungen haben für jede ↗SPIELWEISE eine unterschiedliche Bedeutung. Wir haben am Beispiel gesehen, dass auch in einem Theater, das realistische Beziehungen erzählen möchte, das Spiel mit formalen Regeln zu lebendigeren Ergebnissen führt. Wollen wir die Wirklichkeit abbilden, können wir uns beim Probieren statt durch Optionen und Regeln aber auch durch die Kopie realer Figurengruppen inspirieren lassen. Bereits ein oberflächlicher Blick darauf, wie Menschen sich im Alltag körperlich zueinander ordnen, wird uns die Augen dafür öffnen, was wir auf der Bühne alles *nicht* verwenden. Alltagssituationen können wir nachbilden. Wenn wir Bühnentechnikern bei der Arbeit zuschauen, können wir beobachten, in welch vielfältigen und überraschenden Raumbeziehungen Menschen auf einer Bühne stehen können. In Spielweisen dagegen, die mit abstrakten Bildern im Raum arbeiten, wird die simple Regel *Arbeite mit variablen Raumbeziehungen* – nebenbei eine Technik, die der Tanzimprovisation entstammt – eine fruchtbare Methode sein. Im stummen Spiel einer Raumimprovisation oder in stark choreografierten Arbeiten wird das Spiel mit Regel und Variation zu stärkeren Ergebnissen führen, als wenn wir den Spielenden einfach sagen: *Bewegt euch frei im Raum.* Aber auch im komödiantischen Spiel werden solche Aufgabenstellungen schnell zu einem Fundus komischer Lösungen führen, denn das Komische oder das Groteske speist sich aus dem Spiel mit der Verletzung von Regeln des Alltags. Ein Dialog, in dem A hinter einer Kommode festklemmt, während B im Sessel verweilt, wird stärkere Wirkung erzeugen, als wenn die beiden einfach nebeneinanderstehen. Und selbstverständlich können wir die Raumbeziehung als Mittel auch komplett ignorieren. Performativ denkende Inszenierungen, die weder eine bestimmte Realität abbilden wollen noch auf artifizielle Virtuosität setzen, sondern die Bühne einfach Bühne sein lassen, wünschen sich die Gewichtungen von Menschen auf der Bühne häufig als *gleichberechtigt*: In einer Gruppe, in der alle gleichmäßig nach vorne blicken, entsteht kein Fokus auf eine Einzelperson. Ob jemand mitten in der Performance der anderen aufsteht und sich quer durchs Bild gehend eine Cola holt, ob alle auf einem Haufen sitzen oder verteilt im Raum sind, spielt hier bewusst keine Rolle. Die einzige Raumbeziehung, die hier inszeniert ist, ist die zur Rampe: Wer etwas Wichtiges zu sagen hat, steht auf und geht nach vorne. Die Botschaft ist die einer kalkulierten Lässigkeit: *Hierarchisierte Spannungsverhältnisse interessieren uns nicht und werden von uns nicht organisiert. Wer will, kann auch zu uns hinaufkommen und sich neben uns aufs Sofa setzen.*

Ich wechsle die Achse, in der ich mich zum Mitspielenden befinde. Ich variiere die Distanzen. Ich wechsle den Ort. Ich spiele räumliche Zufallsergebnisse, indem ich mir ↗REGELN erteile, nach deren Muster ich andere Raumbeziehungen herstelle: Lande nie gemeinsam und einander zugewandt im Höflichkeitsabstand an der Rampe *oder* Ich komme dem anderen nah, aber bleibe nie dort stehen *oder* Ich zeige dem anderen nie meine Vorderseite *oder* Ich wechsle in der ganzen Szene nur zweimal den Ort. Ich halte es aus, räumlich nicht den Spielzug zu machen, den ich spontan machen wollte, weil er vermeintlich gut zum Text passt. Wenn ich nicht weiß, welchen Ort, welche Achse, welche Distanz ich wählen soll, spiele ich das Gegenteil meines ersten Impulses. Ich wiederhole nicht sofort die Raumbeziehungen, die beim ersten Versuch entstanden sind. Ich beharre nicht auf Ergebnissen, die ich einmal gefunden habe. Ich höre irgendwann auf, auf Raumbeziehungen zu achten, und wähle sie wieder intuitiv.

TEMPO

Schneller! ist die Regieanweisung, die auf Proben am häufigsten fallen dürfte. Die Geschwindigkeit, in der sich Theater vor unseren Augen ereignet, ist tatsächlich häufig der Schlüssel dafür, ob Zuschauende dem Geschehen folgen oder nicht. Das wirkungsvolle Maß zwischen *Ich hab's ja verstanden* und *Das ist mir zu viel* wird ziemlich häufig durch das angemessene *Tempo* des Spiels bestimmt. Die Wahl eines anderen Tempos kann auf einen Schlag einen ganzen Theaterabend in eine neue Richtung treiben. Nach mehreren Wochen akribischer Proben an einer Komödie etwa wird fast zwangsläufig kurz vor dem Ziel der Punkt erreicht, an dem auf der Probe niemand mehr lacht. Alles, was mit Raffinesse und Erfindungsreichtum gefunden und eingeübt wurde, erscheint auf einmal vollkommen unlustig. Auf der Bühne beginnt uns das eigene Spiel peinlich zu werden, wir verlieren unser Vertrauen in alles, was bisher geprobt wurde. Eine sehr einfache Veränderung, nämlich die Steigerung des Tempos, stellt auf einen Schlag die verlorene Wirkung wieder her. Es ist, als ob ein Schalter umgelegt wurde: Die Frechheit, die Anarchie, der Slapstick, die Pointen – alles blüht im selben Moment wieder auf, wenn das Ganze im doppelten Tempo gespielt wird. Dies bedarf häufig einiger Anläufe, denn *doppeltes Tempo* ist nicht einfach schneller, sondern sehr viel schneller. Wenn dies schließlich gelingt, wirkt das vorher schale Geschehen auf einen Schlag virtuos. Für den Außenstehenden ist kaum nachzuvollziehen, wie eine derart einfache technische Veränderung eine solche Wirkung entfalten kann. Nun lässt sich aus dieser Erfahrung keinesfalls die Regel ableiten, Komödien müssen eben schnell gespielt werden. So einfach ist es natürlich nicht. Wir alle wissen, dass Komödien schnell gespielt werden, und deswegen spielen wir Komödien auch häufig schnell. Viel zu schnell. Fast alle Komödien, die länger vor Publikum laufen, werden irgendwann hektisch. Die Spieler jagen durch den Text und rennen über die Bühne, Ungenauigkeiten schleichen sich ein. Und wieder verschwindet aus der Aufführung der Esprit. Hohes Tempo führt jetzt dazu, dass wir untereinander den Kontakt verlieren, nicht aufeinander reagieren, sondern vorreagieren. Die Regie müsste an dieser Stelle intervenieren und das Tempo wieder absenken, um die gewünschte

Genauigkeit der Reaktionskette erst einmal wiederherzustellen. Die Versuche mit der Geschwindigkeit sind erst dann abgeschlossen, wenn alle Spielenden ein zuverlässiges Gefühl für das exakt richtige Tempo haben.

Am Parameter *Tempo* können wir gut beobachten, wie sich unsere Wahrnehmung verändert, sobald wir eine Bühne betreten – wir verlieren dort das sichere Gefühl für das wirksamste Maß. Regie kann häufig nicht nachvollziehen, wieso wir nicht von selbst das richtige Tempo finden. Aus der Außenperspektive ist es vollkommen offensichtlich, dass das Bühnengeschehen zu hektisch oder zu zäh ist. Aber wir Spielende auf der Bühne nehmen den Verlauf von Zeit vollkommen anders wahr. Wir haben ein anderes Empfinden dafür, wie lange ein Geschehen trägt oder nicht. Häufig nehmen wir uns für einfache Dinge sehr viel Zeit, in der Hoffnung, sie dadurch spannender und bedeutender zu machen. Die Sprache wirkt gedehnt, an den Satzenden stehen lange Pausen, alles im Bemühen darum, Dinge auf der Bühne bedeutend und wichtig zu machen. Regie dagegen wird denselben Vorgang vielleicht anfänglich als spannend, aber schon bei der ersten Wiederholung als lähmend erleben. Gegen unser eigenes Gefühl wird sie den Impuls haben, zu raffen und zu beschleunigen. Wir selber glauben, dadurch werde Bedeutendes eliminiert und sträuben uns gegen die Beschleunigung. Man wird uns sagen, unsere Sprache sei *indirekt*, womit gemeint ist, dass wir Sätze künstlich zerdehnen. Es wirkt dann nicht so, als wollten wir dem anderen wirklich etwas mitteilen. Meistens stimmt diese Beobachtung von außen. Die Aufforderung zur *Direktheit* heißt dann nichts anderes, als den Kontakt zum Gegenüber aufzunehmen und den Text wirklich mitzuteilen, anstatt ihn zu zerdehnen – was in der Praxis häufig nichts anderes ist als die Bitte um die Erhöhung des Spieltempos. Ähnlich das umgekehrte Phänomen: Wir treten auf und nehmen uns für nichts Zeit. Wir stürzen uns sofort auf den Text, spielen alles, was da ist, in einem einzigen Fluss hintereinander weg, als ob uns etwas triebe, rasch fertig zu werden. Die Wirkung ist offensichtlich: Nichts wird differenziert oder ausgeleuchtet, keine Reaktion der Mitspielenden abgewartet und aufgenommen, jede Chance zum Spiel mit unterwegs Vorgefundenem verpasst. Wir rattern durch den Text. Die Anweisungen werden dann sein: *Lass dir Zeit. Langsamer. Mach Pausen. Nimm wahr, was um dich herum ist.* All dies sind Dinge, die laufend auf Proben geschehen und denen wir sehr leicht begegnen können, wenn wir unser Augenmerk auf den Parameter Tempo richten.

Das Tempo, das wir intuitiv wählen, wenn wir ein erstes Angebot machen, orientiert sich an unserem individuellen ↗ PATTERN NO. 1. Manche von uns fangen immer sofort an, extrem schnell zu sprechen, andere warten ewig, bis der erste Satz fällt, und machen danach eine lange Pause. Aber die meisten wählen so gut wie nie die Extreme, sondern spielen dauerhaft in einem Mittelfeld von Geschwindigkeit, ohne dies je zu ändern. Bei der Wahl des Maßes zwischen langsam und schnell geht es, wie bei allen folgenden Parametern, natürlich nicht darum, zwanghaft Extreme zu spielen, um interessant zu wirken. Es geht darum, sich bewusst zu machen, dass wir uns über die Entscheidung unseres Spieltempos gewöhnlich keine Gedanken gemacht haben, sondern sie intuitiv treffen, und dass wir sie sehr leicht ändern können. Die bewusste Entscheidung für abweichende Tempi kann ganze Inszenierungen verändern. Ein kompletter Abend in Slow Motion kann durchaus ungeheure Wirkung erzielen.

Das Tempo unseres Spiels bestimmt ganz wesentlich darüber, ob wir den Kontakt zum Publikum aufrechterhalten. Ein zu langsames Tempo ermüdet, ein zu schnelles überfordert auf Dauer. Beim zu langsamen Spiel halten wir das, was wir spielen, für interessanter, als es tatsächlich ist, beim zu schnellen fehlt uns umgekehrt das Bewusstsein dafür, wie viel Zeit ein Publikum braucht, um dichte Informationen nachvollziehen zu können. Das Austesten von Tempi ist sehr aufschlussreich. Sich die Aufgabe zu stellen, einzelne Momente oder ganze Szenen in unterschiedlichen Tempi zu spielen oder sie innerhalb bestimmter Abschnitte bewusst zu variieren, produziert sofort Lebendigkeit auf der Bühne, ohne dass inhaltlich auch nur das Geringste verändert wurde. Die bewusste Arbeit mit Tempiwechseln wird auf der Probe nicht nur Szenen eine andere Lebendigkeit geben, auch während einer Aufführung wird sie unser Spiel wach und frisch halten, wenn wir die Regel *Ändere unregelmäßig das Tempo deiner Sprache und Bewegungen* zum Anlass einer *subtilen Improvisation* nehmen. Ein Wechsel des Tempos wirkt sich sofort auf das Zusammenspiel aus: Für die Mitspielenden werden wir plötzlich unberechenbar, was sie dazu zwingt, ihre Aufmerksamkeit zu erhöhen. Unvorhersehbare Tempiwechsel sind häufig ein Grund dafür, dass uns das Spiel eines Schauspielenden besonders fesselt.

Tempo kann sich unabhängig voneinander auf die ↗SPRACHE und die ↗BEWEGUNG beziehen oder auf die Kombination von beiden: die szenische Handlung. Stellen wir uns eine sehr einfache Aufgabe: Wir nehmen einen Satz, eine Bewegung, einen szenischen Moment oder eine ganze Szene und probieren sie in unterschiedlichen Tempi. Wir werden sehr schnell merken, dass diese Übung sehr viel komplexer ist, als sie klingt. Zunächst einmal werden wir feststellen, dass uns bei sehr hohen Tempi der Text verlorengeht. Und wir werden bemerken, dass wir mit der Erhöhung des Tempos automatisch auch ↗LAUTSTÄRKE und Tonhöhe verändern. Das ist normal, gehört aber nicht zur Aufgabe. Tempo, Lautstärke, Rhythmus und Tonhöhe sind miteinander verknüpft. Die Veränderung des einen beeinflusst automatisch die anderen. Diesen Automatismus versuchen wir in den Griff zu bekommen, indem wir sie übungsweise bewusst entkoppeln. Wenn wir merken, dass unser schnelles Spiel automatisch lauter wird, versuchen wir, leise zu bleiben. Wenn sich beim langsamen Spiel die Stimme senkt, versuchen wir auch diesem Automatismus zunächst zu widerstehen. Die Aufgabe heißt schließlich, das Tempo zu ändern und nicht die Tonhöhe. Diese Versuche sind ziemlich anspruchsvoll und erfordern ein hohes Maß an Konzentration. Die Wirkung aber ist verblüffend. Wir erzeugen damit sehr ungewöhnliche Ausdrucksmuster. Eine Figur, die sehr schnell spricht, sich aber dabei ganz ruhig bewegt, wirkt vollkommen anders als eine Figur, die sich hektisch bewegt und dabei langsam spricht. Jedes neue Tempo erzeugt unterschiedliche ↗RESONANZEN, ↗HALTUNGEN und damit neue Bedeutungen. Nach jedem Versuch benennen wir, in welche Richtung sich eine Szene für uns verschiebt und ob dieses Neue verwendbar ist oder nicht.

Ich lege fest, wie viele unterschiedliche Tempi ich sicher unterscheiden kann und benenne sie: langsam, mittel, schnell – oder ich unterteile in fünf Tempi und füge noch rasend und fast in

Zeitlupe hinzu. Ich spiele den Text in drei, fünf oder sieben unterschiedlichen Tempi und benenne sie.* Ich mache einen Bewegungsablauf in drei, fünf oder sieben unterschiedlichen Tempi. Ich spiele eine ganze Szene in verschiedenen Tempi. Was passiert, wenn ich sie extrem schnell/langsam spiele? Ich versuche ein Gefühl für die unterschiedlichen Tempi zu entwickeln und benenne die unterschiedlichen Ausdrucksqualitäten, die dadurch entstehen. Ich ändere das Tempo, ohne die Tonhöhe der Stimme zu verändern. Ich versuche, nicht automatisch höher zu sprechen, wenn ich schneller spreche. Ich kombiniere das Tempo mit anderen Parametern und vervielfache dadurch die Zahl meiner Optionen schlagartig. Ich spreche nicht automatisch tiefer, wenn ich langsamer spreche. Ich entkoppele das Sprechtempo und das der Bewegung, indem ich mich schnell bewege, aber langsam spreche und umgekehrt. Ich wechsle während der Szene die Tempi. Ich baue mir eine Szene nach einer Tempo-Partitur, oder ich stelle mir nach dem Zufallsprinzip die Aufgabe, willkürlich auf mein inneres Kommando hin Tempiwechsel zu spielen. Ich bin in meinen Tempi unberechenbar für die anderen. In dem Moment, wo das Spiel mit diesem Parameter absehbar wird, gebe ich es auf. Ich beginne mit einem anderen Parameter oder probiere eine Weile ohne Aufgabenstellung weiter.

RHYTHMUS

Der Rhythmus hat nicht gestimmt. – Wenn wir uns nach der Probe oder Vorstellung untereinander verständigen, wissen wir, was mit diesem Satz gemeint ist. Einzelne Teile waren weniger dicht, weniger wirkungsvoll

---

* Bei diesen »musikalischen« Parametern ist es besonders wichtig, dass wir den Text vollkommen flüssig beherrschen. Wenn uns der Text verlorengeht, müssen wir ihn besser lernen. Sobald wir uns primär auf den Text konzentrieren und nicht auf die Aufgabe, verliert diese Art Improvisation ihren Wert.

als andere, sie *hingen durch* oder es entstanden *Löcher*, andere wiederum waren zu hektisch. *Rhythmus* ist ein Parameter der Zeit. Unser Umgang mit der Zeit ist, wie wir im Kapitel ↗ WARUM LANGWEILT SICH DAS PUBLIKUM? gesehen haben, ein wesentlicher Faktor dafür, ob der Kontakt zwischen uns und dem Publikum hält oder abreißt. Wenn das Publikum Zeit anders empfindet als wir, langweilt es sich offenbar. Bewusstsein für einen guten Rhythmus unseres Spiels zu haben, bedeutet, auf der Bühne zu spüren, ob beide Seiten das Verstreichen von Zeit ähnlich oder sogar gemeinschaftlich erleben. Das Spiel mit unterschiedlichen Rhythmen wird ganz wesentlich dazu beitragen, wie wir diese Bindung immer wieder auffrischen und neu knüpfen können.

Wenn wir uns auf der Bühne mit Rhythmus beschäftigen, fragen wir nach dem Muster, das durch den Wechsel von Handlung und Pause entsteht. Ob wir einen Rhythmus als spannungsreich empfinden, hängt davon ab, in welcher Mischung diese zeitlichen Abläufe variieren und wo wir ihnen Akzente verleihen. Rhythmus entsteht durch das wechselnde ↗ TEMPO unseres Sprechens, Bewegens, Handelns, durch die Dauer der Pausen und durch die Akzente, mit denen wir einzelne Momente hervorheben. Rhythmische Muster können einer klar erkennbaren, *regelmäßigen* Ordnung folgen oder sie können *frei* sein. *Gleichmäßige* Rhythmen wiederholen einzelne Abläufe, ohne den Rhythmus zu variieren und sind so für das Publikum berechenbar – allein anhand der Struktur weiß es ungefähr, was als Nächstes geschieht. Freie Rhythmen dagegen sind unübersichtlich, man kann also nicht schon anhand regelmäßiger Wiederholungen absehen, was folgen wird.

Jede Darstellung hat ihren eigenen Rhythmus, und zwar sowohl im Rahmen der kleinsten Spieleinheiten, der Worte und der Körperbewegungen, als auch von Szenen und der gesamten Aufführung. Sprache, Bewegung, Szene und Zusammenspiel – all dies können wir anhand rhythmischer Spiele und Regeln verändern und in Bewegung setzen. Auf den Gesamtrhythmus der ganzen Aufführung haben wir dagegen eher wenig Einfluss – er wird im Wesentlichen durch die Regie organisiert. Wenn die Regie am Rhythmus arbeitet, versucht sie durch den Wechsel von Verdichtung und Entspannung darauf zu achten, dass eine Aufführung nicht einförmig wird und *durchhängt.* Der konventionelle

Rhythmus einer Aufführung folgt bis heute klassischen Gesetzen: Sie beginnt langsam und ruhig, sehr plötzlich tritt eine Veränderung ein, das Geschehen steigert und verdichtet sich, bis es sich auf einem chaotischen Höhepunkt unvermittelt entlädt und absteigend zur finalen Ruhe zurückkehrt: Anfang – Durchführung – Ende ist der Rhythmus einer konventionellen Dramaturgie. Ein anderer Rhythmus etwa wäre, explosiv mit der Katastrophe zu beginnen, um dann erst einmal ruhiger zu werden und das Geschehen zu sortieren.

Komödien folgen oft ihrer eigenen rhythmischen Logik. Ihr Rhythmus der sich unerbittlich steigernden katastrophischen Verwirrung funktioniert nur dann, wenn der Motor zwischendurch nicht heiß läuft. Man wird hier also gut beraten sein, einzelne Ruheinseln zu schaffen, auf denen sich das Publikum erholen kann.

Wie wichtig ein guter Rhythmus für eine Aufführung ist, sehen wir, wenn wir an einem Text arbeiten, der aus einer Folge in sich abgeschlossener Szenen besteht. Eine solche Dramaturgie trägt durch die Reihenform einen gleichförmigen Rhythmus bereits in sich. Ein Rhythmus, der, anstatt sich zu und von Höhepunkten hin- und wegzubewegen, in seinem Verlauf absehbar ist, führt schnell dazu, dass sich ein Publikum innerlich nach der Anzahl und Dauer der einzelnen Szenen fragt. Folgt der Rhythmus eines Abends dem Modell *Szenenreihenfolge*, werden wir dieser Absehbarkeit dadurch begegnen, dass wir die Abfolge möglichst kontrastreich rhythmisieren. Oder aber wir brechen diese Regel und setzen bewusst auf die magische Kraft der Monotonie. Auch die stete Wiederholung des immer Gleichen kann ein Rhythmus sein, der Energie erzeugt. Repetitive Rhythmen ignorieren die Gesetze von Spannung und Langeweile, sie wiederholen absichtlich einzelne ähnliche Momente: Das Geschehen erscheint gleichförmig in derselben zeitlichen Dauer, einzelne Abschnitte sind gleich lang und schnell, kein Akzent hebt Einzelnes besonders heraus. Eine solche rhythmische Struktur muss nicht langweilig sein – im Gegenteil, es gibt Aufführungen, die die minimale Variation des Gleichbleibenden zum Spannungsaufbau perfektionieren. Stoffe, die auf Wirkungen des Rauschs, der Trance oder der Ekstase zielen, bedienen sich der rhythmischen Form monotoner Steigerungsschleifen. Uniforme Rhythmen werden Zuschauende nur dann als fade empfinden, wenn wir deshalb gleichförmig spielen, weil uns dies beim Probieren einfach nicht aufgefallen ist.

Welche starken Wirkungen die Wahl des richtigen Rhythmus hat, sehen wir daran, dass auch der eintönigste Inhalt, also etwa die Wiederholung ein und desselben Vorgangs, durch seine rhythmische Variation größte Spannung erzeugen kann. Umgekehrt wird die interessanteste Geschichte durch einen uninspirierten rhythmischen Verlauf ruiniert.

Für Spielende ist Rhythmus als Parameter interessant, wenn wir die zeitliche Einheit, die wir rhythmisieren, etwas kleiner fassen. Mit diesem Parameter an einer einzelnen *Szene* zu arbeiten heißt, deren zeitliche Struktur zu analysieren. Fragen wir uns zunächst, ob wir lange Abfolgen in ein und demselben Rhythmus gespielt haben. Anschließend stellen wir uns Aufgaben, mit denen wir Szenen bewusst eine neue rhythmische Struktur verleihen. Wir können probieren, nicht allen Teilen einer Szene das gleiche Gewicht und die gleiche Dauer zu verleihen. Wir arbeiten daran, einzelne Teile zu raffen, andere zu verlangsamen. Wir setzen Pausen unterschiedlicher Länge, geben einigen Momenten mehr Raum, machen sie groß, um dann wieder folgende Passagen beiläufig sein zu lassen oder auch einfach wegzulassen. Jede Streichung, jedes Auskehren des Überflüssigen strafft den Rhythmus einer Szene. *Kill your darlings* lautet hier die so ungeliebte wie heilsame Devise. Wir könnten eine Reihe von Spielzügen eine Weile in dichter Folge ablaufen lassen, gefolgt von einer langen Pause, dann wiederum ein sehr langsames einzelnes Geschehen spielen, nur unterbrochen von zwei ganz kurzen Pausen, gefolgt von einer Reihe exakt gleich kurzer Momente, zwischen denen sich aber Pausen sehr unterschiedlicher Länge befinden. In einem solchen extremen Beispiel wäre der Rhythmus chaotisch, seine innere Logik ist kaum nachvollziehbar und wird einer Szene extreme Fremdheit verleihen. Es liegt in der Natur der Sache, dass auf Dauer auch ein solch *chaotischer* Rhythmus von Zuschauenden als einförmig empfunden wird. Überraschend wirken würde in diesem Fall dann die plötzliche Monotonie einer ganzen Sequenz.

Den Rhythmus einer Szene können wir ändern, indem wir ihre Struktur betrachten und gemeinsam verabreden, wie wir einzelne Momente neu gewichten. Szenischer Rhythmus ist auf Proben aber vor allem dort ein Werkzeug, wo es um das Thema *Zusammenspiel* geht. Allgemein haben wir die Tendenz, unseren Rhythmus einander anzugleichen, anstatt ihn in Kontrast zu setzen. Die Nachgiebigeren von uns nehmen hier unbewusst den Rhythmus der Mitspielenden ab und gleichen sich an. Legt A ein ruhiges, gleichmäßiges Sprechen vor, antwortet B häufig im selben einförmigen Fluss. Wird A angeschrien, schreit B zurück. Macht A lange Pausen, reagiert B nicht hektisch überstürzt, sondern lässt sich ebenfalls Zeit. Es leuchtet unmittelbar ein, wie kontraproduktiv ein solch gegenseitiges *Spiegeln* für den Rhythmus einer Szene ist. Was hier in Wahrheit geschieht, ist eine stillschweigende private Friedensübereinkunft zwischen den Spielenden, sich nicht gegenseitig zu stören und aus der Balance zu bringen. Ein solches Muster ist der sicherste Weg, das Publikum zu langweilen. Eine einfache Aufgabenstellung schafft hier Abhilfe.

Betrachten wir den Standard-Rhythmus, in dem auf Bühnen Rede und Antwort aufeinander folgen. A sagt seinen Text. B wartet ab, bis A fertig ist. B antwortet aber nicht sofort, *schließt* nicht *an*, sondern macht eine kurze Pause, um sicherzugehen, dass A wirklich fertig ist, und antwortet erst dann. Dieser Rhythmus folgt der uns innewohnenden Höflichkeit, den anderen nicht unterbrechen zu wollen, ihn umgekehrt aber auch nicht warten zu lassen. Die Folge ist ein gleichmäßig ruhiges *Pingpong* von Replik zu Replik, ein Rhythmus, der den anderen nicht irritiert und uns selbst in unserem Tun in Sicherheit wiegt. A kann sich darauf verlassen, dass B ihn ordentlich aussprechen lässt: A weiß, B wird sowieso erst antworten, wenn A den Text vollständig gesagt hat. A fühlt sich sicher, nimmt sich Zeit für den Text, denn A weiß ja, B wird A niemals unterbrechen, sondern höflich abwarten, bis ausgesprochen wurde. Aber nicht genug, A kann sich in einem solchen Rhythmus der Rücksichtnahme ebenfalls darauf verlassen, dass B, sobald A ausgesprochen hat, nach einer *kurzen Pause* zuverlässig seinen Text sagt, damit kein *Loch* entsteht, in dem A nicht mehr wüsste, was zu spielen ist. B ist nicht so unhöflich, A *ins Wort zu fallen*, lässt A aber auch nicht hängen, sondern spricht ordentlich die Antwort. Dieser Rhythmus ist nicht im Geringsten inhaltlich begründet, er dient allein dazu, dass wir uns im Spiel textlich nicht ins Gehege kommen. Eine kurze Pause zu lassen, bevor wir antworten, hat dabei auch noch den gewünschten Nebeneffekt, dass wir uns sicher sein können, das richtige Stichwort zu erwischen: *Sagt A noch was? Nein, wir sind dran…* Dieser Rhythmus ist natürlich rein privater Natur, aber er ist auf der Bühne fast die Regel. Ein solcher Rhythmus ist tödlich. Er ist nicht nur vollkommen künstlich – in der Realität unterbrechen wir uns ständig oder antworten erst einmal gar nicht –, sondern er senkt, weil er so absehbar ist, vor allem den Energielevel.

Wie ändern wir den Rhythmus des Zusammenspiels? Das *Buch der Rhythmen* sagt uns, dass wir im Zusammenspiel genau *drei* ↗ OPTIONEN haben, Rede und Gegenrede zu rhythmisieren: Wir können dem anderen *ins Wort fallen*, wir können ausreden lassen und *sofort anschließen* und wir können eine beliebig lange (!) *Pause* machen und warten, bis wir dem anderen antworten. Geben wir uns in Dialogen zum Beispiel die ↗ REGEL: *Wechsle unberechenbar zwischen diesen drei Optionen: Ins-Wort-Fallen, anschließen, Pause lassen.* Dabei bedeutet *Ins-Wort-Fallen* nicht unbedingt, dass wir dem anderen den Text abschneiden, es kann auch heißen, dass wir den *Impuls* zu antworten bereits spielen, während der andere noch spricht, was beinahe genauso wirkt, als ob wir den anderen unterbrechen wollen. Diese wirklich simple Regel wird die Lebendigkeit einer Szene explodieren lassen, und zwar sowohl auf der Probe als auch beim Zusammenspiel in Aufführungen. Wir unterbrechen den Mechanismus eingefleischter Höflichkeiten und variieren – selbstverständlich nur im Rahmen der verabredeten improvisatorischen Freiheit – den Rhythmus des Dialogs. Das Ergebnis wird *Wachheit* sein – aus dem einfachen Grund, weil andere nie sicher sind, wie und wann ich reagiere. Natürlich lässt sich diese Regel nicht nur auf Sprache anwenden. Auch in der Folge von Reaktionen, Handlungen und Bewegungen lässt sich mit der Variation von *Ins-Wort-Fallen, anschließen* oder *eine Pause lassen* jederzeit arbeiten.

Das wichtigste Feld allerdings, auf dem wir Rhythmus variieren, umfasst noch kleinere Einheiten. Es ist das Feld der Sprache und der Bewegung. Über deren Rhythmen verfügen wir unabhängig von Regie meist im vollen Umfang selbst. Um zu verstehen, was genau hier mit Rhythmus gemeint ist, werfen wir einen Blick auf die kleinsten Einheiten unseres Spiels. Nehmen wir an, ein *Wort* oder eine in sich abgeschlossene *Bewegung* – etwa ein Schritt – wäre eine solche Einheit. Wenn wir sprechen oder uns bewegen, geben wir jeder Einheit eine bestimmte Dauer, ebenso wie die nachfolgende Pause eine bestimmte Dauer hat. Durch die unterschiedliche Setzung von Pausen innerhalb von Sätzen entsteht der *Sprachrhythmus.* Aber Sprachrhythmen erzeugen wir nicht nur durch das Verhältnis von Wort und Pause, sondern zusätzlich durch einzelne *Akzente.* Wenn wir sprechen, betonen wir einzelne Wörter, die dadurch ein größeres Gewicht bekommen, auf diese Weise geben wir Sprache überhaupt erst ihren Sinn. Das Zusammenspiel von *Wort* (oder *Bewegung*), *Pause* und *Akzent* bildet unseren Rhythmus. Wie Akzente in der Sprache Bedeutungen verändern, werden wir uns im Kapitel ↗ MELODIE näher ansehen – sprachliche Betonungen gehen nämlich genau besehen nicht einher mit der Veränderung der Lautstärke, sondern mit dem Wechsel von Tonhöhen: Wenn wir ein Wort betonen, hebt sich die Stimme. Aber auch ohne Akzente erzeugt das Verhältnis von Wort (oder Bewegung) und Pause beim Zuhörenden unterschiedliche rhythmische Eindrücke und entsprechende Bedeutungsverschiebungen. Je nachdem, wo wir in einem Satz eine Pause machen, bzw. je nachdem, wie wir Wortgruppen ohne Pausen dicht zusammenfassen, ändert sich die Bedeutung von Texten.

Auch ↗ SPRACHE und ↗ BEWEGUNG organisieren sich in *gleichförmigen* oder *unregelmäßigen* Abfolgen von *Aktion, Akzent* und *Pause.* In unserer Alltagssprache und unseren Bewegungen ist der Abstand zwischen den einzelnen Wörtern und Körperbewegungen unregelmäßig. Wenn wir sprechen, machen wir individuell sehr unterschiedlich Pausen und rhythmisieren auf diese Weise unsere Sprache. Tun wir dies nicht, entsteht für andere der Eindruck von Monotonie – wir *leiern.* Es gibt Menschen, deren Sprachrhythmus derart gleichförmig ist, dass ihr Sprechen geradezu einschläfernd wirkt. Im Gegensatz dazu gibt es Sprachrhythmen, die so unregelmäßig und chaotisch sind, dass uns das Zuhören anstrengt – die Person wirkt auf uns hektisch, dauererregt, konfus. Wie vielseitig unser Sprechen tatsächlich ist, sehen wir, wenn wir es mit den Frühformen von Computerstimmen vergleichen: Deren Sprache war rhythmisch vollkommen gleichförmig, die Stimme konnte weder sinnvolle Pausen noch Akzente setzen, einzelne Worte entweder gar nicht oder häufig nur falsch aussprechen.

Alltagssprache hat ihre eigenen Rhythmen, aber auch den meisten Texten ist bereits ein Rhythmus eingeschrieben – allerdings ist die Deutlichkeit, mit der Texte ihren Rhythmus einfordern, höchst unterschiedlich. Der Rhythmus, den ein Text von sich aus vorgibt und dem wir beim Vorlesen fast automatisch folgen, kann entweder sofort erkennbar, eher verschwommen oder gar nicht vorhanden sein. Wenn wir zum Beispiel einen Prosatext vorlesen, folgen wir unwillkürlich dem Rhythmus seiner grammatikalischen Struktur – wir lesen ihn nicht im Dreivierteltakt vor, indem wir jedes erste von drei aufeinander folgenden Wörtern oder Silben betonen. Seine Punkte und Kommas helfen uns dabei, den eingeschriebenen Rhythmus herauszufinden. Streichen wir die Satzzeichen eines Textes, wird dies den Rhythmus unseres Vorlesens verändern. Aber es gibt auch Texte, deren Rhythmen nicht eindeutig sind: Würden wir versuchsweise Alltagssprache, exakt aber ohne Satzzeichen aufnotieren, um sie als Textvorlage zu nutzen, wäre es beim Lesen schon schwieriger, den Rhythmus herauszufinden, in dem die Personen real gesprochen haben. Denn im Alltag sprechen wir nicht in grammatikalisch korrekten Sätzen. Sätze enden abrupt oder hören auch manchmal nie auf. Und schließlich gibt es zeitgenössische Texte, bei denen es schwerfallen dürfte, überhaupt einen bestimmten Rhythmus aus ihnen herauszulesen: Sie haben sich in ihrer Künstlichkeit so weit von Alltagssprache und Prosa entfernt, ihre Grammatik ist derart verschlungen und ihre Informationen sind so sprunghaft, selbstbezüglich und widersprüchlich, dass es einer Forschungsaufgabe gleichkommt, eine rhythmische Struktur zu identifizieren. Beim lauten Sprechen dieser Texte begegnen wir einem Paradox: Häufig wirken solche wirren Satzperioden am stärksten, wenn wir sie gar nicht interpretierend in Rhythmen zwängen, sondern sie tatsächlich in roboterhaftem Dauerfeuer sprechen. Auch hier gilt – wie immer – die gegenteilige Regel: Auch der Versuch, einen solchen Text in Rhythmus und Melodie von Alltagssprache umzusetzen, kann funktionieren.

Auf der anderen Seite gibt es Texte, denen ein bestimmter Rhythmus derart genau eingeschrieben ist, dass wir beim Sprechen scheinbar gezwungen sind, ihn zu bedienen. Wenn sich ein Rhythmus gleichsam musikalisch wiederholt, wird eine metrische Struktur, ein *Versmaß* erkennbar. In der Verssprache ist der Rhythmus eines Textes genau festgelegt. Der Vers gibt vor, welche Silben betont werden sollen, welche Textpassagen zusammengehören und an welchen Stellen er Pausen fordert und wo wir atmen. Wir können diesem Notat folgen und den Vers bedienen, indem wir uns streng an die rhythmischen Betonungen, die *Hebungen* und *Senkungen* halten, oder aber wir ignorieren ihn und behandeln Verssprache als Prosa. Um ihr gar den Sound von Alltagssprache zu geben, müssten wir daran arbeiten, ihre strengen rhythmischen Vorgaben komplett zu ignorieren und stattdessen den unübersichtlichen Rhythmus von Alltagssprache auf sie zu übertragen – eine herausfordernde Aufgabe. In der Praxis werden wir auch bei der Behandlung von Verssprache häufig den Mittelweg wählen. Den nach allen Regeln der Kunst ausgestellten Vers wird Regie von uns eher selten hören wollen, aber natürlich bedienen wir das Maß einer solchen Sprache fast immer automatisch, wenn wir deren grammatischem Sinn folgen. Streng rhythmisiertes Sprechen finden wir als Mittel im Rap oder im chorischen Sprechen wieder. Hier erkennen wir am deutlichsten, was eine komplett durchrhythmisierte Sprache will: Energie bündeln und steigern. Chorisches Sprechen kann gar nicht anders als akribisch rhythmisiert sein, wenn die einzelnen Stimmen einen Gesamtklang erzeugen und nicht auseinanderfallen sollen.

Auch der Rhythmus der Körperbewegungen ist in der Natur weitaus vielfältiger, als wir uns auf Bühnen bewegen. Menschen bewegen sich hektisch, lethargisch, fließend, abrupt, eckig, elegant. All dies sind genau besehen Körperrhythmen. Und was für Sprache gilt, gilt auch für die Bewegung: Überträgt man die strenge Vorgabe eines Rhythmus auf körperliche Bewegungsabläufe, entstehen Formen des Tanzes. In den Kapiteln, die sich mit dem Körper beschäftigen, werden wir sehen, dass sich auch Bewegungen in einzelne *Buchstaben* zerlegen lassen, und welche Ausdrucksformen durch deren rhythmische Variation erzielbar sind.

Wie arbeiten wir auf der Probe selbstständig mit dem Parameter Rhythmus? Rhythmen werden auf Proben selten thematisiert. Auch mit dieser Lücke können wir arbeiten. Häufig werden weder Sprache noch Bewegung von der Regie durch starke rhythmische Vorgaben geformt, was dazu führt, dass wir meist der rhythmischen Struktur folgen, die uns die literarische Vorlage einflüstert. Der Rhythmus, mit dem wir spontan eine Szene anlegen, folgt ähnlich wie unser Tempo unserem privaten ↗ PATTERN NO. 1. Wenn wir tatsächlich den rhythmischen Vorgaben, die uns ein Text suggeriert, zunächst einmal Folge leisten, sollten wir darauf achten, nicht in die Falle zu laufen, in der gesamten Probenzeit sprachrhythmisch nichts mehr daran zu ändern. Wenn wir einen Satz wieder und wieder in exakt derselben Form wiederholen und ihn auf diese Weise zementieren, wird dies auf Dauer nicht nur dazu führen, dass wir ihn nicht mehr *denken,* sondern es wird uns auch schwerfallen, ihn je noch einmal anders zu rhythmisieren. Wir begegnen einer solchen Routine, indem wir den vermeintlich in die Vorlage gemeißelten Rhythmus der Sprache bewusst ändern: Wir machen Pausen an anderen Stellen, wir betonen versuchsweise andere Wörter, wir fassen Satzperioden zusammen, die wir vorher sauber getrennt haben, oder umgekehrt, wir zerlegen scheinbar zueinander Gehörendes in Einzelteile.

Bei Texten, die ihre rhythmische Form nicht so stark vorgeben, machen wir ein erstes rhythmisches Angebot nach Gefühl. Auch hier sollten wir wissen, dass diese spontanen Angebote oft verbesserungsfähig sind, sich aber schnell festsetzen. Schwache Muster entstehen etwa, wenn wir gleichförmig durch den Text gehen und allen Details dasselbe Gewicht geben, oder – häufiger –, wenn wir den Text *zerdehnen*, die Sprache mit Pausen durchsetzen oder Textpassagen in immer gleicher Länge folgen lassen. Gern wird auch jeder Satz *auf Punkt* gesprochen und anschließend mit einer kleinen Pause belohnt. Pausen werden vorzugsweise an Satzenden gesetzt, nicht innerhalb eines Satzes und schon gar nicht an grammatikalisch nicht naheliegenden Stellen – was tatsächlich ein starkes Mittel in der Sprachbehandlung wäre: Es wirkt wie ein *Cliffhanger.*

Rhythmen zu ändern verlangt uns hohe Konzentration ab, denn kaum etwas an unserem Ausdruck ist derart fest eingeschrieben wie unser Rhythmus. Als ersten Schritt richten wir unser Augenmerk darauf, wie wir spontan den Rhythmus, den uns Textvorlagen vermeintlich vorschreiben, erfüllen. Im nächsten Schritt rhythmisieren wir dann bewusst neu. Die Arbeit mit dem Rhythmus läuft auch hier entweder über den Selbstversuch anhand einer selbst auferlegten Regel oder über die

Beobachtung anderer. Im *Buch der Rhythmen* finden wir Optionen wie *Ort einer Pause im Text* (oder *der Bewegung*); *Länge einer Pause; Stelle, an der wir etwas akzentuieren oder hervorheben; Tempo einzelner Abschnitte* oder auch Gegensatzpaare wie *regelmäßig/unregelmäßig* oder *natürlich/künstlich*. Aus diesen Begriffen entwickeln wir die rhythmischen Regeln, denen wir in unseren Versuchen folgen.

Bei der Szenenarbeit lassen sich Rhythmen auch im Voraus am Tisch einteilen: Wir verabreden den Wechsel von Handlung und Nicht-Handlung bewusst neu und experimentieren damit. Auf eines gilt es dabei zu achten: Tempo und Rhythmus werden von uns gerne verwechselt. Werden wir aufgefordert, den Rhythmus zu ändern, erhöhen wir häufig das Tempo. Dabei merken wir nicht, dass der Rhythmus derselbe bleibt: Wir machen Pausen an denselben Stellen, setzen dieselben Betonungen und Akzente, teilen Sprache und Handlung in dieselben Einheiten ein. Wir machen dasselbe, nur eben einfach schneller. Rhythmen sind – es wurde bereits erwähnt – extrem hartnäckig, wenn wir sie einmal gefunden haben. Sie zu ändern bedeutet, auch selbst hartnäckig zu sein.

Ich höre Alltagssprache zu. Wo im Satz werden Pausen gemacht? Macht die Person überhaupt Punkte, wenn sie spricht, oder bleibt die Stimme immer oben? Ich imitiere diese Sprache und speichere deren Rhythmus. Ich übersetze diesen Text in *ghibberish* – eine Fantasie-Lautsprache – ohne dabei den Rhythmus des Originals zu verändern. Ich übersetze den Sprachrhythmus fremder Menschen in meine eigene Sprache, indem ich die kopierte rhythmische Vorlage beibehalte und nur die Worte ersetze. Ich spreche im Rhythmus fremder Menschen. Ich notiere den Stücktext ohne Satzzeichen und Absätze als Fließtext. Ich lese ihn laut vor, indem ich bei jeder Wiederholung jeweils an anderen Stellen Pausen und Betonungen mache. Ich achte darauf, dass sich die Pausen nicht an bestimmten Stellen wiederholen und auf diese Weise einschleifen. Ich vermeide die Wiederholung eingeübter Zäsuren. Ich ersetze die vertraute Zäsur am Satzende, indem ich an Satzenden weiterspreche und die fällige Zäsur erst irgendwo im Laufe des Folgesatzes setze. Ich achte auf die Veränderung

der Bedeutung, die sich daraus ergibt. Ich spreche Verstexte in Prosa. Ich spreche Prosatexte im Versmaß, indem ich sie, ohne mich an der absurden Wirkung zu stören, in ein Metrum fasse. Ich lasse metrische Rhythmen auf natürliche Sprache prallen. Ich spreche im Dreivierteltakt: Ich betone jede dritte Silbe oder jedes dritte Wort. Ich spreche im Viervierteltakt: Ich betone nur jede erste von vier Silben. Oder aber die erste und dritte: ein Marschrhythmus. Ich spreche im Fünfviertel-/Sechsvierteltakt – im *Jambus* – dem verbreitesten Versmaß dramatischer Literatur. Ich ärgere mich nicht, wenn ich das nicht kann – ich versuche es trotzdem. Ich beobachte, in welchen Rhythmen sich Menschen im Alltag bewegen. Welche rhythmischen Patterns haben sie? Ich ahme sie nach. Ich bewege mich im Rhythmus fremder Menschen. Ich entkopple den Rhythmus von Sprache und Bewegung. Ich wiederhole eine rhythmisierte Körperbewegung, aber lasse die Sprache darüber unrhythmisiert fließen. Ich kehre das Verhältnis um. Ich spreche im Versmaß, kopple aber die Körperbewegung von diesem Rhythmus ab. Ich lasse den Text rhythmisch fließen, halte die Körperbewegung spontan an und bewege mich erst dann weiter. Ich mache mir den Rhythmus einer Szene, die ich gespielt habe, bewusst. Wie lange trägt dieser Vorgang? Kann ich diese Passage schneller spielen? Setze ich hier eine Pause? Fasse ich diese Sequenz zusammen? Was kann ich weglassen? Was kann ich *noch* weglassen? Ich analysiere, in welche Abschnitte ich eine Szene intuitiv auf der Probe eingeteilt habe. Ich teile die Szene in neue Abschnitte ein. Ich gebe den einzelnen Abschnitten unterschiedliche Tempi und gebe der Szene auf diese Weise einen neuen Rhythmus. Ich arbeite im Dialog und Zusammenspiel mit Mitspielenden nach der oben beschriebenen Regel: *Ins-Wort-Fallen* oder *anschließen* oder *Pause lassen*. Ich überrasche mich selbst und Mitspielende durch deren zufallsgesteuerte Anwendung. Ich mache nicht immer dasselbe. Ich variiere die Regel. Ich lege Rhythmen nicht zu früh fest.

LAUTSTÄRKE

Lauter und *leiser* sind die häufigsten Regieanweisungen auf Endproben. Was der Einwurf *zu leise* bedeutet, versteht sich von selbst. *Zu laut* dagegen heißt häufig, dass wir beim Versuch, akustisch den gesamten Raum zu erreichen, noch eine andere Wirkung produzieren. Wir *tönen.* Das Mittel, das allein dem angemessenen Kontakt zum Hörer dienen sollte, vermittelt dann eine zusätzliche, ungewollte Bedeutung: *Achtung, hier spricht ein Schauspieler.* Im Gegensatz zum Film hat der Parameter *Lautstärke* auf der Bühne zwei unterschiedliche – und häufig in Konflikt stehende – Funktionen. Einerseits dient er dazu, die Ohren aller zu erreichen, andererseits vermittelt Lautstärke aber auch Bedeutungen: Wut, Angst, Heimlichkeit, Angeberei, Schmeichelei, Schrecken. Wenn unser Ausdruck auf der Bühne sich an der glaubwürdigen Abbildung von Realität orientieren soll, haben wir an dieser Stelle ein Problem. Denn in der Wirklichkeit sprechen wir nicht mit gestützter Bühnenstimme. Wir reden sehr viel leiser. Das Theater hat für dieses Problem unterschiedliche Lösungen parat. Die traditionelle heißt *Sprechtechnik,* die zeitgenössische *Mikroport.* Beide erfüllen ihre Aufgabe nur halb. Sowohl die bestens artikulierte Bühnensprache als auch die Stimme aus dem Lautsprecher wirken am Ende künstlich. So forderte Regie, deren Ehrgeiz darin bestand, alles Künstliche aus einer Aufführung fernzuhalten, ihre Spielenden auf, so leise zu sprechen, wie es noch irgendwie vertretbar ist, um jeden Anschein falschen *Tönens* zu vermeiden.

Zeitgenössisches Theater hat diesen Anspruch weitestgehend aufgegeben. Es interessiert sich eher selten für konsequent naturalistische Wirkungen. Häufig spielt es mit der Durchbrechung der Vierten Wand, und so richtet sich unsere Stimme direkt an die Gesamtheit der Zuschauenden und muss gar nicht so tun, als sei sie nur für die Ohren der Mitspielenden bestimmt. Das Naturalismus-Problem entfällt hier, unsere künstlich wirkende laute Stimme ist hier notwendig, damit wir von allen gehört werden. In diesen ↗ SPIELWEISEN wird, wenn Intimität in der Sprache erzeugt werden soll, einfach zum Mikrofon gegriffen. Am anderen Ende der Skala ist forcierte Lautstärke ein weitverbreitetes Kunstmittel: Extremes Brüllen dient der Überhöhung des Geschehens. Auch hier sehen wir, dass die großen Energieerzeuger außerhalb der ↗ MITTE liegen. Im Versuch, dauerhaft hohe Energielevel aufrechtzuerhalten, schreien wir viel oder wir nutzen die Magie des Flüsterns. Beide Extreme erzeugen eine höhere Energie auf der Bühne als das Sprechen im mittleren Bereich. Allerdings gilt auch hier wie immer: Nur die dosierte und gezielte Anwendung eines Extrems läuft nicht Gefahr, das *neue Normal* zu werden.

Welche Anzahl unterschiedlicher ↗ OPTIONEN im Feld zwischen sehr leise und sehr laut unser persönliches *Buch der Lautstärken* beschreibt, hängt von unserem Unterscheidungsvermögen ab. Wenn wir uns nicht überfordern wollen, arbeiten wir mit drei Möglichkeiten: *laut, mittel, leise*. Aber selbstverständlich können wir uns auch damit herausfordern, unser Spiel in fünf oder sieben Lautstärken zu variieren. Ein spielbares Buch würde vielleicht zwischen *flüstern, leise stimmhaft, Zimmerlautstärke, öffentliches Sprechen, schreien* und *brüllen* unterscheiden. Bei der Lektüre von Textvorlagen haben wir intuitiv sofort eine Vorstellung davon, in welcher Lautstärke ein Text gesprochen wird: Liebeserklärungen, Intrigen, Angst sind leise, Volksreden, Wut und Freude sind laut. Einer solchen spontanen Regel unbedingt Folge zu leisten, ist, wie immer, kontraproduktiv. Wenn wir austesten, eine Volksrede oder einen Wutausbruch sehr leise oder ein Geständnis extrem laut zu spielen, werden wir erleben, welch interessante Wirkungen durch diesen Widerspruch von Inhalt und Form entstehen.

Der Parameter Lautstärke ist unbewusst mit der Tonhöhe und dem ↗ TEMPO verknüpft. Sprechen wir lauter, erhöhen wir ungewollt auch Stimmhöhe und Tempo. Wenn wir diesen Automatismus entkoppeln, werden die interessantesten Ausdrucksformen entstehen.

Ich variiere Lautstärken im Verlauf eines Textes und beobachte, wie sich Bedeutungen dadurch verändern. Ich spiele eine Textstrecke sehr leise und die nächste ziemlich laut. Ich richte mich nicht dauerhaft in der Zimmerlautstärke ein. Ich teste den maximalen Kontrast zur Lautstärke der anderen. Ich spiele Lautstärken, die gegenläufig zu meinem ersten Verständnis des Inhalts sind. Ich rekombiniere die gewohnte Verknüpfung von Lautstärke, Tempo und Tonhöhe. Ich werde lauter, ohne schnel-

ler zu werden. Ich bleibe schnell, wenn ich die Stimme senke. Ich schreie mit tiefer Stimme. Ich beobachte, was geschieht, wenn ich bei leisem Sprechen nicht die Stimme senke.

MELODIE

Sie heben und senken die Stimme, flüstern, retardieren das Tempo, um plötzlich explosiv und lautstark in Raserei zu verfallen, sie geben einzelnen Tönen ihrer Stimme ein Vibrieren und Kratzen. Sie sprechen tief, wenn es um ernste, hoch, wenn es um heitere Dinge geht. Ihre Stimme schneidet uns ins Ohr oder schmeichelt sich ein mit einem sanften Säuseln. – Hören wir frühe Tonaufnahmen von Theatertexten, stellen wir fest, dass die Schauspielenden ihre Texte *singen.* Sie nutzen in ihrem Sprechen die gesamte Skala von Tonhöhen, Stimmklängen, Lautstärken und Rhythmen. Manchmal geht der Klang der Stimme in ein Zittern über, sie *tremoliert* dann wie im Gesang. Der Sound, der vor einhundert Jahren als Zeichen höchster Virtuosität galt, zeichnet sich aus durch seine ausgiebige Nutzung des Parameters *Melodie.*

Das stark melodische Sprechen finden wir auch in der Wirklichkeit wieder. Die Sprache der öffentlichen Rede, des Anführenden, des Aufputschenden ist genau deshalb wirkungsvoll, weil sie sich der Theatralität bedient, um durchzudringen und zu fesseln. Sie weiß, welche melodischen, rhythmischen, dynamischen Mittel Sprache einsetzen muss, um emotionalen Kontakt mit den Zuhörenden herzustellen.

Ob wir es bewusst wahrnehmen oder nicht, *jede* Sprache *singt,* sogar Computerstimmen haben es mittlerweile ganz passabel gelernt. Wenn wir sprechen, variieren wir minimal oder ausgeprägt die *Tonhöhe* einzelner Wörter und Satzteile: Eine Melodie entsteht. Auch Alltagssprache hat ihre eigene Melodie, nur ist deren Stärke unterschiedlich ausgeprägt. Eine monotone Sprache bedient sich, wie der Name schon sagt, nur eines einzelnen Tons. Wenn wir ausprobieren, konsequent ohne Veränderung der Tonhöhe zu sprechen, werden wir sofort fühlen, wie Vitalität gleichsam gedämpft wird. Auch die Farbe der Niedergeschlagenheit kann sich in dieser monotonen Melodie ausdrücken. Nachrichtensprache bedient sich sehr geringer melodischer Variation, eine Moderation singt etwas mehr, die Sprache des Entertainment – denken wir an die Ansage eines Boxkampfs – hat sehr ausgeprägte Melodien. Alle drei Sprechweisen unterscheiden sich in ihrem Tonumfang. Auch wenn wir Alltagssprachen unser Ohr leihen, stellen wir eine gehörige Vielfalt fest. Im Dialekt wird stärker »gesungen« als im Hochdeutschen. Hören wir auf die Melodien unterschiedlicher Sprachen, stellen wir fest, dass der genutzte Tonumfang manchmal sehr viel größer ist als in unserer eigenen und dass Sprachen höher oder tiefer klingen können. All diese Beobachtungen können wir nutzen.

Die Melodie einer Sprache ist deshalb so wesentlich, weil die Tonhöhe des einzelnen Wortes ihre Bedeutung erzeugt. Jedes Sprechen betont einzelne Wörter im Satz, und je nachdem, welches Wort hervorgehoben wird, ändert sich der Sinn. Hören wir genau hin, was beim Sprechen geschieht: Wenn wir ein Wort hervorheben wollen, verändern wir gar nicht dessen Lautstärke, sondern wir geben ihm eine andere Tonhöhe. Wenn wir im Deutschen mit der Stimme am Satzende hochgehen, versteht man den Satz als Frage, senken wir die Stimme, nehmen wir dieselben Worte als Feststellung wahr. Allein die Tonhöhe eines Wortes verändert die Bedeutung eines ganzen Satzes. Hören wir es vor unserem inneren Ohr: Wenn wir bei dem Satz *Ich gehe jetzt* die Stimme bei *Ich* heben und nicht bei *gehe*, wie es unserer ersten Lektüre und Intuition entspricht, drücken wir damit nicht unsere Ankündigung zu gehen aus, sondern die Konkurrenz gegenüber anderen, die offenbar im gleichen Moment gehen wollen. Betonen wir das Wort *Ich*, meinen wir offenbar, dass die anderen noch nicht an der Reihe sind zu gehen. Lassen wir dagegen das Wort *jetzt* höher klingen und betonen es dadurch, drücken wir Ungeduld oder gar eine Drohung aus – wer von den anderen hier nicht Folge leistet, hat offenbar selber Schuld.

Werden wir also auf der Probe aufgefordert, einen Satz anders zu betonen, heißt das technisch gesprochen nicht, dass wir ein Wort lauter sprechen, sondern, dass wir ihm eine andere Tonhöhe geben. *Beton das anders, das macht so keinen Sinn*, ist ein Satz, der auf Proben häufig fällt. Manchen von uns fehlt das Gehör für Melodien. Selbst wenn ein Satz vorgesprochen wird, fällt es ihnen schwer, die exakte Satzmelodie zu wiederholen und sie fallen immer wieder in ihre bisherigen Betonungen zurück. Hier hilft ein Trick: Formulieren wir die geforderte Bedeutung des Satzes mit unseren eigenen Worten, stimmt die neue Betonung, sie liegt jetzt, wie gewünscht, auf dem entsprechenden Wort unserer eigenen Formulierung. Oftmals wird bei Spielenden, denen *das Ohr dafür fehlt,* die Betonung bei der Übertragung auf den Originaltext wieder zurückkippen. Nur das beharrliche Nachvollziehen der Sinnunterschiede beider Betonungen kann dann das »fehlende Gehör« für den geringfügigen Unterschied von Tonhöhen ersetzen.

Die oben geschilderte Art der Rezitation von Theatertexten ist ein Kunstmittel. Sie ist die Extremform, wie *deutlich* das Melodische in der Sprache klingen kann, und dient der Überhöhung von Wirklichkeit. Während ↗ SPIELWEISEN des Realismus seit je versucht haben, der Sprache das melodisch Rhetorische auszutreiben, und uns dazu auffordern, nur den schmalen melodischen Umfang von Alltagssprache zu nutzen, spielt eine starke Melodie bei den Spielweisen der Distanz und Verfremdung eine wichtige Rolle. Jede Art von darstellerischer Überhöhung, jede Ironisierung und jede Zeichnung komischer Figuren arbeitet in der Sprache mit ausgeprägt melodischen Mitteln. Und schließlich wird in außereuropäischen Theaterformen Sprache vielfach als eine Form von Gesang verstanden.

Wenn wir die Tonhöhe einzelner Wörter in einem Satz verändern, haben wir gesagt, ändert sich dessen Bedeutung. Wir können aber auch die gesamte Melodik unserer Sprache verändern. Das Kapitel ↗ SPRACHE wird darauf eingehen, was sich gewinnen lässt, wenn wir in einer fremden Sprachmaske sprechen. Der einfache Versuch, einen Text nicht in der eigenen Stimmlage, sondern tiefer oder höher zu sprechen, zeigt uns, wie eine solch geringfügige Abwandlung unserer persönlichen Tonhöhe unsere ↗ RESONANZ beeinflusst: Sprechen wir in einer unvertrauten Stimmlage, haben wir tatsächlich ein wenig das Gefühl, wir seien jemand anderes. Wie wir in den Kapiteln Sprache und ↗ FIGUR sehen werden, ist das Sprechen mit einer anderen Sprachmelodie ein wirksamer Katalysator, in das Denken und Empfinden eines anderen Menschen einzutauchen.

Das *Buch der Melodien* lässt sich schwer in eine Systematik bringen. Wir können uns die ↗OPTIONEN *hoch, mittlere Lage* und *tief* geben, aber damit verschieben wir unsere Melodie nur im Register nach oben und unten, die Melodie selbst bleibt dabei erhalten. Neue Melodien erhalten wir, wenn wir willkürlich einzelne Wörter im Satz betonen, die wir vorher nicht betont haben. Natürlich gilt auch hier: Wenn wir unterschiedliche melodische Optionen zur Verfügung haben wollen, müssen wir das Buch mit den Erkenntnissen aus unseren Beobachtungen anderer Menschen füllen.

Ich nehme einen Alltagstext und gebe mir die ↗REGEL: Sprich nur in *einer* Tonhöhe. Ich spreche einzelne Wörter oder Satzteile willkürlich in *unterschiedlichen* Tonhöhen. Ich betone der Reihe nach unterschiedliche Worte eines Satzes und achte auf die Veränderung der Bedeutung. Ich richte meine Aufmerksamkeit auf die Melodie unterschiedlicher sprachlicher Äußerungen. Wie singt Alltagssprache? Wie singt die Sprache unterschiedlicher Dialekte? Ich versuche diese Melodie in eine Fantasie-Lautsprache zu übersetzen, indem ich die Melodie streng beibehalte, aber die Silben durch sinnfrei erfundene ersetze. Ich rekapituliere den Satz in dieser Kunstsprache – ohne dabei die Melodie zu verändern. Wenn ich die Melodie exakt beherrsche, übertrage ich sie auf meine eigene Sprache – oder auf den Stücktext. Ich achte darauf, was die Kopie unterschiedlicher Sprachmelodien und Stimmlagen in mir auslöst und welche Bedeutungen sie für mich erzeugen. Ich verlasse meine private Stimmlage. Ich spreche den Text in unterschiedlichen Stimmlagen. Ich versuche so hoch oder tief zu sprechen, wie es eben geht. Ich senke oder hebe eine einzige Tonhöhe bis in ihre Extreme. Ich piepse den Text. Ich spreche ihn im Basston. Ich spreche den Text in der Sprachmelodie eines historischen Redners. Ich kopiere die Sprachmelodien von Schauspielenden des frühen 20. Jahrhunderts. Ich kombiniere konkrete Tonhöhen mit unpassenden Tempi und Lautstärken.

KLANG

»Sanft, rau, gepresst, gedehnt, mit gehaltenem Atem, hervorgestoßen, stumpf, kreischend, unter diesen und ähnlichen Tonarten gibt es keine, die sich nicht künstlerisch verwenden ließe, sie stehen uns, wie beim Malen die Farben, zur Verfügung.« Gegen diese zweitausend Jahre alte Empfehlung zum Gebrauch des *Stimmklangs* hat sich im Zuge des realistischen Spiels das Ideal durchgesetzt, ausschließlich mit seiner eigenen Stimme zu sprechen. Seine Stimme zu verstellen, gilt als eines der striktesten *Don'ts!* in unserer Ausbildung für eine konventionelle Theaterpraxis. Die ideale Theaterstimme orientiert sich an Offenheit, Wohlklang, am *Tragen* einer Stimme, kurz: Unsere Stimme soll *schön* klingen. Auch hier ist diese *Idealstimme* wieder nur ein Teilbereich theatraler Ausdrucksformen. Das *Buch der Klänge* reicht von unserer privaten Stimme bis hin zu den Stimmexzessen überlieferter asiatischer Theaterpraktiken. Deren Formen beschäftigen sich fast ausschließlich mit extrem verfremdeten Stimmen, aber auch in europäischen Theaterformen – wie z. B. der Commedia dell'Arte – wird dieses Mittel verbreitet genutzt. Wir finden es heute wieder in der Zeichentrick-Vertonung – auch wenn hier das elektronische *Voice Processing* mitunter nachhelfen mag – und in etwas abgemilderter Form bei der Synchronisation von Komödien. Hört man sich amerikanische Animationsfilme im Original an, wird man feststellen, mit welch virtuoser Gestaltungsfantasie hier stimmlich gearbeitet wird. Stimmen werden in die extremsten Register getrieben und haben die eigenwilligsten Klangfarben, werden gequetscht, getönt, gegrölt, gehaucht, gequäkt, geröhrt und angeschrillt.

Um unseren Beruf auszuüben, brauchen wir keine *schöne Stimme.* Im Gegenteil, die ungewöhnliche Färbung einer Stimme, sogar deren Abkippen oder Versagen machen diese erst interessant. Natürlich werden wir uns unsere Stimme nicht bewusst ruinieren wollen, um individuell zu wirken, aber die Arbeit mit verändertem Stimmklang ist ein ziemlich interessantes Ausdrucksmittel. Es ist ein Mittel, das Hitze erzeugt, Aggression, Skurrilität. Manche nutzen es bis an die Grenze der scheinbaren Selbstschädigung. Im komödiantischen Spiel ist das mehr oder weniger starke Verstellen der Stimme häufig der Schlüssel zur Figur. All die unzähligen piepsenden, hohltönenden, kreischenden, eng im Hals steckenden, versoffenen, knödelnden oder belegten Stimmen erzählen davon, zu welchen Mitteln Komödianten greifen, um ihre entsprechend drastischen Wirkungen zu erzielen. Und auch für die Gestaltung eines bestimmten sozialen Habitus ist die Arbeit mit einer fremden Stimme unerlässlich. Die Ansage *Spiel's als du selbst* ist mit ihrem Wunsch nach unserer privaten Stimme ein Hinweis auf eine bestimmte ↗ SPIELWEISE – heute verlangt man von uns natürlich darüber hinaus auch den rasenden Wechsel in der Zeichnung unterschiedlichster Charaktere, den Wechsel vom Privaten zur Karikatur, die Überzeichnung, Ironisierung, Verzerrung unseres Ausdrucks. Bei all dem ist die Arbeit mit dem Stimmklang allererstes Mittel der Wahl. Das vorurteilslose Ausprobieren radikaler stimmlicher Mittel ist nicht nur für das Kreieren komischer Figuren unerlässlich, es eröffnet auch darüber hinaus ungeahnte Räume. In der Stimme drückt sich unsere psychische Verfasstheit aus und auch hier wird die Ausübung – die Verfremdung des Stimmklangs – dazu führen, dass sich unsere Gestimmtheit im Spiel verändert. Testen wir das Spiel mit der Stimme von *Donald Duck* – sich einer solchen Stimme mit größter Präzision und Ernsthaftigkeit hinzugeben, wird mit Sicherheit unsere Schwierigkeiten abbauen, uns auf der Bühne vollkommen zum Löffel zu machen. Da der Klang einer Stimme sehr eng mit der Empfindung verknüpft ist, ist der Einstieg über die Imitation sehr häufig der Anfang einer hochinteressanten Figurenzeichnung. Wir nutzen sie als wirksamen Katalysator, um über unseren privaten Ausdruck hinauszukommen und den Raum zu betreten, wo sich die Erzeugung von starken und fremden Gefühlen ereignet. Die Anzahl der ↗ OPTIONEN im *Buch der Klänge* ist so vielfältig wie die Wirklichkeit.

Ich höre auf den unterschiedlichen Klang von Stimmen. Ich imitiere Stimmen. Ich übertrage fremde Stimmen auf den Text. Ich verstelle meine Stimme und horche darauf, was das mit mir macht. Ich achte auf die Assoziationen, wenn ich schrill, gequetscht, hohl, nasal, dumpf, verhaucht, überschnappend, roh, volltönend, heiser, piepsig, jaulend, knurrend, flötend, wim-

mernd, greinend spreche. Ich achte darauf, welches Gefühl, welche ↗HALTUNGEN, welche ↗FIGUREN dadurch bei mir getriggert werden.

SPRACHE

Unser Sprechen setzt sich zusammen aus den Parametern ↗TEMPO, ↗RHYTHMUS, ↗LAUTSTÄRKE, ↗MELODIE und ↗KLANG. Ihr Zusammenspiel lässt all die zahllosen und unverwechselbar individuellen Formen des Sprechens entstehen. Wir können, wie gezeigt, an all deren Merkmalen gesondert arbeiten, um unser Ausdrucksmuster zu erweitern. Wollen wir einen Schritt weitergehen, experimentieren wir nicht mehr mit Varianten unseres eigenen Sprachausdrucks, sondern wir tauchen komplett in das Sprachmuster eines anderen Menschen ein. Jedes Sprechen ist einzigartig. Menschen lassen sich unfehlbar daran erkennen. Mehr noch als das Kopieren fremder Stimmklänge ermöglicht uns die Imitation der konkreten Sprechweise eines anderen Menschen einen direkten Zugang zu dessen Gefühlswelt. Stimme und Stimmung sind Verwandte: Das Nachahmen fremder Sprechweisen ist ein Mittel, mit dem uns die Erfindung einer Fremdfigur leichtfällt. Das Sprechen in der »Maske« einer fremden Stimme liefert uns zuverlässig eine Logik des Verhaltens und des Gefühls, die nicht unserer privaten gleicht. Moment für Moment werden sehr klare, stimmig erscheinende Vorstellungen ausgelöst, die uns leichthändig durch das Spiel tragen.

Wir alle kennen dieses Phänomen, wenn wir Dialekte nachahmen. Jeder einzelne Dialekt erzeugt in uns starke ↗RESONANZ, die unmittelbar mit konkreten – zugegebenermaßen häufig klischeehaften – Menschenbildern einhergeht. Als Arbeitstechnik ist diese Art von Klischee absolut legitim. Es ist eine Typisierung, die in jeder Komödie, für alle extremen oder auch sehr kleinen Rollen ein angemessenes Mittel ist, um Erkennbarkeit zu erzeugen. Dialekt ist darüber hinaus nicht selten der Schlüssel zur Figur. Die Aufforderung, im Heimatdialekt weiterzuspielen, ist ein verbreiteter Probentrick – wir finden dadurch zuverlässig eine sehr viel direktere Art, einen fremden Text persönlich werden zu lassen. Für die Zeichnung unterschiedlicher sozialer Realitäten wird die Kopie von Soziolekten überhaupt das Erste sein, womit wir uns einer Figur nähern. Die Nachahmung fremder Menschen wird von Schauspielenden gerne mit Argwohn beäugt. Manchmal ist sie mit Scham besetzt oder gilt als moralisch verwerflich, gar denunziatorisch. Im Kapitel ↗ FIGUR wird detailliert die Arbeit mit einer nachgeahmten Fremdfigur geschildert. Sich in die äußere Form eines anderen Menschen zu begeben, sein Verhalten, seine Sprechweise zu kopieren, um so an fremdes Denken anzudocken, ist nicht nur legitim, es ist höchst produktiv. Denn die praktische *Nachahmung* liefert uns – im Gegensatz zum theoretischen Sezieren – ein extrem klares und häufig überraschendes Bild einer Figur. Nicht ohne Grund heißen diejenigen Teile in unserem Gehirn, die uns das Verständnis anderer ermöglichen, Spiegelneuronen. Wer einen Menschen nachahmt, wird ihn auch in gewissem Sinne verstehen.

Ich spiele den Text im Heimatdialekt. Ich kopiere fremde Dialekte. Ich kopiere Soziolekte (z. B. Jugendsprache). Ich kopiere die Sprechweise fremder Menschen so genau wie möglich. Ich spreche Texte lispelnd, überakzentuiert, weich, nuschelnd, abgehackt, schleppend, ratternd, stotternd, singend. Ich höre aufmerksam auf eine mir fremde Sprechweise und wiederhole sie so genau wie möglich. Wenn ich den Sound beherrsche, ersetze ich erst einzelne Wörter, dann ganze Passagen des Originaltextes durch eigene Worte und später durch Rollentexte.

AUGE

Die folgenden ↗ PARAMETER beschäftigen sich mit dem Körper und dessen ↗ BEWEGUNGEN. So wie jedes Wort ist auch jede Bewegung auf der Bühne ein Zeichen. Aber Körperhaltung und -bewegungen sind auch direkt verknüpft mit unserem Erleben: Gefühle empfinden wir im Körper. Jede Bewegung, die wir machen, löst nicht nur beim

Betrachtenden etwas aus, sondern auch in uns selbst. Wie Bewegungen im emotionalen Erleben Resonanz erzeugen, können wir an der Bewegung unserer *Augen* gut ausprobieren. Richten wir die Augen nach oben, löst dies in uns das Gefühl des Nachdenkens, des Kalkulierens, des Rechnens aus. Ganz anders der Blick nach unten. Er erzeugt bei den meisten Menschen die Empfindung des Erinnerns, häufig an emotional Negatives. Der Blick zur Seite löst das Gefühl von Heimlichkeit oder Berechnung aus, wobei wir beim Blick nach links oder rechts vielleicht unterschiedliche Gefühle erleben. Die schnelle Bewegung in diverse Richtungen triggert das Gefühl der Unsicherheit, ja der Panik, und schließlich können wir sogar unserem unbewegten Blick nach vorne unterschiedliche Grade von Intensität verleihen: der starre Blick lässt uns Härte erleben, der weiche Blick Zärtlichkeit. Die Augen haben Bewegungsmuskeln, die wir allerdings sehr selten bewusst bewegen und die deshalb nicht einfach zu steuern sind.

Das Auge kennt zweierlei Blick: den Blick nach außen und den Blick nach innen: *sehen* und *nachdenken*. Ein Gegenüber kann beide genau unterscheiden. Das, was sich anderen in unseren Augen mitteilt, ist das, was wir *wahrnehmen*, oder das, was wir *denken*. Unser Blick richtet sich nach innen oder nach außen. Beim aktiven Sehen fokussieren sich die Augen auf etwas, beim Blick nach innen ist der Fokus entspannt und es wirkt, als ob unsere Augen außerhalb nichts wahrnehmen. Unsere Augen vollziehen beim Wechseln vom einen ins andere eine winzige Bewegung, die wir aus nächster Nähe – im Filmbild etwa – wahrnehmen können. Im extremen *Close-up* können Zuschauende unterscheiden, ob unsere Augen tatsächlich etwas *sehen* oder ob unser Blick *nach innen gerichtet* ist. Aber auch jede andere Regung der Augen erzeugt Bedeutung. Im Film sind die Augenbewegungen ein entscheidender Teil unserer Wirkung. In ihren Bewegungen verrät sich unser Gedanke. Deshalb sucht der Blick des Publikums immer unsere Augen. Das Maß der Lesbarkeit unserer Augen ist derart subtil, dass die leiseste Änderung eines Gedankens in ihnen sichtbar ist. Augen erzählen auch etwas, wenn sie komplett unbewegt bleiben. Wie immer gilt, wir können nicht *nichts* spielen, unsere Augen bleiben auch dann für Bedeutungen lesbar, wenn sie vollkommen regungslos sind. Und andere können nicht nur im Auge den Gedanken lesen, sie nehmen auch wahr, wenn das Auge *leer* ist. Wenn wir einen Text sprechen, ohne innerlich beteiligt zu sein, sieht man das an unseren Augen. Augenkontakt heißt Gedankenlesen – immer.

Augen sind in der Kunst des Schauspiels das am schwierigsten zu beherrschende Werkzeug, weil sie Zuschauenden verraten, ob wir einen *Gedanken* tatsächlich denken. Sie verraten, was wir *wirklich* denken – sind wir bei dem, was unsere Figur gerade gedanklich bewegt, oder grübeln wir darüber nach, ob unser Spiel gut ist. Die Wirkung unserer Augen ist deshalb so schwer zu beherrschen, weil wir sie fast immer *von innen,* durch unsere Gedanken und unsere Vorstellung, steuern müssen. *Von außen* auf die Augen einzuwirken, also durch gezielte Betätigung ihrer Muskulatur, ist möglich, wird aber nur für stark expressive Absichten taugen. Wir werden darauf zurückkommen.

Der zweite Aspekt unseres Spiels mit den Augen ist die Wahrnehmung, das Sehen. Auch das eigentliche Sehen ist für andere in unseren Augen erlebbar. Mit den Augen glaubhaft zu machen, dass wir etwas *sehen,* sollte eigentlich ziemlich einfach sein – schließlich müssen wir dafür die Dinge einfach nur betrachten. Doch vergessen wir dabei eines: Die Dinge, die wir auf der Bühne oder am Set sehen, existieren real oft gar nicht. Oder vielmehr ist das, was wir sehen, etwas anderes, als wir im Spiel sehen sollen. Wir sehen keine Stahltür, sondern eine Pappwand, kein Kaninchen, sondern einen Scheinwerfer, und keine Südseeinsel, sondern vierhundert Leute, die uns erwartungsvoll anschauen. Um den Eindruck zu erzeugen, dass wir tatsächlich Dinge sehen, die real nicht vorhanden sind, wurden zahllose Übungen entwickelt, die unsere Vorstellungskraft schulen, Trainings, die uns helfen darzustellen, wie wir Dinge sehen, die real nicht vorhanden sind. Denn von außen lässt sich unterscheiden, ob unser Auge einen Meereshorizont betrachtet oder irgendwie starr ist. Unsere Aufgabe besteht hier darin, in den Augen etwas rein Vorgestelltes erlebbar zu machen. Ein Beispiel mag zeigen, wie herausfordernd dieser Teil unserer Arbeit ist.

Die Aufgabe lautet: Die Kamera ist im *Close-up*, ich spiele ohne Sprache, Töne, ohne weitere Handlung, sondern ausschließlich mit der Bewegung der Augen. Oben links sitzt ein kleiner Vogel im Nest. Unten rechts nähert sich eine Katze. Die Katze klettert langsam den Baum hinauf. Der Vogel piepst, er kann noch nicht fliegen. Die Katze nähert sich und schlägt schließlich zu. Der tote Vogel fällt hinunter.

Es gibt unzählige Möglichkeiten, an dieser Aufgabe zu scheitern. Erstens ist es schwer, mit den Augen die Bewegung eines Objektes zu verfolgen, das nicht vorhanden ist. Wir werden auf einmal feststellen, dass die Bewegung unserer Augen nicht fließend ist, sondern auch wenn sie etwas Langsames verfolgen, eine Abfolge winziger ruckartiger Bewegungen, die sich kaum steuern lassen. Zweitens haben wir nur eine schwache Vorstellung davon, in welcher Folge und in welchem Rhythmus sich die Blickachsen zwischen Vogel und Katze abwechseln. Drittens beginnen wir sofort den emotionalen Gehalt von Niedlichkeit, Gefahr, Sorge, Wut und Mitleid mitzuspielen. Im Bemühen, unsere Sorge um den Vogel auszudrücken, beginnt das ganze Gesicht zu arbeiten. Für andere ist offensichtlich: Dieses Spiel ist vollkommen *overacted.* Wer in der Wirklichkeit die Bewegungen einer schleichenden Katze verfolgt, drückt vermutlich Konzentration aus und sonst erst einmal gar nichts. Und viertens haben wir keinerlei Ahnung davon, wie unsere tatsächliche Reaktion aussehen würde, wenn die Katze zuschlägt. Schreien wir auf? Reißen wir die Augen auf? Oder schließen wir sie? Sehen wir weg? Oder reagieren wir erst verzögert? Oder vielleicht gar nicht? Wie spontan ist diese Reaktion eigentlich? All diese Dinge müssen aus unserer Vorstellungskraft abrufbar sein, wenn wir hier einen glaubhaften Eindruck erzeugen wollen.

Wir haben gesagt, Augen richten sich beim Nachdenken nach innen, beim Wahrnehmen nach außen. Ein Publikum sieht in unseren Augen nicht nur, *ob* und *was* wir wahrnehmen, sondern zusätzlich auch noch wie wir es *bewerten.* Als *Spiegel der Seele* sieht unser Gegenüber in unseren Augen unsere Haltung, wie wir zu dem Wahrgenommenen stehen, was wir darüber denken und empfinden. Die Aufgabe besteht also darin, auch davon eine Vorstellung zu haben – sich also die Sorge um den Vogel und die Wut auf die Katze so plastisch vorzustellen, dass man sie uns auch abnimmt. Keine äußere Technik, kein Imitieren – wo sollten wir einen solchen Moment beobachten können – hilft uns hier. Eine Fantasie dafür zu entwickeln, wie wir um einen Vogel bangen, ist das

Wesen der Vorstellungskraft, über die wir im Kapitel ↗RESONANZ gesprochen haben.

Noch stärker ist unsere Vorstellungskraft gefordert, wenn wir diese Szene in einer anderen Haltung spielen sollen. Wir gehen dabei also nicht mehr von unserer eigenen Mentalität aus, sondern von einer uns fremden. Nehmen wir an, wir sollen die Szene als kaltherziger Vogelquäler spielen. Dazu müssten wir von der uns vertrauten Vorstellungswelt – Mitleid – absehen und uns eine Psyche vorstellen, die völlig anders *bewertet.* Und all dies spiegelt sich, wenn die Kamera nah genug dran ist, in unseren Augen wider.

Im Kapitel ↗HALTUNG werden wir uns damit beschäftigen, wie wir unseren konkreten Gedanken, mit dem wir die Dinge *bewerten,* so steuern, dass wir den gewünschten Ausdruck – auch mit dem Blick – erzeugen. Bleiben wir zunächst noch bei der *wahrnehmenden* Funktion der Augen. Wie sehe ich etwas, das nicht vorhanden ist? Was müsste ich *technisch* tun, um den Einstieg in eine glaubwürdige Katzen/Vogel-Szene zu finden? Hierfür verwenden wir einen naheliegenden Trick: *Richte dein Auge auf die konkreten Dinge, die im Raum da sind.* Das heißt, dass wir den Blick nicht *in die Luft hängen,* um dort irgendwelche Vögel und Katzen zu imaginieren, unsere Augen würden sofort tot und leer wirken. Stattdessen richten wir unseren Blick auf tatsächlich Vorhandenes, auf den Verputz der Rückwand, den Lichtschalter, den Feuerlöscher, die Bodenleiste, den Türknauf, das Paar Tunschuhe am Boden. Die Kabeldose oben ist das Nest, die Schuhe unten sind die Katze. Der Blick geht zur Dose, *niedlich, wie sie dort an der Wand klebt und ganz grau vor sich hin zwitschert.* Schnell geht der Blick zurück zur Angreiferin, *da kauern sie, die bösartigen Schuhe, bereit zum Sprung, nein, sie springen bereits einen halben Meter höher, jetzt ist die Katze ein Feuerlöscher, tu's nicht, du rotes gummischlauchschwänziges Biest du …* Wir verbinden das, was wir konkret wahrnehmen, mit unserer Vorstellung. Es ist viel leichter, Liebe und Mitleid für eine Verteilerdose zu empfinden als für etwas, das wir in der Luft imaginieren. Von diesen realen Punkten aus steuern wir die Hin- und Her-Bewegungen der Augen. Nur Augen, die wirklich Kontakt aufnehmen mit dem, *was tatsächlich da ist,* wirken wie Augen, die *sehen.* Wenn wir einen Sonnenuntergang am Meer betrachten, werden die Zuschauenden nicht bemerken, dass wir in Wahrheit eine Reihe Abfalltonnen an der Rückwand des Studios anschauen. Den Rest – also wie wir den Sonnenuntergang *empfinden* – vorfreudig, sentimental oder voller Hass – regelt die Haltung. Das Entscheidende beim *Sehen* ist also, dass die Augen wirklich Kontakt aufnehmen mit Dingen, *die tatsächlich da sind.*

Dort, wo wir vor *Greenscreens* oder gar in avancierten digitalen Räumen agieren, spielt der wahrnehmende und vorstellende Ausdruck von Augen eine erhebliche Rolle. Zumal wir in Räumen, in denen die Umgebung erst nachträglich digital hinzugefügt wird, immer weniger Material zur Verfügung haben, mit dem wir real in Kontakt treten können. Die Kontaktaufnahme mit dem, *was tatsächlich da ist,* ist aber keineswegs ausschließlich relevant für realistische ↗ SPIELWEISEN. Wie wir im Kapitel ↗ LIVENESS gesehen haben, ist die Wahrnehmung – und das ist in unserem Fall neben dem Zuhören das Sehen – etwas Entscheidendes. Ein gemeinsamer Wahrnehmungsraum mit dem Publikum kann im Theater überhaupt nur dann entstehen, wenn wir auf der Bühne tatsächlich real wahrnehmen. Wir müssen auf der Bühne oder vor der Kamera *sehen, was tatsächlich da ist.* Das Erste, was ein Publikum wahrnimmt, ist ein lebendiges Auge. Die Augen derjenigen, die im Spiel von ihrem ↗ INNEREN KRITIKER abgelenkt sind, *sehen* nicht. Und das wiederum sieht das Publikum.

Oben wurde gesagt, dass wir die Augen überwiegend *von innen* mit Hilfe unserer Vorstellungskraft steuern. Das gilt auch tatsächlich für alle ↗ SPIELWEISEN, die keine ausgestellten, übertreibenden Mittel zulassen. Insofern ist das *Buch der Augen* deckungsgleich mit dem *Buch der Haltungen*, das einen Katalog menschlicher Gedanken und Wertungen enthält. In Spielweisen dagegen, die die Differenz zwischen uns und der Figur kenntlich machen, erweitern wir das *Buch der Augen* allerdings durch gezielte Augenbewegungen, die *von außen* gesteuert werden. Man studiere das Augenaufreißen und -rollen von Komödianten, das Zusammenkneifen und Schielen, die »irren« aufgerissenen Augen des Horrorfilmdarstellers, die hektischen Achsenwechsel der Augen, welche viele Hollywoodgrößen zu ihrem Markenzeichen gemacht haben, und schließlich das Augenspiel des traditionellen fernöstlichen Theaters.

Und natürlich können auch wir formale Versuche mit unseren Augen anstellen: schielen, mit den Augenlidern flattern, die Augen aufreißen, zukneifen, weiß, starr bzw. weich werden lassen, sie weiter oder weniger öffnen, als wir es privat tun, sie asymmetrisch öffnen. Das entsprechende Austesten der Optionen, mit denen wir unsere Augen benutzen können, wird vielfältiges Material hervorbringen für alle Momente, die von uns fordern, *groß* zu spielen, und zwar nicht nur in der Komödie. Und schließlich gilt es, unser Augenmerk einem Muster zu widmen, das im Gegensatz steht zu dem, was wir im Kapitel ↗ACHSE über unsere Tendenz gesagt haben, dem Publikum dauerhaft das Gesicht zuzuwenden: die Angewohnheit, Augen zu verstecken. Wenn Spielende sich auf Raumbühnen sehr nah am Publikum bewegen oder das Licht im Zuschauersaal und auf der Bühne gleich hell ist, senken wir gerne den Blick und schauen auf den Boden. Auch in Momenten großer Emotionalität verdecken wir häufig unsere Augen, etwa, wenn wir *Weinen* spielen und dabei die Hände vors Gesicht schlagen. Viel interessanter wäre es, in solchen Momenten das Risiko auf sich zu nehmen, sich für alle vollkommen lesbar zu machen. Wie bei allen Mustern ist es wichtig, sich dieser Automatismen bewusst zu werden und sie als Mittel nur dann einzusetzen, wenn sie Sinn ergeben. Ansonsten gilt es zu lernen, auf der Bühne auszuhalten, das Zuschauende in unseren Augen lesen.

Ich nehme Kontakt auf mit dem, *was tatsächlich da ist.* Ich richte den Blick auf das, *was tatsächlich da ist,* nicht auf Imaginäres. Wenn ich spiele, etwas zu sehen, das nicht real vorhanden ist, richte ich den Blick auf konkrete Dinge im Raum, egal wie weit entfernt sie sind, und benenne sie innerlich. Von dort wandert der Blick zum nächsten Punkt und so fort. Wenn es mir schwerfällt, während ich spreche, gleichzeitig zu sehen, was sich um mich herum befindet, unterbreche ich einen Text beliebig durch kurze Benennungen dessen, was ich sehe. Ich mache dasselbe im Spiel mit den Mitspielenden. Ich unterbreche mich an beliebigen Stellen selbst und benenne innerlich oder laut ausgesprochen, was ich bei Mitspielenden beobachtet habe: *Ich glaube, du lachst mich gerade aus, du bist am Rand entlanggegangen,*

***du langweilst dich, du bist verärgert, du hast das Mikrofon ans Portal gelegt, du hast nicht zugehört, du ärgerst dich über deinen Versprecher, du bist erkältet, du rührst in grüner Farbe, du wirst langsam wütend, du bist ironisch ... ad infinitum*. Ich erprobe die Optionen des Augenspiels *von außen*: blinzeln, klimpern, starren, schielen, Augen aufreißen, Augenrollen, Augen verdrehen, zwinkern, flimmern etc.**

HAND

Winken, greifen, bohren, fächeln, kratzen, kehren, streicheln, schlagen, klammern, begrüßen, reiben, tasten, zeigen, Klavier spielen, kneten, haken, ballen, spreizen, grapschen, klopfen, verkrampfen, trommeln, schieben, zerren, abklatschen, den Finger zeigen, den Schweigefuchs, das Siegeszeichen zeigen ... ihr Dauereinsatz hat die Hand zu einem Körperteil gemacht, das ungeheuer viel empfinden, assoziieren, meinen kann – und somit dem Gegenüber auch ständig Zeichen aussendet. Die Hände vermitteln, ähnlich wie Augen, Stimme und Stand, ganz unmittelbar, wie wir andere einzuschätzen haben, wie es ihnen geht, was sie fühlen und was sie von uns wollen. Die Zeichen, die eine Hand aussendet, sind uns aber über das offensichtlich Absichtliche hinaus – *herbeiwinken, deuten, Hand abweisend vor sich halten* oder *Ballen der Faust* – nicht wirklich bewusst. Hände sind fast ununterbrochen im Einsatz und »sprechen« deshalb immer. Aber was machen sie eigentlich, wenn wir nichts tun? Wo sind sie dann? Hängen sie einfach runter?

Schauspielende irritiert diese Frage. Das Spiel unserer Hände wird für uns auf der Bühne gerne zum Problem, denn wenn wir uns fragen, wie wir sie im Alltag bewegen, beim Reden oder wenn wir einfach irgendwo stehen und gerade nichts tun, müssen wir feststellen, dass wir es nicht wissen. In dem Moment, in dem wir versuchen, im Privatleben das Spiel unserer Hände zu studieren, stoppen sie sofort ihr natürliches Spiel. Außerhalb einer Bühne denken wir nicht an unsere Hände. Auf der Bühne aber geraten sie uns sofort ins Bewusstsein. *Wohin mit den Händen?*, ist eine Frage, die sich nicht nur Anfänger häufig stellen. Wenn wir unsicher sind, wenn unser Ausdruck noch suchend und diffus ist, macht sich das sofort am Spiel unserer Hände bemerkbar. Die Hände und Arme beginnen auf der Bühne ihr unbewusstes – falsches und allgemeines – Eigenleben und tun selbstständig Dinge, die sie im Alltagsleben niemals tun würden. Sie fuchteln, dirigieren, illustrieren, verkrampfen, wandern in die Hosentasche, an den Hals, aufs Herz, ins Gesicht, zupfen an der Hose, verkrampfen sich zu Pfötchen, verschränken sich hinter dem Rücken oder vor der Brust oder um die Schultern der Mitspielenden, aber vor allem doppelt ihr Spiel häufig die Betonungen unserer Sprache. Bei dem Wort *Ich* richten wir den Zeigefinger auf uns und beim Wort *Du* natürlich auf den Angesprochenen. Mit demselben Zeigefinger drohen wir. Bei Worten der Liebe und tiefer Empfindung legen wir die Hände übereinander auf die Brust, und wenn wir klagen, bilden wir mit ihnen vor uns eine Schalenform. All diese Gesten sind Bühnengesten. Sie sind der reine Quatsch – unechte und übertreibende Beteuerungssignale – und sind dennoch allgegenwärtig, selbst bei Profis. Auf der Bühne gestikulieren wir beim Reden sehr viel mehr als im Privatleben und das hat nicht unbedingt etwas damit zu tun, dass wir im Spiel die Botschaften unterstreichen oder sichtbarer machen wollen, es handelt sich häufig um Übersprunghandlungen – *schmutzige Zeichen*, die erzählen, dass wir unsicher sind und angespannt. Warum empfinden wir gerade die Hände als ein fremdes, plumpes Anhängsel, das uns auffordert, etwas mit ihm zu machen, sobald wir beobachtet werden?

Tatsächlich haben sich Schauspielende diese Frage seit jeher gestellt. In traditionellen Lehren ist die Stellung der Hände beim Spiel ein ganz wesentliches Kapitel. Die *Mudras,* das Zeichensystem der Handstellungen im indischen Theater, beschreiben ein ganzes Alphabet der Gestaltung von Handstellungen. Jede Fingerposition, jede Drehung und Krümmung, alles wird einzeln untersucht und jeder Geste wird ihre eigene Bedeutung zugeordnet. In Videos aus Grotowkis Theaterlabor kann man sehen, wie europäische Avantgarden versucht haben, diese fernöstliche Praxis zu übersetzen und nutzbar zu machen. Aber auch die europäische Tradition hat sich des Problems »Hand« analytisch angenommen. In Goethes Aufsatz *Regeln für Schauspieler* nehmen die

Handstellungen neben dem ↗ STAND den längsten Abschnitt ein. Hier wird akribisch beschrieben, mit welcher Fingerhaltung welche Wirkung erzielt wird und wie Handstellungen bestimmten Figuren Emotionen, ↗ HALTUNGEN, soziale Stellungen zueignen. Es ist hochinteressant, was geschieht, wenn man diese Regeln ausprobiert. Das Einnehmen dieser Handstellungen erzeugt tatsächlich sofort eine sehr konkrete ↗ RESONANZ. Die Hände sind offenbar ein großer Speicher der Gefühle. Kaum haben wir die Geste ausgeführt, löst sie präzise die Empfindung aus, die Goethe als deren Wirkung beschreibt. Wir erleben genau die Gefühle von Edelmut, Herablassung, Würde, Autorität, die ihnen im Lehrbuch zugeschrieben werden. Bittet man Laien, diese Gesten auszuführen, entstehen selbst hier vor unseren Augen genau diese bestimmten Typologien. Natürlich löst eine solche Übung nicht unser Problem – die Imitation von höfischen Körperdrills werden wir nur in sehr eigenen Kontexten verwenden können. Wenn wir unser Problem von außen lösen wollen, bleibt uns nur die Beobachtung anderer Menschen im Alltag – wir werden dadurch allerdings zu sehr erstaunlichen Erkenntnissen kommen, wo sich Hände tatsächlich befinden.

Bewusst zu spielen bedeutet, als Erstes diejenigen Teile unseres Ausdrucks wegzulassen, die wir nicht spielen wollen, die uns aber unbewusst ständig unterlaufen. Das eigenmächtige Spiel der Hände wird also bei dieser Bemühung, Absicht und Wirkung deckungsgleich zu bekommen, eine große Rolle spielen. *Lass die Arme hängen. Hör auf, mit den Händen zu kommentieren. Fuchtel nicht herum.* Das sind die Regieanweisungen, die uns in diesem Fall erwarten. Wie im Kapitel ↗ INPUT UND OUTPUT beschrieben, ist der einfachste Weg, sich von solch einem mit Übersprunghandlungen angefülltem *Neben-sich-Stehen* zu befreien, der, die Hände mit echten Aufgaben zu beschäftigen. Wer auf der Bühne konkret *physisch handelt,* kann sich nicht mit Problemen der Selbstbeobachtung beschäftigen. Da wir aber bei weitem nicht in allen ↗ SPIELWEISEN Raum für *echte* Handlungen auf der Bühne haben – im Gegenteil, sehr häufig tun wir nichts weiter, als in leeren Räumen zu stehen und zu sprechen –, bietet sich gegen Übersprunghandlungen, insbesondere die der Hände, ein anderes Mittel an: das Training des kontrollierten Weglassens. Die erste einfache Übung heißt: *Spiel alles, ohne die Hände zu benutzen.*

Als Aufgabenstellung bietet diese Anweisung, so banal sie klingen mag, Material für ganze Probenstunden. Sehr bald werden wir ihren Gewinn erkennen: Weil sich die Energie, die wir ausstrahlen, nicht im ausdruckslosen *Irgendwie,* im kommentierenden Gestikulieren verpulvert, weil das Bild, das wir mit unserem Körper auf der Bühne zeichnen, nicht durch unwillentliches Fuchteln *verunklart* ist, kommt es an anderer Stelle – nämlich in der Sprache – zu einer stärkeren Verdichtung. Anfänglich fühlen wir uns beim Ausprobieren dieser Aufgabe unwohl und irritiert. Etwas fehlt uns. Das Gestikulieren ist Teil unseres ↗ PATTERN NO. 1 und der Körper wehrt sich geradezu dagegen, es aufzugeben. Wenn wir konzentriert gegen diese unbewussten Impulse ankämpfen, indem wir versuchen, ihnen nicht nachzugeben, *filtern* wir sozusagen alles Überflüssige aus und verdichten, stärken so unseren Ausdruck.

Eine andere Übung schlägt vor, dass wir ein Lied singen und dabei versuchen, den ganzen Körper, einschließlich der Hände, völlig ruhig zu halten. Das klingt einfach und ist dabei unfehlbar schwer. Sobald wir anfangen zu reden oder zu singen, beginnen Arme, Hände, Finger zu zucken. Selbst wenn wir uns ausschließlich darauf konzentrieren, die Arme völlig zu entspannen, bewegen sich einzelne Finger oder das Handgelenk minimal. Es scheint fast unmöglich, diese unbewusste Motorik unter Kontrolle zu bringen. In der folgenden Variante wird der Rhythmus des Liedes variiert, indem wir jeder Silbe die gleiche monotone Tondauer verleihen. In der nächsten Stufe versuchen wir, diesen Rhythmus beizubehalten, dabei aber an beliebigen Stellen gegen den Rhythmus des monotonen Liedes klare körperliche Bewegungen zu setzen. Bei dieser Übung werden habitualisierte Verknüpfungen von Sprach- und Bewegungsrhythmen gewissermaßen deprogrammiert und überschrieben. Sie führt uns eindrucksvoll vor Augen, wie sehr unsere Bewegungen, insbesondere die der Arme und Hände, in unbewusster Abhängigkeit von unserer Sprache stehen, und zeigt uns den Weg, wie wir uns durch Konzentration von diesen Automatismen befreien.

Natürlich sind diese Überlegungen, die unsere Aufmerksamkeit auf das Spiel unserer Hände lenken, keine Aufforderung zur Kopie indischer oder Goethescher Gesten. Es geht auch umgekehrt nicht darum, beim Theaterspiel konstant die Arme hängen zu lassen. Das *Buch der*

Hände können wir einteilen in: 1. das Auslassen des Spiels der Hände, indem wir sie vollkommen entspannen; 2. die bewusste Gestaltung des Handausdrucks, indem wir das kopieren, was wir bei anderen beobachtet haben. Die einzelnen ↗OPTIONEN liefern uns die Wirklichkeit. Beides sind Verfahren, die uns Automatismen abgewöhnen und uns von unseren gewohnheitsmäßigen Patterns wegführen.

Ich beobachte, wie Menschen im Alltag ihre Hände benutzen, und vergleiche es mit dem, was Spielende auf der Bühne mit ihren Händen machen. Ich nutze meine Beobachtungen als Material. Wenn ich mit einem fremden Hand-Pattern – der Kopie der fortlaufenden Handbewegungen einer anderen Person – arbeite, achte ich darauf, dass dieser Ablauf sich nicht sofort wieder auflöst, sobald ich Text spreche. Ich wiederhole die Aufgabe mit erhöhter Konzentration. Ich lasse mich dabei von anderen darauf aufmerksam machen, wo ich das neue Pattern verliere. Ich ignoriere das Gefühl, meine Handbewegungen passten nicht organisch zum Text. Stattdessen achte ich darauf, was die mir seltsam vorkommenden Bewegungen bedeuten können, und rechtfertige sie (↗RECHTFERTIGUNG). Wenn ich an meinem eigenen Spiel »Verlegenheitsgesten« feststelle, wie etwa Gesten des Beteuerns, mit denen ich den Text unwillkürlich unterstreiche, versuche ich mich zunächst zu zwingen, jede Anspannung aus Händen und Armen herauszulassen und sie einfach hängen zu lassen. Ich beobachte, wie viel Konzentration ich aufwenden muss, um gegen unwillkürliche Bewegungen anzugehen. Ich versuche zu beurteilen, ob mein Spiel durch diesen Widerstand klarer wird oder ob er mich eher unfrei macht. Sobald ich den Impuls verspüre, eine Geste mit den Händen auszuführen, bewege ich stattdessen einen anderen Körperteil. Statt einer Geste mache ich einen Schritt. Oder ich lege den Kopf in den Nacken und verlagere den Schwerpunkt auf mein anderes Bein, wenn ich merke, dass meine Arme fuchteln wollen. Ich mache mir klar, welch unendlich viele Möglichkeiten es gibt, bewusst ↗BEWEGUNGEN mit anderen Teilen des Körpers auszuführen.

STAND

Die meiste Zeit auf der Bühne stehen wir. In historischen Theaterformen wurde sich kaum auf der Spielfläche bewegt, man saß wenig und auf keinen Fall lag man auf dem Boden. *Stehtheater* ist das abschätzige Wort, mit dem wir ein Theater belegen, dessen Spieler im Halbkreis oder verwandten Formationen *en face* zur Rampe stehen und sprechen. Auch wenn die Zeiten des *Stehtheaters* vorbei sein mögen, nach einem längeren Intermezzo der realistischen Bühnenbilder, in denen viel auf Chaiselongues und Stühlen *gesessen* wurde, und einer kurzen Phase, in der alles prinzipiell auf dem Boden stattfand, wird auf den abstrakten Bühnen von heute wieder viel gestanden. Das ist, wie alles am Theater, weder gut noch schlecht. Die Tatsache, dass wir auf der Bühne zumeist *stehen*, wird allerdings gewöhnlich von uns nicht näher thematisiert – wir tun es einfach. *Standbein, Spielbein* – die frühen Lehrbücher bauten eine ganze Theorie darauf auf, auf welchem Bein Gewicht ruht und welches unbelastet vorgerückt ist. Jeder einzelnen Stellung wurde hier eine bestimmte Bedeutung zugeschrieben. Auf den unterschiedlichen Stellungen der Füße basierten die *Dos and Don'ts* dieser Methoden. Warum wurde diesem Aspekt unseres Spiels eine derartig akribische Aufmerksamkeit geschenkt? Die Antwort ist einfach: *Stehen* erzeugt – ob wir es wollen oder nicht – auf der Bühne eine starke Bedeutung.

Wie stehe ich auf der Bühne, ist manchmal ein ebenso unangenehmes Verlegenheitsproblem wie der – häufig unfreiwillige – Einsatz der Hände. Der Stand erzählt einem Publikum genauso viel wie ↗AUGEN oder ↗HÄNDE. Wir unterscheiden spontan und unfehlbar, ob sich jemand vor uns aufbaut, um etwas bittet, sich wegduckt, posiert, ja wir deuten sogar unterschiedlich, welche Körperseite uns zugewendet wird. Der Stand eines Menschen ist, wie wir schon in den Kapiteln ↗ACHSE und ↗RAUMBEZIEHUNG gesehen haben, voller Zeichen, die zu uns sprechen.

Wenn wir unkommentiert eine Gruppe auf die Spielfläche bitten, werden wir feststellen, dass nahezu alle Personen gleich stehen. Und zwar anders, als sie noch Sekunden vorher außerhalb der Bühne gestanden haben. Fast alle wählen eine Art Nullstellung, das heißt, das

Körpergewicht ist auf beide Beine gleichmäßig verteilt, der Stand ist *symmetrisch*. Wir stehen häufig mit durchgedrückten Knien, Beine und Füße parallel zueinander, schwach, undynamisch, neutral. Hieran können wir gut studieren, wie wir auf Bühnen unglücklicherweise dazu tendieren, die schwächste – weil kostengünstigste – Option zu wählen, wenn wir zu nichts Konkretem aufgefordert werden. Eine parallele Fußstellung ist unter allen Möglichkeiten des Stehens die Körperhaltung, die am wenigsten Energie verbraucht und somit auch die schwächste Wirkung erzeugt. Symmetrie wirkt auf der Bühne immer als Ausdruck eines Anfangs- oder eines Endpunktes, an dem alles gesagt wurde und keine Energie mehr zu Weiterem vorhanden ist. Natürlich hat auch das aufrechte, symmetrische Stehen eine Bedeutung: Wir finden diese Körperstellung bei Dienenden, bei Menschen, die sich für uns bereithalten, oder beim Militär. Auf der Bühne erzählt diese Art Symmetrie häufig Gehorsam oder eine Ruhestellung. Der symmetrische Körper sagt: *Es hat noch gar nicht angefangen* oder *Es ist alles vorbei* oder bringt zum Ausdruck: *Sag mir, was ich machen soll, ich stehe dir zur Verfügung*, oder auch: *Ich bin nicht beteiligt.* Die Frage ist: Wollen wir diese Dinge wirklich erzählen, wenn wir eine Bühne betreten, oder unterläuft uns dieser symmetrische Stand unwillkürlich?

Der Blick auf eine beliebige klassisch-antike Statue zeigt, dass buchstäblich keine einzige dieser Figuren symmetrisch steht. All diese Kunstwerke wirken dynamisch, weil ihr Stand *Bewegung* ausdrückt und damit Leben. Ein asymmetrischer Körper, ein Körper, in dem das Gewicht ungleichmäßig verteilt ist, vermittelt Dynamik. Die symmetrischen Körperbilder von Göttern der Frühgeschichte erzählen uns das Gegenteil: Wir sind allem Geschehen entrückt. Sie wirken unlebendig. Asymmetrie erzählt: *Ich war soeben einer Bewegung unterworfen, die mich an diesen Punkt geführt hat* oder *Ich bin im Begriff aufzubrechen.* Diese beiden Informationen sind für die Zuschauenden interessant, denn sie wecken in ihnen eine Frage oder eine Erwartung: *Was war da gerade vorher?*, oder: *Was wird als Nächstes geschehen?* Dynamische Körper sind Körper in einem *asymmetrischen Stand* – und sie wecken unsere Neugier. Lässigkeit, Aggression, Selbstbewusstsein, Verklemmtheit, Eitelkeit, Verspieltheit, Koketterie, Verwundung, Eleganz. Jeder Stand drückt etwas anderes aus.

Das *Buch des Standes* beschreibt sämtliche Möglichkeiten, wie unsere Füße zueinander stehen können sowie die Körperstandhöhe von den Zehenspitzen bis zur Hocke. Die ↗ OPTIONEN experimentieren mit den unterschiedlichen Abständen der Füße und den unterschiedlichen Achsen, in denen Füße zueinander stehen können. Jedes Bein lässt sich dabei um fast 240 Grad drehen.

Ich stehe mit dem Gewicht gleichmäßig auf beide Beine verteilt. Ich verlagere das Gewicht auf eine Seite. Ich verlagere das Gewicht in die Mitte. Dann auf das andere Bein. Ich hebe das unbelastete Bein und stelle den Fuß an einer anderen Stelle wieder ab. Weiter zur Seite. Nach vorne. Nach hinten. Ich hebe ein Bein und setze es in vergrößerter Distanz wieder ab. Noch einmal weiter weg. Bis ins Extrem. Das zweite Bein steht so weit wie möglich vom ersten entfernt. Ich stelle es wieder zurück auf den Ausgangspunkt. Ich drehe das unbelastete Bein in diverse Richtungen und belaste es dann. Ich stehe jetzt anders. Ich überschlage das Bein auf die andere Seite des belasteten Beins. Ich lasse das unterschiedliche Stehen auf mich wirken. Ich stehe auf den Zehenspitzen. Ich stehe etwas tiefer als normal. Ich stehe sehr tief, als sei ich in der Stellung, einen Angriff abzuwehren. Ich hebe ein Bein und stelle es in einen neuen Winkel zum anderen. Ich hebe es erneut und richte es anders aus, im 45-Grad-Winkel, im 90-Grad-Winkel, im 180-Grad-Winkel. Beide Füße stehen parallel, sind aber zueinander in umgekehrter Stellung. Ich variiere in dieser Stellung den Abstand der Füße.

BEWEGUNG

Wenn wir auftreten, zeichnet unser Körper ein Bild im Raum. Treten wir auf, ohne dass wir uns für einen bestimmten Ausdruck unseres Körpers zu entscheiden haben, zeichnen wir dennoch ein Bild. Es ist das Bild unseres ↗ PATTERN NO. 1. Wie unsere Körper zum Publikum sprechen, wie sich winzige Bewegungen und Gesten auf unser Gegenüber übertragen, wie wir körperliche Übersprunghandlungen abstellen und wie wir das Feld des alltäglichen und privaten Körperausdrucks vergrößern, überhöhen, in die starke Form übertragen, an die Grenze steigern oder zur Artistik herausfordern – all dies wird eher selten auf einer Probe thematisiert. Nur vereinzelt arbeitet Regie systematisch am Körperausdruck, noch seltener steht das Physische vollständig im Zentrum von Inszenierungsarbeit. Unser körperlicher Ausdruck ist daher häufig nur zufälliges Nebenprodukt inhaltlicher Entscheidungen – nicht bewusster Gestaltung. Auf Proben werden wir in den meisten Fällen selbstständig daran arbeiten müssen, wenn wir unseren Ausdruck nicht ausschließlich dem Zufall überlassen wollen. Den Körper bewusst zum Ausdrucksmittel zu machen ist – entgegen allen Mythen vom jahrelangen Training im körperlichen Theater – einfach. Denn es geht hier weder um Tanztheater noch um Choreografien noch um hochartifizielle Spielweisen. Es geht schlicht darum, sich bewusst zu machen, welche Möglichkeiten es gibt, sich zu *bewegen*, und Bewegungen gezielt einzusetzen. Was mit plötzlich kippenden, aufspringenden, zusammengefalteten, sich drehenden, rollenden, beugenden, ausgreifenden, sich anlehnenden, gespreizten, stürzenden, sich streckenden Körpern überhaupt möglich ist, können wir ohne jedes Training sofort ausprobieren und anwenden. Der erste Schritt besteht auch hier wieder darin, die ↗ OPTIONEN zu klären.

Eine erste Möglichkeit, eine Übersicht über das *Buch der Bewegungen* zu gewinnen, wäre, sich an den Gelenken und ihren einzelnen Drehmöglichkeiten zu orientieren. *Drehen, beugen, neigen* heißen die drei Achsen, um die herum sich Körperteile bewegen können. Nehmen wir den Kopf: Er lässt sich um die 100 Grad nach rechts bzw. links *drehen*, er lässt sich nach unten und nach hinten *beugen* und er lässt sich zu beiden Seiten *neigen*. Die Halswirbel lassen den Kopf sich um drei verschiedene Achsen bewegen: beim *Drehen* um eine vertikale durch unsere Körpermitte, beim *Beugen* um eine horizontale, die unseren Körper im Hals von links nach rechts durchläuft, und beim *Neigen* um eine horizontale, die unseren Hals von vorne nach hinten quert. Die Vorstellung der imaginären Achsen, die unseren Körper durchlaufen, hilft dabei, unsere Bewegung so konkret wie möglich zu steuern. Wenn wir die drei

Achsen-Bewegungen untersuchen, stellen wir natürlich fest, dass sie sich auch kombinieren lassen, so würde ein Kopf etwa auch schräg nach hinten links hängen, wenn wir *beugen* und *neigen* kombinieren. Analog zum Kopf lässt sich die gesamte Wirbelsäule *drehen, neigen* und *beugen*, wenn wir uns die drei Achsen auf Rippen- oder Hüfthöhe vorstellen. Ebenso *drehen, neigen* und *beugen* lassen sich – wenn auch in ihren Bögen bei weitem nicht vollständig – das Hand-, Schulter-, Hüft- und Fußgelenk, während Ellenbogen und Kniegelenk nur *eine* Drehachse zur Verfügung haben und das auch nur um etwa 180 Grad. Mit dieser Einteilung finden wir ein *Bewegungsalphabet* mit neunundzwanzig Buchstaben, zusammengesetzt aus den einzelnen Möglichkeiten der genannten Gelenke. Sich systematisch all diese Bewegungsmöglichkeiten zu erschließen, fördert Überraschendes zu Tage. Wenn wir alle Buchstaben durchgehen, wird uns auffallen, wie schwer wir uns anfänglich damit tun, uns damit vertraut zu machen, dass sich beispielsweise ein Handgelenk um *drei Achsen bewegen lässt.* Erst nach einigem Nachdenken gelingt es uns zu verstehen, dass man es *drehen* kann, wie beim Einschrauben einer Glühbirne, *neigen,* wie beim Wischen über einem Fleck, und *beugen* wie beim Winken. Alle Gelenkoptionen des Körpers nacheinander durchzubuchstabieren, erfordert zunächst höchste Konzentration.

Wenn wir bewusst mit Bewegungselementen arbeiten wollen, ist es einfacher, eine andere Reihe von Optionen zu bilden als die der Achsen, eine Reihe, die uns ohne Nachdenken verständlich und sofort zugänglich ist. Nehmen wir zum Beispiel *stehen, sitzen, liegen.* In diesen drei Ruhe- und Endpositionen kann jede Form von Bewegung enden. Eine weitere Reihe fügt die entsprechenden Bewegungsformen hinzu: *gehen/stehen, setzen/aufstehen, hinlegen/aufstehen.* Jede einzelne dieser sechs Formen wiederum lässt weitere Optionen zu. Die vielfältigen Variationen des Stehens haben wir bereits im vorigen Kapitel ausgeführt. Genau dasselbe Spiel mit dessen Schwerpunktverlagerungen lässt sich auch im Sitzen austesten. Weder Sitzen noch Liegen muss zwangsläufig in der Symmetrie enden. Eine andere einfache Reihe erhalten wir, wenn wir den ↗ STAND mit den Achsen-Bewegungen *drehen, beugen, neigen* kombinieren. Es ist dies eine Reihe aus Bewegungen im Stand, also ohne dass wir uns fortbewegen würden. Bei der ersten Bewegung drehen wir den Körper, ohne die Füße zu bewegen; bei der zweiten hängt der Kopf, dann der Oberkörper nach vorne bzw. umgekehrt im Nacken und dann extrem weit nach hintenüber gebeugt; und bei der dritten neigt sich der Körper gerade zur Seite und steht am Ende schief. Auch diese Bewegungen erzeugen die stärksten Körperbilder, wenn wir dabei unseren Schwerpunkt in die *Asymmetrie* verlagern – andernfalls sehen sie aus wie Gymnastik. Genau dieselben Varianten gelten auch für das Sitzen. Auch hier entstehen durch die Drehungen des Körpers um die drei verschiedenen Achsen in Kombination mit der Schwerpunktverlagerung und mit der Variation der Stellung der Beine zueinander hunderte von Möglichkeiten. Auch das Element *Liegen* birgt die vielfältigsten Möglichkeiten. Nicht nur kann ich auf dem Bauch, Rücken oder auf der Seite liegen, auch hier kann ich zusätzlich in jeder dieser Positionen die Wirbelsäule *beugen, neigen* und *drehen*, sodass sich vierundzwanzig Möglichkeiten des Liegens ergeben, darunter die Embryostellung, die »Brücke« oder das Liegen mit nach oben gebeugtem Rücken, wobei das Gewicht nur auf Kopf und Füßen lagert.

Befragen wir die Position *Liegen* auf ihre Fortbewegungsarten erhalten wir *Rollen, Kriechen* und *Krabbeln*. Jede dieser Bewegungen lässt sich in unterschiedliche Raumrichtungen ausführen: *vorwärts, rückwärts* und beidseitig *seitwärts*. Wollen wir genauer werden, kommen noch die vier Diagonalen dazu. Das *Rollen* lässt sich zusätzlich in zwei unterschiedlichen Achsen ausführen, als Schulterrolle oder als Rollen um die Wirbelsäule. Lenken wir unseren Blick auf die Bewegungsformen, die sich aus dem Stand entwickeln, erhalten wir neben dem *Gehen*, das *Laufen* – bei dem im Unterschied zum Gehen *beide* Füße kurz den Boden verlassen –, wir können aber auch *springen* oder *hüpfen*. All diese Bewegungen lassen sich wiederum in alle Raumrichtungen ausführen. Was hier für die einfachsten Formen der Bewegung gesagt wurde, gilt für sämtliche Körperbewegungen.

Nehmen wir eine einfache Bewegung – etwa das Ausstrecken eines Armes – und befragen sie auf ihre Varianten. Wir werden beim systematischen Durchgang von Drehachsen und Bewegungsrichtungen schnell feststellen, dass sich ein Arm natürlich nicht zwangsläufig nach *vorne* ausstrecken muss, sondern sich auch nach oben, unten, rechts, links und nach hinten bewegen lässt – sowie in alle Diagonalen. Und selbstverständlich können sich Arme in ausgestreckter Form weiterhin um sich selber drehen. Wenn wir das Spiel mit *beiden* Armen durchgehen, multiplizieren sich die Möglichkeiten entsprechend. Es ist leicht zu erkennen, wie schnell die unterschiedlichsten, teils extremsten Körperpositionen entstehen, wenn wir die schier endlosen Optionen systematisch durchprobieren. Die hier genannten Beispiele dienen ausschließlich dazu, das Prinzip klarzumachen, mit dem sich Bewegungsoptionen auffinden lassen.

Wie immer lässt sich mit Optionen dann am schnellsten arbeiten, wenn ihre Anzahl zunächst gering ist und wenn wir sie ohne jede Vorübung sofort ausführen können. Wenn wir mit zu vielen Elementen gleichzeitig arbeiten, verlieren wir nicht nur schnell den Überblick, sondern werden auch häufig ungenau. Das Prinzip heißt weiterhin, je enger gefasst und genauer Auswahl und Regeln sind, desto energetischer und konkreter sind die Ergebnisse. Ein sehr einfacher Zugang sähe so aus: Wir bilden etwa eine Reihe aus *gehen, setzen/aufstehen, rollen* und erteilen uns die ↗ REGEL: *Wechsle beliebig in unterschiedlicher Dauer.* Diese Kombination würde uns in ständiger Bewegung halten. Wir fügen dann vielleicht die Ruheformen *stehen, sitzen* und *liegen* hinzu, sodass ein rhythmischer Wechsel zwischen Bewegungs- und Ruheformen entsteht. Ein Spiel mit diesen sechs Optionen reicht schon vollkommen aus, um eine durchschnittliche Szene in überraschendere Gebiete zu führen, weil wir jetzt bewusst eine Bewegungsfolge ausführen, die sich nicht aus unseren beliebigen und privaten Bewegungsimpulsen oder der vermeintlich inhaltlichen Logik der Szene ergibt. Bewegungen eröffnen jetzt eine selbstständige Ebene, die in Reibung zum Text steht. Das Letztere ist dabei etwas absolut Entscheidendes: Das Spiel mit den Bewegungen ergibt nur dann Sinn, wenn wir dabei dem *Körper die Vorfahrt lassen.* Das heißt, wir geben uns eigenständig an beliebigen Stellen des Textes (!), die Aufforderung zu einer konkreten Bewegung. Die Bewegungen erfolgen vollkommen unabhängig vom Text und folgen nicht dessen Inhalt oder versuchen gar Inhalte zu illustrieren. Im Gegenteil, sie werden in den meisten Fällen per Zufall dazu führen, dass sie den Inhalt kontrastieren. Und trotz dieses ungewohnten Gefühls führen wir sie gezielt aus und achten dabei darauf, welche ↗ RESONANZ, welches andere Erleben diese Bewegungen in uns erzeugen und welcher neue Sinn sich vielleicht am Ende daraus ergibt, wenn wir das Entstandene mit einer ↗ RECHTFERTIGUNG verknüpfen.* Der zweite wichtige Punkt ist, dass wir im Spiel wirklich nur die gewählten Bewegungselemente benutzen und nichts anderes, schon gar keine privaten Bewegungen mit den Händen. Die gewaltige Überwindung, die dies kostet, und die Widersprüche in unserem Erleben, die dabei unweigerlich aufkommen, gilt es auszuhalten. Nur so erhalten wir starke Ergebnisse. Der Sinn dieser Spiele besteht darin, dass sie alles Private, alles Beliebige und alles Unwillkürliche herausfiltern und am Ende eine klare Form entsteht.

Eine andere – ausdrucksstärkere – Reihe ließe sich zusammenstellen aus den Optionen *fallen, rollen, aufstehen.* Oder wir bauen eine Reihe aus den Fortbewegungen *laufen, rennen, hüpfen, springen* oder dasselbe eine Etage tiefer: *krabbeln, kriechen, rollen um die horizontale Achse, rollen um die vertikale Achse.* Wenn wir in expressivere Felder vordringen wollen, können wir komplexere Bewegungen einführen: *Schulterrolle* vorwärts und rückwärts, *Schulterstand, Beckenheben, Arme in der Luft, Sprung auf einem Bein landend, Berührung des Bodens und der Wände* mit jeweils einer, zwei oder drei verschiedenen Extremitäten. Wir können bei jeder dieser Bewegungen zusätzlich ↗ REGELN benutzen, wie etwa: *Verlagere den Schwerpunkt einer Bewegung,* und ändern auf diese Weise die Symmetrie des Körperausdrucks. Oder wir führen zusätzlich die Regel *Verändere die Richtung* ein: Jede Bewegung lässt sich nicht nur nach vorne, sondern auch rückwärts und häufig seitwärts ausführen. Oder wir arbeiten mit Regeln wie: *Drehe jede Bewegung kurz nach Beginn wieder um und mache sie rückgängig,* oder: *Nutze jede Bewegung einer ausgewählten Reihe erst, wenn du alle anderen gezeigt hast.* Natürlich lässt sich jede Bewegung auch mit anderen Parametern verknüpfen: Wenn wir uns bewegen, arbeiten wir automatisch mit den Parametern ↗ RAUM, ↗ ACHSE und ↗ RAUMBEZIEHUNG. Deren Regeln

* Wem dies – nicht ganz unwahrscheinlich – dunkel erscheint, der lese noch einmal die Kapitel »Resonanz« und »Rechtfertigung«, um zu erfassen, worum es bei diesen Spielen wirklich geht.

lassen sich in das Bewegungsspiel mit einbeziehen: *Spiele nur extreme Nähe und Ferne, keine mittlere Distanz. Bewege dich nur an den Rändern. Wechsle in jeder Bewegung die Achse zum Mitspielenden.* Den Regeln, die wir uns für solche Spiele selbstständig geben, sind keine Grenzen gesetzt. Wir vervielfältigen und präzisieren unser Spiel mit Bewegungen, wenn wir sie gezielt mit anderen Parametern kombinieren: ↗TEMPO, ↗RHYTHMUS und ↗DEUTLICHKEIT. Wenn wir mit dem Tempo arbeiten, werden Arme nach oben und vorne geschleudert, Drehungen gewirbelt, Körper überschlagen sich, treten wild um sich, zucken vor und zurück, bäumen sich auf oder umgekehrt – unsere Bewegungen vollziehen sich so langsam, dass wir sie kaum wahrnehmen. Körper in neuen Rhythmen zu bewegen kann Impulsivität erzählen, Sprunghaftigkeit, Verzweiflung, Euphorie, Wut, Panik – all dies drückt sich fast ausschließlich in den ungewöhnlichen Rhythmen unserer Bewegungen aus. Oder umgekehrt: die Gleichförmigkeit eines Körperrhythmus bewirkt Lethargie, Fleiß, Schicksalsergebenheit, oder sie führt, rhythmisch akzentuiert, in tänzerische Formen.

Ein und dieselbe Bewegung kann darüber hinaus in unterschiedlichen energetischen Qualitäten und unterschiedlicher Gerichtetheit ausgeführt werden. Michael Tschechow schildert in seinen Büchern akribisch und inspirierend, wie man auf der Bühne dem *Körper die Vorfahrt lässt.* Er teilt die Qualität unserer Bewegungen in vier verschiedenen Optionen ein: *fließend, fliegend, formend* und *ausstrahlend.* Selbstverständlich können wir diese Einteilung durch weitere Modi ergänzen. Bewegungen können auch *schneidend, sackend, verkrampft, kritzelnd, pendelnd* oder *hüpfend* sein – und jede dieser Formen lässt sich unterschiedlich rhythmisieren, sodass wir Varianten in *legato* oder *staccato* erhalten. Die angeführte Liste ist nicht als abgeschlossen zu verstehen. Bei der Arbeit mit unterschiedlichem *Tonus* – Bewegungsenergie und Qualität – wird das individuelle Hinzuerfinden im Zentrum stehen. Tschechow schildert, wie Spielende sich etwa von der Vorstellung inspirieren lassen, dass sie ein Zentrum im Körper haben, von dem jede einzelne Bewegung ausgeht und lange Linien in den Raum ausstrahlt. Jede bewusste körperliche Aufgabenstellung auf dem Feld Tonus setzt eine Bewegungsqualität frei, die den Ausdruck verdichten wird und darüber hinaus ausstrahlt. Die verschiedenen Qualitäten produzieren jeweils unterschiedliche Körper- und somit Figurenbilder.

Schließlich kann jede Bewegung noch in unterschiedlicher Deutlichkeit ausgeführt werden: Geben wir ihr ein Höchstmaß an Deutlichkeit, werden wir vermutlich in einer Art Körpertheaterform landen, bei geringster Deutlichkeit werden Betrachtende nicht erkennen können, dass wir überhaupt mit dieser Übung arbeiten. Es ist ein Missverständnis, dass eine Methode, die das Körperliche ins Zentrum ihres Interesses rückt, zwangsläufig zu einem Theater führt, das auf die große, choreografische Form zielt. Die physische Arbeit kann zu einem Theater der Ekstase führen, aber sie kann auch, im Modus geringster Deutlichkeit eingesetzt, ein probates Mittel vor der Kamera sein. Eine Methode, die nicht mit dem Wort und dem Gedanken, sondern mit der Bewegung die Suche nach der Szene beginnt, erzielt ihre erstaunlichsten Ergebnisse tatsächlich im Zusammenhang mit *realistischen* ↗ SPIELWEISEN.

Ein nächstes riesiges Feld eröffnet sich, wenn wir Bewegung mit Berührungen verknüpfen. Einen ersten Schritt dahin haben wir bereits angedeutet: Wir können folgende Regel einführen: *Berühre einen Gegenstand mit …* zum Beispiel *dem Fuß, dem Kopf, der Hüfte*, aber *nie* mit der Hand. Oder wir sagen: *Berühre den Boden mit …* Dieselbe Regel beziehen wir auf die Mitspielenden. Im gewöhnlichen Spiel berühren sich Körper auf der Bühne mit den Händen oder allenfalls mit den Armen. Wir sehen sofort, welch zahllose Möglichkeiten eine solch konventionelle Grenzziehung ausschließt. Ohne präzise Aufgabenstellung begegnen sich Körper auf der Bühne unwillkürlich mit einer gewissen Rücksichtnahme und Scham. Auch wenn von ihnen extremere Dinge gefordert sind, wirken sie häufig unbeholfen und verkrampft. Die Beziehungen, die dagegen durch konkrete Regeln entstehen, erhöhen sofort den Energielevel. Uns fällt plötzlich auf, dass der Körper der Mitspielenden selbstverständlich auf vielfältigste Weise berührt werden kann: *mit der Stirn, dem Rücken, dem Knie, dem Fuß* oder gar *dem gesamten Körper.* Regeln können dazu auffordern: *Lass dich auf den Körper eines anderen fallen, lande auf dem Körper des anderen, ohne den Boden zu berühren, springe auf ihn, betritt ihn, pflücke den Körper des anderen, trage ihn, übergib ihn an einen Dritten, schleudere ihn, wirf den Körper eines anderen auf den Boden, umfasse ihn – aber nicht mit den Armen* etc. Es ist klar, dass eine solche Reihe allerhöchste Achtsamkeit erfordert. Solche Bewegungselemente werden wir trainiert haben müssen, insbesondere wenn wir sie mit hohem Tempo ausführen, aber keinesfalls, indem wir einzelne Elemente einüben und perfekt machen wie im Akrobatik- oder Tanztraining. Hier geht es um etwas völlig anderes. Wenn wir Bewegungselemente miteinander ausprobieren, verabreden wir gar nichts, schon gar nicht, wie sie im Ergebnis aussehen sollen. Hier gilt nur eine einzige Regel: *Ich bin für die Intaktheit des Körpers der anderen zu einhundert Prozent verantwortlich.* Darüber hinaus ist *alles* möglich. Um im Spiel auch vollständige Verantwortung für den Körper der anderen übernehmen zu können, wird jede Berührung bewusst, klar und mit äußerster Konzentration ausgeführt. Alle Bewegungen erzeugen so wenig Geräusche, wie es nur eben geht. Laute Bewegungen erzählen, dass sich jemand wehgetan hat. Auf Proben, in denen das gemeinsame Körperspiel nicht eingeübt oder auch nur verabredet ist – was die Regel sein wird (!) –, führen wir Partnerelemente mit äußerster Vorsicht, aber großer Klarheit aus – geführt, achtsam und ohne Kraft, aber sehr eindeutig. Wie weit ich mit dem Körper der anderen gehen kann, ist eine Frage der Achtsamkeit. Wenn wir unsere Aufmerksamkeit auf den Körper des anderen lenken, wird dieser uns sagen, was möglich ist und was nicht. Auch in den Spielen körperlicher Exzesse – Wut, Gewalt, Sex –, in extremen Spielen, in denen Figurenkörper als Material behandelt werden, schenken wir dem anderen Körper absolute Achtsamkeit. Es wird erstaunen, wie schnell selbst komplexe Begegnungen ohne jede akrobatische Vorbereitung oder gar Verabredung auf Proben möglich sind, wenn diese eine Regel strikt und konzentriert befolgt wird. Denn – und das ist entscheidend – bei der Ausübung dieser Bewegungen geht es nie darum, dass sie schön, gelungen oder auch nur *zu Ende* ausgeführt werden. Ihr Ausdruck besteht in ihrem Versuch. Es geht hier keineswegs um spektakuläre Choreografien, sondern ausschließlich um die Frage, wie man Körper auf der Bühne – über das gemeinsame Herumstehen hinaus – zueinander in Beziehung bringt.

Noch einmal – wenn wir mit dieser Technik auf der Probe arbeiten wollen, ist es ratsam, mit sehr wenigen Elementen anzufangen. Um sich das vollständige *Buch der Bewegungen* überhaupt bewusst zu machen, werden wir es im Vorfeld von Proben erkundet und im gewissen Sinne *auswendig gelernt* haben müssen. Es ist entscheidend zu verstehen, dass es bei einem solchem Training niemals darum geht zu lernen, *wie man sich »richtig bewegt«*. Bewegungsformen als Unterricht in Körpertechniken zu üben und nicht als *theatralen Vorgang*, ergibt nicht den geringsten Sinn. Bei der Erforschung der Körperlichkeit geht es nicht um die Einübung von Fertigkeiten. Jedes im konventionellen Sinne *ungekonnte* Ausführen einer Bewegung ist ausdrücklich erwünscht, wenn sich dadurch unser Spektrum erweitert. Das Scheitern an einer gestellten Aufgabe ist fast immer wirkungsvoller als ihre Beherrschung, solange wir dieses Scheitern als Variante von Ausdruck verstehen – und wiederholen können. Es geht auch nicht darum, dass alle den gleichen Ausdruckskanon beherrschen. Bei der Arbeit mit dem Körper handelt es sich um eine Bewusstseinsübung, mit der Kanäle freigespült werden, die unserem Pattern No. 1 vorher nicht verfügbar waren.

Wenn wir den vollen Reichtum der Bewegungsmöglichkeiten kennenlernen wollen, wird dies außerhalb von Proben geschehen müssen, aber: Ein jedes vorbereitendes Erkunden und Trainieren, wie es hier vorgeschlagen wird, sollte immer schon bereits als Performance verstanden werden und nicht als Körpertraining. Für jede Ausübung gelten die Gesetze einer Szene: Es gibt einen Anfang, ein Ende und kein *Aussteigen*, Bewegungen werden weder wiederholt noch kommentiert, sondern auch in ihren halbfertigen Versuchen als das stehen gelassen, was sie sind – ein Bühnenvorgang auf der Probe. Wir machen weder Gymnastik noch Körperübungen, sondern proben einen *Auftritt*. Das Ausprobieren von Bewegungselementen ist – egal ob wir sie *können* oder nicht – von der ersten Sekunde an *Szenenarbeit*. In diesem Sinne gibt es für uns gar kein Training – sondern immer nur Szenen, in denen gerade mit dem Parameter Bewegung gearbeitet wird.

Wenn wir den Parameter Bewegung in der szenischen Probe auf Texte oder Handlungsabläufe anwenden, lassen wir gewissermaßen *dem Körper die Vorfahrt*, das heißt, wir konzentrieren uns auf den kontinuierlichen Fluss von zufälligen, aber durch die einzelnen Elemente *konkret gesteuerten* Bewegungsabläufen – nicht auf den Text und nicht auf inhaltliche Vorgaben. Wir treten zum Beispiel auf, indem wir uns während unseres Spiels sagen: *Geh vier Schritte langsam rückwärts, dreh dich um die linke Schulter, hebe den rechten Arm, drehe die Hand, neige den Kopf nach rechts, setze ein Bein vor, lass dich fallen, spring auf, lauf seitlich an die Wand, berühre die Wand mit dem Oberschenkel, sacke zusammen in die Hocke, springe zur Mitspielenden, lasse deinen Kopf auf ihre Schulter fallen, gleite an ihr hinunter* etc. Die Konzentration gilt der bewussten Folge zufallsgesteuerter Bewegungen. Parallel dazu läuft der Text, ohne dass wir groß darüber nachdächten, wann etwas gesprochen wird oder welche Bedeutung er hat. Für uns steht an dieser Stelle nicht die *Textarbeit* im Vordergrund, sondern dass der *Körper die Szene führt.* Gleichwohl entsteht bei jeder noch so abstrakten, aber bewusst ausgeführten Bewegung auf der Bühne in unserem Erleben eine unmittelbare Resonanz – ein Gedanke, ein Gefühl, eine Assoziation, ein Sinn, der dem Entstandenen eine Bedeutung verleiht und auf diese Weise auf den Text einwirkt und ihn rechtfertigt. Und *diese* Resonanz lassen wir tatsächlich auch einfließen in den Ausdruck unseres Textes.

Unsere Gefühle speichern wir im *Körper.* Wie stark einzelne Bewegungen in uns Resonanzen freisetzen und wie Bewegungen ein Erleben, eine Emotion oder einen Gedanken auslösen, mag ein Beispiel zeigen, das uns allen vertraut ist. Wenn wir im Stehen auf Brusthöhe die Wirbelsäule *beugen,* fallen die Schultern nach vorne und wir sacken ein. Eine solch geringfügige Bewegung löst in uns das starke Erleben von *Resignation* und *Kraftlosigkeit* aus. Beugen wir uns in die entgegengesetzte Richtung, sodass die Brust sich nach vorne bewegt, entsteht die gegenteilige Empfindung: *Mut, Zuversicht, Selbstbewusstsein.* Intuitiv nutzen wir diese Erfahrungen auf der Bühne ständig. Aber wir erkunden zu wenig, dass sich in beinahe *allen* Körperteilen ein Erleben verbirgt. Den Körper die *Vorfahrt,* ihn die Arbeit unserer Erfindungskraft übernehmen zu lassen, funktioniert genauso: Wir spielen mit einem Bewegungsalphabet, dessen konkrete Bedeutung wir nicht kennen, die sich uns aber im Moment der Ausübung sofort erschließt. Insbesondere für alle Arbeiten, die von uns ein hohes Maß an Emotionalität verlangen, ist der Einstieg über den Körper das wirksamste Mittel. Körperliches Spiel erzeugt nicht nur unmittelbar höhere Energie auf der Bühne. Das konzentrierte Arbeiten mit einem genauen Bewegungsalphabet hält uns vor allem davon ab, Bewegungs-Pattern No.1 zu spielen, all die Körpermuster, die uns unterlaufen, wenn wir unser Spiel allein von der Sprache und dem Gefühl führen lassen. Es hindert uns daran, in Kampfszenen *Fäuste zu ballen* und den anderen *am Revers zu packen und durchzuschütteln,* es hindert uns beim Thema Verzweiflung daran, die *Hände vors Gesicht zu schlagen* und uns in der Hüfte zu winden und mit den Händen Schalen zu formen, es hindert uns, in der Freude *herumzuhüpfen* und in Liebesszenen in *unbeholfenen Umarmungen* zu landen. All solche *schmutzigen Zeichen* und Bewegungs-Pattern No.1 filtert die Arbeit mit dem Parameter Bewegung zuverlässig aus. Stattdessen entstehen Momente, in denen die *Kämpfende* ihr Gegenüber *am Fuß hinter sich herzerrt,* der *Verzweifelte auf Zehenspitzen laufend mit einer Hand die Wand berührt, während die andere locker am Kniegelenk hängt,* in denen *Euphoriker auf einem Bein stehen und die Arme von sich schleudern* und in denen *Liebende mit der Kniekehle den Hals des andern umklammert halten, während der Geliebte beinahe vollständig um sich selbst gedreht halb am Boden liegt.* All diese Dinge können wir uns nicht ausdenken. Es sind Erfindungen des Körpers. Nur eines gilt bei der Arbeit mit Bewegung noch mehr als bei anderen Werkzeugen: Allein wenn wir die Zahl unserer Optionen sehr einschränken und die gewählten Elemente mit größter Konzentration und Genauigkeit ausführen, kommen faszinierende, schillernde Ergebnisse zustande. Wenn wir den Körper dagegen zu schnell zurück auf *Autopilot* schalten lassen, verblassen unsere Erfindungen sehr rasch und werden wieder beliebig.

Ich wähle eine kleine Anzahl von Bewegungselementen, mit denen ich spiele. Ich spiele eine Szene unter Anwendung nur dieser Elemente. Ich erteile mir klare *Regeln*. Ich trenne Bewegung und Text. Ich lasse umgekehrt Bewegung und Text überlappen, sodass Anfang und Ende einer Bewegung niemals mit Anfang und Ende eines Textes zusammenfallen. Ich erteile mir die Regel, jede einzelne Bewegung in einem anderen Tempo auszuführen. Ich wiederhole ein Bewegungselement erst, wenn ich alle anderen der ausgewählten Reihe benutzt habe. Ich spiele Elemente

unterschiedlich häufig – das eine oft, ein anderes selten oder nur einmal. Ich variiere die *Deutlichkeit* der einzelnen Elemente, mit denen ich mich bewege. Ich übertreibe die Bewegung – ich bringe sie zum Verschwinden. Ich setze die Energie der Bewegung in Kontrast mit der Energie der Sprache: heftige Bewegung und leise Stimme – heftige ↗LAUTSTÄRKE und winzige Bewegungen. Ich spreche schnell und bewege mich langsam. Ich bewege mich schnell und spreche langsam. Ich ändere in allen Ruhepunkten den Schwerpunkt. Ich verlagere im Stehen, Hocken, Sitzen, Liegen das Gewicht. Ich verlagere im Stehen das Gewicht auf ein Bein und lasse das andere frei spielen. Ich finde Schwerpunkte, die kurz vor dem Kippen sind. Ich verdrehe den Körper in den Gelenken. Ich erkunde alle Achsen. Ich finde heraus, was ich ausdrücke, wenn ich meine Hände dauerhaft nach außen drehe. Ich finde heraus, was ich empfinde, wenn meine Hüftgelenke dauerhaft nach innen gedreht sind. Ich mache riesige Schritte. Ich drehe beim Sprechen meine Handgelenke in alle denkbaren Achsen. Ich vollführe Bewegungen symmetrisch – und dann dieselben asymmetrisch. Oder nur mit einer Hand. Ich mache dieses Spiel nur, wenn ich *nicht* rede. Ich spiele alle Elemente, ohne dabei jemals die Hände zu bewegen. Ich drehe symmetrische Gelenke in gegensätzliche Richtungen: den linken Arm nach rechts, den rechten nach außen. Ich variiere die Höhe des ↗STANDES. Ich bewege mich in allen Elementen, halte meinen Kopf aber *immer* auf eine Seite geneigt. Ich spiele mit nach hinten gebeugtem Kopf. Ich forme mit dem Kopf Achten, während ich spreche. Ich stehe auf Zehenspitzen oder gehe tief in die Hocke. Ich laufe in tiefer Hocke. Ich meide Symmetrien. Ich mache bei jedem Schritt einen Richtungswechsel. Ich drehe die Bewegungsrichtung um. Ich breche die Bewegung ab und kehre sie um. Ich wiederhole eine Bewegung, so oft ich kann. Ich arbeite mit den Drehungen der Wirbelsäule auf unterschiedlichen Höhen. Ich beuge den Körper weit nach hinten. Ich drehe mich um die eigene Achse, so weit ich kann. Ich drehe die Wirbelsäule, so weit ich kann, nach rechts, aber drehe den Kopf nach links.

Ich schaue mit den Augen dann nach rechts. Ich erfinde acht Möglichkeiten zu fallen. Ich erfinde fünf Möglichkeiten aufzustehen. Ich liege auf dem Stuhl. Ich rolle auf dem Stuhl. Ich erfinde fünfzehn Möglichkeiten, auf einem Stuhl zu sitzen. Ich hebe den Fuß so hoch wie möglich. Ich hebe die Füße über den Kopf. Ich stehe auf den Händen. Ich berühre andere Körper, aber nie mit den Händen. Ich streife andere Körper. Ich renne auf sie zu, aber bleibe so stehen, dass ich sie nicht berühre. Ich springe über den Körper anderer. Ich springe auf andere Körper. Ich tauche unter Körpern durch. Ich rolle über den Körper eines anderen. Ich liege auf einem anderen Körper. Ich packe den Körper, trage, schultere, schleife, verstaue, schleudere, schmeiße den Körper eines anderen. Ich mache dasselbe mit zwei, drei, zehn Körpern. Ich behandle die Körper der anderen mit äußerster Achtsamkeit.

FIGUR

Wenn wir über die *Figur* reden, beantworten wir die Frage, welchen Menschen wir zeigen, wenn wir spielen. Welchen Anteil *Ich* und welchen Anteil *Anderer* der Mensch hat, den wir auf der Bühne zeigen, inwieweit wir mit der dargestellten Figur identisch sind oder uns von ihr entfernen, ist, wie wir gesehen haben, ein Aspekt der ↗ SPIELWEISE. In den meisten Fällen wird Figur etwas sein, das mit unserer privaten Person zu tun hat. Die Regieanweisung *Sei einfach du selbst* setzt dabei voraus, dass wir wissen, *wie wir sind.* Auf die Tücken dieses Problems wurde bereits im Kapitel ↗ VON INNEN – VON AUSSEN hingewiesen. In den seltensten Fällen nämlich entspricht ein vermeintlich authentischer Ausdruck dem, wie sich die Privatperson des Spielenden in einer entsprechenden Situation wirklich verhalten würde. *Ich selbst* auf der Bühne hat entschiedene Grenzen. Wenn wir nicht als wir selbst auf der Bühne stehen, erarbeiten wir eine Figur aus unterschiedlichem Material. Das wird in den meisten Fällen zunächst der Versuch sein, sich in das fremde Denken, das wir der Vorlage, mit der wir arbeiten, glauben entnehmen zu können, einzufühlen.

Wir bleiben bei solchen Annäherungen im Ausdruck dennoch weitgehend wir selbst. Eher selten sind wir aufgefordert, uns komplett zu verwandeln, wir werden uns dann in umfangreicher Detailarbeit die fremde Figur, angefangen von Maske und Kostüm über Körper, Sprache und Stimmklang bis zu Bewegungsform und Verhalten zusammenbauen.

Eine Figur setzt sich aus der Gesamtheit aller anderen Parameter zusammen. Sie alle tragen dazu bei, wie die Person, die wir spielen, wirkt. Wenn wir etwas an den ↗BEWEGUNGEN oder an der ↗MELODIE verändern, hat das Auswirkungen auf das Bild der Figur, das wir zeichnen. Figur als einen eigenständigen Parameter zu nutzen, heißt, all diese Detailentscheidungen durch die Beobachtung eines konkreten Menschen oder eines einzelnen Typus zu ersetzen und diesen in seinem Gesamtausdruck zur Vorlage zu machen. Eine solche Technik ist dann nützlich, wenn wir einen Menschen spielen wollen, der unserem eigenen persönlichen Habitus nicht entspricht, aber auch, wenn wir uns selbst einmal richtig überraschen wollen.

Eine Vorform davon wäre die Arbeit mit Figurentypen – wie sie etwa die Commedia dell'Arte vorgibt: die komische Alte, der gewitzte Draufgänger, der Choleriker etc. Dies sind konkrete Rollenbilder, deren Stimme, Sprache und Bewegungsform feststehen und deren Vorbild wir als eine Art Figurenmaske verwenden. Das Ausdrucksrepertoire einer solchen Figur ist klar umgrenzt, die eine Type ist immer wütend oder beleidigt, die andere fröhlich und gerissen, die dritte engstirnig und hölzern und so fort. Die zeitgemäße Variante einer solchen Typisierung wäre, wenn wir uns im Spiel an einem sozialen Habitus orientieren, wie etwa dem eines Bauarbeiters, einer Bankerin, eines Drogenabhängigen, eines Models, eines Supermarktgehilfen, einer Chefin, eines Polizisten. Der Vorteil einer solchen Spielweise ist, dass sie verlässliche Mittel zur Verfügung stellt und als Filter alles Beliebige und Private in unserem Spiel auskehrt und ihm auf diese Weise eine klare Kontur verleiht. Individualität drückt sich in einer solchen Verhaltensmaske eher nicht aus. Das Spiel mit solchen Typisierungen wirkt schnell klischeehaft.

Eine andere Form von Arbeit mit einer Vorlage ist die Arbeit mit dem Bewegungsmuster eines Tieres. Die genaue Kopie dessen körperlichen Ausdrucks dient hier als Einstieg in eine Figur, deren Bewegungen und

Blicke anders sein sollen als meine eigenen. Der stärkste und häufig überraschendste Weg, sich in jemand anderen zu verwandeln, ist der, einen anderen Menschen in einer konkreten Situation zu beobachten und sein Verhalten, seine Gestik und Sprache so genau wie möglich zu kopieren. In diesem Fall ist bereits zu Beginn jedes Detail vollständig festgelegt, und wir folgen in allen Parametern diesem Vorbild. Der eigene Beitrag besteht hier allein in der *Auswahl* der Vorlage.

Die Auswahl einer passenden Person wird Zeit in Anspruch nehmen, denn das *Buch der Figuren* besteht aus der Zahl der Menschen, die wir beobachten können. Nehmen wir Videobilder als Quelle dazu, wird es besonders interessant, aber auch unübersichtlich. Wir können nach einer gewissen Logik auswählen – wenn wir eine Politikerin spielen sollen, suchen wir uns eine Person im entsprechenden Feld. Häufig ist unser Wissen über den Habitus konkreter Welten nur sehr nebulös. Die Studie eines realen Vorbildes aus diesem Umfeld wird uns helfen, insbesondere wenn wir die Aufgabe haben, nur mit einem kurzen Auftritt das Charakteristische einer Figur zu zeigen und so eine erkennbare Welt zu erschaffen. Bei Figuren dagegen, die größeren Raum haben, eine Individualität zu entwickeln, wird es interessanter sein, nicht auf das Typische allein zu setzen, sondern, im Gegenteil, Reibungen zuzulassen. Wollen wir sperrigere Ergebnisse erzielen, arbeiten wir auch hier mit dem Zufall. Besonders eindrückliche Charakterisierungen einer Figur gelingen uns, wenn wir nicht der Logik unserer ↗ INSTANT INTERPRETATION folgen, sondern Widersprüche herausfordern. Nehmen wir an, die Figur kommt aus der Wissenschaft. Wenn wir keine absehbaren Ergebnisse wollen, kann es sich hier lohnen, mit einem Figurenvorbild aus einer anderen sozialen Gruppe zu arbeiten. Wir spielen dann nicht den Typus, »wie er im Buche steht«, sondern, wenn unsere Vorlage beispielsweise einen starken Soziolekt spricht, eine Person, die offensichtlich eine ungewöhnliche Lebensgeschichte hat.

Bei der Arbeit mit einem Figurenvorbild aus der Realität gilt es, sehr langsam vorzugehen. Mit ihr zu spielen erfordert eine ausgiebige Vorbereitung. Wir wählen eine Sequenz, in der ein Mensch sich sprachlich äußert, sich bewegt und im Idealfall handelt. Der Ausschnitt entstammt der Wirklichkeit und keinen Spielfilmen. Wir beobachten diesen Menschen und versuchen, uns so viel wie nur irgend möglich sofort einzuprägen, am besten indem wir innerlich gleich alles mitsprechen. Einfacher ist es, mit einem Video zu arbeiten. Dabei wiederholen wir jeden einzelnen Satz und beachten ↗ RHYTHMUS, ↗ KLANG, ↗ LAUTSTÄRKE, vor allem aber die exakte Melodie der Sprache. Das Ohr für die genaue Melodie und den Rhythmus der Vorlage ist entscheidend. Wir heben und senken, betonen und verschleppen, räuspern und atmen, pausieren und steigern Sprache und Stimme präzise im Muster der Vorlage. Anschließend kopieren wir die entsprechenden Bewegungen, wobei wir versuchen, auch diese Abläufe so genau wie möglich zu studieren und einzuüben. Jede Bewegung der Hand, jedes Zucken der Mundwinkel, jede Muskelanspannung in Wange, Lippe, Hals, Schulter, jede Stellung der Arme und Beine, jede Drehung und Beugung der Gelenke wird kopiert. Wenn sie genau sein soll, wird das Einüben einer wenige Minuten langen Sequenz Stunden in Anspruch nehmen. Genauigkeit ist hier entscheidend, denn das Pattern, das wir einüben, wird später nur dann Wirkung entfalten, wenn es nichts Privates mehr durchlässt. Nach einigem Üben zeigen wir diese Studie auf der Probe und lassen uns bei ihrer mehrfachen Wiederholung auf Ungenauigkeiten aufmerksam machen. Es ist nicht nötig, unser Spiel von den Zuschauenden mit dem Original abgleichen zu lassen. Sie werden auch ohne Vorlage Ungenauigkeiten und Unsicherheiten, Unklares und Schwammiges sofort erkennen. Außerdem geht es gar nicht so sehr um das täuschend echte Kopieren, sondern eher darum, eine sehr genaue und plastische Vorlage zu haben, die in uns etwas bewegt.

Wenn wir die Szene so exakt wie möglich wiederholen können, beginnen wir damit, die Szene »fortzuspinnen«. Dafür betrachten wir die einstudierte Szene als ein abstraktes Muster. Ein möglicher erster Schritt mit dem Fortspinnen zu beginnen, wäre, die Sprache des Originals in eine Fantasiesprache zu übersetzen. Entscheidend dabei ist, dass das abstrakte Muster der Vorlage präzise beibehalten wird: Rhythmus, Stimmklang, Lautstärke und Sprachmelodie bleiben so genau wie möglich erhalten, nur die Worte werden durch Kunstsprache ersetzt. Am Anfang bleibt auf diese Weise die genaue Anzahl der Wörter erhalten, vielleicht sogar die Silbenzahl der einzelnen Worte aus der Vorlage: Wenn es im Original etwa »Fernsehzuschauer« heißt, lautet die Übersetzung zum Beispiel »lefatikuner« – fünf Silben. Während wir die komplette Szene schließlich in einer sprachlichen »Übersetzung« spielen, bleibt der Bewegungsablauf vollkommen gleich. Beherrschen wir die Szene in dieser Form, ersetzen wir einzelne Fantasie-Wörter oder -Sätze wieder durch Sprache, allerdings sprechen wir statt des Originaltextes unseren eigenen – wobei wiederum die Wortzahl, vielleicht sogar die Silbenzahl, sehr dicht am Original bleibt. Eine andere Möglichkeit, die Figur langsam von der Vorlage zu entfernen und in szenische Bewegung zu setzen, wäre, in ihrem Text zunächst einzelne Wörter und nach und nach den kompletten Wortlaut auszutauschen. Auch bei diesem Schritt sollten wir an der melodisch rhythmischen Textur des Originals so gut wie nichts verändern. Wir sprechen also in der exakten Form des Vorbildes, nur benutzen wir andere Inhalte.

Sobald wir andere Worte benutzen, besteht die Gefahr, dass wir auch die Form unseres Ausdrucks dem Sinn der neuen Worte anpassen. Wir verfallen wieder in unsere persönliche Sprachmelodie, sobald wir uns inhaltlich zu sehr vom Original entfernen. Dies gilt es zu vermeiden. In dem Widerstreben gegenüber diesem – nachvollziehbaren – Impuls liegt der Gewinn der Technik. Auch wenn die Betonungen und Satzmelodien des Originals, übertragen auf neue Inhalte, Sinnwidriges produzieren und Worte dadurch vollkommen seltsam klingen, gilt es, zunächst die Form beizubehalten und diese nicht zu verändern. Das Fremde, das hier entstanden ist, ist der eigentliche Gewinn dieser Übung. Im letzten Schritt übertragen wir die sprachliche Form der Vorlage auf den Stücktext, an dem wir gerade arbeiten. Unsere Figur spricht jetzt in einzelnen Sätzen exakt im Sprachduktus unserer Vorlage. An den exakten Bewegungsabläufen der Figur haben wir noch nichts verändert.

In der Folge gehen wir wieder auf die Originalstudie zurück. In ihrer Wiederholung beginnen wir jetzt, ohne irgendetwas an der Sprache zu ändern, einzelne Bewegungen der Vorlage anders auszuführen. Wir machen uns von den eingeübten Bewegungen der beobachteten Person langsam frei und variieren diese. Alle neu entstandenen Bewegungen, von denen wir das Gefühl haben, dass unser Vorbild sie so nicht machen würde, lassen wir wieder weg. Wir gehen bei dieser Entfernung vom

Bewegungsablauf des Originals so kleinteilig wie möglich vor. Anfänglich sind es nur einzelne kurze Momente, die wir ändern: Zum Beispiel würden wir nur den Kopf in eine neue Richtung wenden oder, wenn die Figur sitzt, würden wir die Hüfte anheben, um aufzustehen, und uns dann wieder in die Originalposition zurückbegeben. Sobald diese neuen Abläufe sich organisch anfühlen und wir nicht das Gefühl haben, die Figur zu verlieren, setzen wir die Figur langsam in Bewegung. Wir verwenden dabei immer noch den Originaltext in Endlosschleife. Die Figur steht auf, macht einen Schritt, setzt sich wieder, steht auf, macht fünf Schritte und greift einen Schnellkochtopf. Nach einer Weile wird sie vielleicht telefonieren, Gymnastik machen oder Rasen mähen und sich so nach und nach dem gewünschten Gegenstand der Szene, an der wir arbeiten, nähern.

In einer weiteren Variation der Übung lassen wir uns interviewen. Jemand stellt uns Fragen zu dem, was wir gerade machen, wie es uns geht, was unsere Geschichte ist. Das Entscheidende dabei ist, dass es bei unseren Antworten nicht um interessante Erfindungen und auch nicht um die Erschaffung einer *Figurenbiografie* geht. Diese ist im besten Falle Beiwerk, denn *was* wir sagen, ist vollkommen egal – wir können auch Blödsinn oder Langweiliges erzählen. Dagegen spielt die exakte Beibehaltung der Form eine wesentliche Rolle. Und so werden wir in der ersten Phase ausschließlich (!) mit dem Originaltext unseres Vorbildes auf die Interviewfragen antworten und dabei allenfalls einzelne Wörter ändern. Der Dialog muss nicht logisch sein, es geht eher darum, innerhalb der zu reproduzierenden Form von Sprache und Bewegung ein Gefühl dafür zu entwickeln, *wie* die Figur kommuniziert.

Erst nach und nach und sehr behutsam ändern wir einzelne Inhalte, bis wir auch hier am Ende den Theatertext sprechen, an dem wir gerade probieren. Sobald wir das sichere Gefühl für die Reproduktion der exakten Form verlieren, gehen wir auf präzise Momente der Ausgangsstudie zurück. Nach einer gewissen Zeit verlassen wir vorsichtig die Spur, auf die uns das anfängliche Ausdrucksmuster zwang, und erkunden andere Felder, indem wir das Verhalten der Figur fortspinnen. Auch hier sollten wir genau darauf achten, ob das neu Hinzugekommene unserem Empfinden nach für die Figur wahrscheinlich ist.

Im letzten Schritt ändern wir die ↗ HALTUNG der Figur. Nehmen wir an, unsere Vorlage spricht in der Haltung eines dauerlächelnden, präpotenten Angebers, eines Menschen ohne große Tiefe und weitere emotionale Ausschläge. Die Haltung, in der unser Vorbild sich uns zeigte, hieße *sehr von der eigenen blendenden Ausstrahlung überzeugt*. Wenn wir diese Figur in einer anderen Haltung ausprobieren – sagen wir *schockiert* –, würden wir sie vielleicht in ein Gespräch verwickeln, in dem sie von einer Krebsdiagnose erfährt. Wenn wir das Verhalten der Ausgangsperson wirklich verinnerlicht haben, wird *unsere* Figur noch sehr lange nach der Hiobsbotschaft *lächeln* und auch weiterhin ziemlich großspurig reden – obwohl wir in ihren Augen sehen, dass eine Todesangst langsam von ihr Besitz ergreift. Wir entdecken dabei, dass jede Haltung – etwa ängstlich, wütend, freudig – bei jedem Menschen anders aussieht. Das Ziel einer solchen Figurenarbeit ist, dass wir in die Lage versetzt werden, die Dinge umfassend aus der Perspektive eines uns fremden Menschen zu spielen. Die Kopie seiner äußeren Verhaltensform eröffnet uns die Logik eines realen Innenlebens.

Die Arbeit mit fremden Personen funktioniert nicht immer. Viele Menschen sind in dem, was sie uns erleben lassen, zu schmal und einige werden bei uns, wenn wir uns in sie hineinbegeben, keine brauchbare ↗ RESONANZ erzeugen. In diesem Fall müssen wir uns andere, stärkere Vorbilder suchen. Auf den ersten Blick wirkt eine solche Arbeit umständlich und sehr zeitintensiv und das ist sie auch. Aber der Nutzen, den wir aus einer funktionierenden Vorlage ziehen, ist gewaltig. Wenn wir einmal eine Form gefunden haben, deren Eigenlogik in uns sehr starke Resonanz auslöst, trägt uns diese Logik durch die gesamte Probenzeit. Das genaue »Korsett«, das uns die Vorlage liefert, hilft unserer Fantasie, im Spiel Entscheidungen zu treffen, auf die wir von alleine nicht kommen oder die wir meiden. Von einer starken Figur wissen wir dann in nahezu *jeder* Situation, wie sie reagieren und sich verhalten wird. Da ihre Vorlage der Realität entstammt, wirkt sie auch realistisch. Die Erfahrung zeigt, dass der uralte Wunsch, auf der Bühne vollkommen in der fiktiven Wirklichkeit aufzugehen und in dieser Welt mühelos zu handeln, sich dann am ehesten erfüllt, wenn wir nicht als wir selbst auftreten, sondern die Bühnenumgebung komplett aus der Perspektive einer fremden Person wahrnehmen und entsprechend handeln.

Auch diese Technik lässt sich anwenden in den unterschiedlichen Graden von ↗ DEUTLICHKEIT. Wenn wir die Vorlage akribisch kopieren, entsteht aus der Differenz zwischen uns und der Figur sehr häufig ein komödiantischer Effekt. In der Komödie wird eine solche Arbeit mit eigenwilligen Vorbildern zu großen Eigenheiten im Spiel führen. Aber selbstverständlich lässt sich die Deutlichkeit, mit der wir die Kopie ausführen, auch herunterpegeln, sodass wir im Extremfall nur noch mit einem *inneren Bild* arbeiten, das unser Bühnenhandeln filtert und prägt. Der Gewinn einer solchen Arbeit mit einem Figuren-Vorbild aus der Wirklichkeit ist der starke Filtereffekt: Da wir für jeden einzelnen Moment unserer Anwesenheit auf der Bühne exakt wissen, wie die Figur sich ausdrückt, werden wir nie in der Verlegenheit sein, Dinge zu spielen, die privat, ungenau oder überflüssig sind. Das Spiel mit der Studie kehrt all diese falschen Impulse zuverlässig aus und lässt eine kristalline Form zurück.

Ich beobachte eine reale Person. Ich beobachte sie in einer konkreten Situation und nehme wahr, wie sie spricht und handelt. Ich studiere diese Sequenz und spiele sie so genau wie möglich nach. Ich ersetze einzelne Worte der Sequenz durch andere. Ich übertrage die Sprache in eine Lautsprache, ohne deren Melodie zu verändern. Ich ersetze die Lautsprache durch neue Worte. Ich spreche den Stücktext in der Melodie der beobachteten Person. Ich experimentiere damit, Teile der einstudierten Sequenz auf unterschiedliche Stücktextpassagen prallen zu lassen. Ich versuche, die Reibung zwischen Stücktext und Verhalten der Vorlage nicht abzumildern. Ich spiele die Sequenz, aber wandele einzelne Bewegungen ab. Ich beginne mit der Figur zu improvisieren. Ich lasse mich in der Figur interviewen. Ich führe die Figur durch unterschiedliche Haltungen. Ich experimentiere mit der Deutlichkeit, in der ich die Figur verkörpere. Ich gehe mit der Figur in den Alltag. Ich probiere dasselbe mit einer anderen Vorlage. Das *Buch der Figuren* besteht aus der Zahl der Menschen, die ich beobachten kann.

HALTUNG

empört, fanatisch, selbstgefällig, erschöpft, erschüttert, vorfreudig, herzlich, enttäuscht, mäkelig, anbetend, mitleidvoll, abgestumpft, hassend, leidend, aufgekratzt, erschrocken, verachtend, zufrieden, überrascht, ängstlich, erleichtert, schuldbewusst, gelangweilt, engagiert, gereizt, genervt, neugierig, wirr, gewalttätig, resignativ, fürsorglich, übergriffig, jubilierend, sich dumm stellend, begeistert, zynisch, fassungslos, betreten, angeekelt, ausgeglichen, verblüfft, euphorisch, verstört, fröhlich, verbohrt, beseelt, traurig, klagend, anerkennend, unterwürfig, geistesabwesend, verdruckst, besorgt, wütend, heuchlerisch, hinterhältig, ängstlich, dankbar, prophetisch, schamvoll, heiter, verhärmt, duldend, vorwurfsvoll, erwartungsfroh, desinteressiert, warnend, gelassen, eindringlich, besserwisserisch, nachsichtig, zerstreut, verlogen, begehrend, kämpferisch, tollkühn, verliebt, vertraulich, liebend, streitsüchtig, naiv, panisch, stolz, genießerisch, arrogant, ordinär, verschmitzt, paranoid, einschmeichelnd, nachdenklich, aalglatt, wehmütig, grüblerisch, wundernd, kindlich, antreibend, pedantisch, opportunistisch, hilfesuchend, herrschsüchtig, aufdringlich, bedrückt, ergriffen, zaghaft, verärgert, enthemmt, belustigt, hysterisch, aufdringlich, verträumt, linkisch, hypochondrisch, weinerlich, verständnisvoll, gekränkt, heldenhaft, schwermütig, charmant, belehrend, anklagend, voller Genugtuung, tadelnd, albern, sich selbst hassend, Todesangst, sadistisch, täppisch, sanft, ahnungsvoll, tückisch, aufopferungsvoll, dreist, trauernd, anpreisend, tollkühn, rekapitulierend, trotzig, kaltherzig, verzweifelt, zögerlich, beleidigt, bekümmert, einschmeichelnd, verführerisch, apathisch, lobend, wankelmütig, frech, harmlos, entnervt, rechthaberisch, predigend, sehnsüchtig, aufmunternd, verachtungsvoll, zuversichtlich, herrisch, schreckhaft, misstrauisch, kokett, empfindlich, eitel, wankelmütig, aufdringlich, gierig, gehetzt, zuversichtlich, gewalttätig, besessen, schadenfroh, kleinlaut, entsetzt, provokant, barsch, stahlhart, lieblos, cholerisch, sentimental, angeberisch, aufmüpfig, warmherzig, triumphierend, ungeduldig, rachsüchtig, überfordert, höflich, egozentrisch, phlegmatisch, erloschen, entertaining, dummdreist, quengelig, mürrisch, lustvoll, selbstzerstörerisch, bitter, stur, demütig, drohend, bescheiden, verlegen, eifersüchtig, hilfsbereit, hetzerisch, verzeihend, aggressiv, lethargisch, irritiert, zerknirscht, gutmütig, schüchtern …

Wir brauchen nicht viel mehr als diese nicht annähernd vollständige Aufzählung, um klarzumachen, was in diesem Buch unter *Haltung* verstanden wird. Haltung ist die Art und Weise, wie wir anderen gegenüber erscheinen und uns zu ihnen verhalten, aber in gewissem Sinne drückt sie auch aus, was mit uns bereits vorher geschehen ist und was wir von den andern *wollen.* Wenn wir einen Blick in das *Buch der Haltungen* werfen, erkennen wir: die Zahl menschlicher Haltungen und Ausdrucksformen ist unerschöpflich. Haltung beschäftigt sich damit, was wir eigentlich *meinen,* wenn wir etwas äußern. Sie ist der einzige Parameter, der von innen nach außen arbeitet – sie beschreibt die *Form eines Gedankens.* Eine konkrete Haltung werden wir nur dann spielen können, wenn wir eine klare Vorstellung davon haben, welcher genaue Gedanke hinter ihr steht. Wir können versuchen, auch mit diesem Parameter von außen zu arbeiten, wir können Haltungen an anderen Menschen beobachten und sie nachahmen, aber wenn bei uns dadurch nicht der richtige Gedanke ausgelöst wird, wird eine solche Kopie nicht besonders glaubwürdig wirken. Wir werden also das Mittel des *Subtextes* nutzen müssen, um dem Gedanken seine klare und starke Form zu geben.

In der Probenarbeit kreisen die Gespräche, Änderungswünsche und die Kritik die allermeiste Zeit – auch wenn der Begriff selbst nicht fallen mag – genau um diesen einen Parameter: die Haltung, die wir einem Text geben. Aus diesem Grund hat sich auch die große Zahl der Lehrbücher ausschließlich mit diesen Fragen beschäftigt: Wie bringen wir unsere gedanklichen Vorstellungen so auf den Punkt, dass sie zuverlässig den gewünschten emotionalen Ausdruck auslösen? Wie steuern wir uns mental so präzise, dass sich unser Innenleben, der konkrete Gedanke und das konkrete Gefühl erlebbar in der Sprache und im Körper ausdrücken? In diesem Buch ist der *Gedanke* nur ein Parameter unter vielen. Hier wird vorgeschlagen, das komplexe Instrumentarium der Lehrbücher, Begriffe wie *Handlungsabsicht, inner want, inner need, Motiv, Ziel, Emotion, Affekt,* die komplexen Erörterungen um die unterschiedlichen Schichten und Widersprüche unseres Fühlens, Denkens und Wollens auf einen einzigen Punkt zu fokussieren: den Gedanken, den wir unserem Gegenüber, den Mitspielenden und dem Publikum, kommunizieren möchten. Das zugehörige Werkzeug, das dazu dient, diesen Gedanken konkret zu machen, nennen wir *Subtext*.

In der Theatersprache des vergangenen Jahrtausends nannte man das, was hier als Haltung bezeichnet wird, den *Ton*. Der *Ton* einer Äußerung vermittelt seine Bedeutung, nicht die Worte. »Ha, könnt' ich ihn nur vor Gerichte stellen, diesen Ton!«, ruft eine Theaterfigur aus, als um die wahre Bedeutung des letzten Wortes eines Ermordeten gerungen wird. Der Mörder behauptet, das sterbende Opfer habe seinen Namen ausgesprochen, weil er selbst doch dessen bester Freund gewesen sei, die Bedeutung dieses einen letzten Wortes sei die liebende Dankbarkeit des Sterbenden an ihn. Die Zeugin dagegen sagt, sie habe dem letzten Wort des Sterbenden eine Mordanklage entnehmen können. Sie beruft sich in dieser ungeheuerlichen Interpretation eines einzigen Wortes auf den *Ton*, in dem dieses ausgesprochen worden sei.

Allein der Ton, oder die Haltung, in der Wörter gespielt werden, konstruieren in der gesprochenen Sprache die Bedeutung, nicht der Wortsinn. Wir haben also das Material der Wörter und das Reibungsverhältnis, das dadurch entsteht, was jemand mit diesen Worten *mitteilen* will. Nun wenden Theaterlehrende beim Blick auf die obige Liste mit Recht ein: *Adjektive kann man nicht spielen.* Sie behelfen sich gewöhnlich bei der Beschreibung dessen, worum es bei der Haltung eigentlich geht, mit den Begriffen *Absicht* oder *Ziel,* das wir erreichen möchten, wenn wir uns äußern. Eine solche Definition ist ungenau. Denn neben unseren Absichten teilen wir in *jeder* sprachlichen Äußerung auch noch anderes mit. Die Kommunikationstheorie unterscheidet *vier* Botschaften, die dem anderen mit jeder Äußerung mitgeteilt werden: Neben dem reinen *Sachinhalt* enthält sie einen *Appell*, die *Beziehung* und eine *Selbstoffenbarung*. Das, was wir vom anderen *wollen*, wenn wir mit ihm reden, ist der Appell. Darüber hinaus schließt jede Äußerung auch ein, in welcher Beziehung wir zueinander stehen. Mit einem Kind reden wir anders als mit einem Finanzbeamten, mit dem Hausmeister anders als mit der Aufsichtsratsvorsitzenden. Und die selbstoffenbarende Botschaft unserer Sprache teilt anderen mit, wer wir sind und wie es uns selbst gerade geht. Und schließlich teilen wir natürlich auch den Sachinhalt mit – den Teil unserer Botschaft, der die reinen Informationen übermittelt. Letzterer ist für die Haltung unwesentlich, aber der Befund, dass wir uns bei jedem Sprechen gleichzeitig auf drei weiteren Ebenen mitteilen, die Tatsache der ungeheuren Komplexität einer jeden Aussage macht auf der Probe unsere Diskussionen über den richtigen *Ton* so unübersichtlich. Nehmen wir ein Beispiel. Unsere Haltung soll *Verärgerung* ausdrücken. Wir meinen, diese sofort aus dem Stand spielen zu können. Aber *verärgert* ist nicht gleich *verärgert.* Auf der Ebene des Appells können wir damit ausdrücken, dass der andere sofort etwas ändern soll, dass wir ihn zum Besseren erziehen oder aber nie wiedersehen möchten. Auf der Selbstoffenbarungsebene kann Verärgerung ausdrücken, dass wir schwer gekränkt sind oder aber ungeduldig, resignativ oder auch, dass wir es genießen, den anderen runterzumachen. Und auf der Beziehungsebene äußert sich unsere Verärgerung anders gegenüber der Mutter als der Person im Callcenter oder unserer Vorgesetzten. Jede dieser Verärgerungen klingt vollkommen anders. Auf dem Gebiet der Haltung werden wir nur eindrückliche Wirkungen erzielen, wenn wir sehr genau wissen, was, wer und wie etwas gerade gemeint ist.

Eine Haltung kann so weit gehen, dass das, was tatsächlich ausgedrückt wird, das Gegenteil bedeutet von dem, was der Wortsinn uns vermittelt. Wenn wir die vier Worte *Mach die Tür zu* lesen, ist der Wortsinn klar: A möchte offenbar, dass B die Tür zumacht. In der gesprochenen Sprache ist diese Intention keineswegs zwangsläufig: *Mach die Tür zu* kann je nach Haltung, in der es gesprochen wird, so ziemlich alles ausdrücken: A kann diesen Satz sagen, um B zu bestrafen oder weil er B einen Heiratsantrag machen möchte, A kann B vor Gefahren warnen oder B Heizkostenverschwendung vorwerfen, A kann ausdrücken wollen, dass es ihm heute sehr schlecht geht und B daran Schuld ist, oder A kann darauf aufmerksam machen, dass in diesem Raum Ehrfurcht angemessen ist oder aber dass an diesem Ort ausgelassenes Feiern stattfindet. Und schließlich kann der Satz auch das Gegenteil seines Wortsinns bedeuten: Wenn er als Drohung gemeint ist, will A keineswegs, dass B die Tür schließt. Im entsprechenden Ton gesprochen, vermittelt A B nämlich *Wehe, wenn du die Tür zumachst!* B wird allein durch den Ton, in dem A den Satz ausspricht, all diese konträren Botschaften lesen können. B wird diesen Worten entnehmen können: *Jetzt werde ich gleich bestraft* oder *A liebt mich, A möchte mir ein schlechtes Gewissen machen* oder *Draußen sind Aliens* oder *Dahinten ist die Tote aufgebahrt* oder *Wir haben Marihuana ohne Ende.* All dies versteht B unter *Mach die Tür zu,* vorausgesetzt A spielt eine entsprechend konkrete *Haltung.*

Die obige Liste von Adjektiven bezeichnet also nicht allein den emotionalen Zustand, in dem wir uns befinden, wenn wir Text sprechen, sondern ebenso die Absicht, die Selbstoffenbarung und die Beziehung, die wir ausdrücken möchten. Jede sprachliche Äußerung hat nicht nur automatisch eine Haltung, sondern auch ein Gegenüber, das auch wir selbst sein können, etwa wenn wir uns beruhigen wollen oder aber mit unseren Dämonen sprechen.

Für die Haltung gilt in ganz besonderem Maße: Unser Auf-der-Bühne-Sein kann nicht *nichts bedeuten.* Es ist unmöglich, einen Text auszusprechen, ohne damit eine Haltung zu vermitteln. Auch Neutralität ist eine Haltung. Wir sollten uns klarmachen, dass wirklich *jede* sprachliche Äußerung gewollt oder ungewollt eine Haltung mitliefert und ebenso auch unser stummes Spiel. Und noch wichtiger ist es zu verstehen, dass die Haltung, in der wir einen Text spielen, nicht notwendigerweise aus diesem herausgelesen werden kann. Eine Haltung kann in einem offensichtlichen oder abwegigen, gar paradoxen Verhältnis stehen zum Wortsinn. Auf der Bühne sind wir frei, mit jedem Text alles spielen zu können. In den Kapiteln ↗WAS IM TEXT STEHT und ↗PARAMETER, OPTION, REGEL wurde gezeigt, wie jeder Text sich experimentell austesten lässt, indem wir uns willkürlich für unterschiedliche Haltungen entscheiden. *Jeder* Text kann in *jeder* Haltung gespielt werden. Allerdings sollten wir uns im Klaren darüber sein, welche Bedeutung wir tatsächlich vermitteln wollen.

Das Beispiel *verärgert* hat gezeigt, dass eine einzelne Haltung in sich sehr komplexe und vielfältige Bedeutungsunterschiede tragen kann. Unter den oben aufgezählten Haltungen können wir uns zwar sofort einen *Ton* vorstellen, allerdings wird die Aufforderung *Spiel's mal verärgert* spontan fast immer zu allgemeinen Ergebnissen führen. Um den vielfältigen Schattierungen einer Haltung gerecht zu werden, müssen wir versuchen, den Gedanken unserer Botschaft präziser zu treffen. Die eine Haltung *verärgert* gibt es tatsächlich also gar nicht. Wenn wir nicht *zuständlich* – also allgemein – spielen wollen, ist es notwendig, Haltungen ganz konkret zu bestimmen. Konkret wird eine Haltung durch den *Subtext.*

Mit dem Subtext versuchen wir, die vielen mitschwingenden Nuancen, die Absicht, unsere Vorgeschichte, unsere Beziehung zum anderen so genau wie möglich erlebbar zu machen. Praktisch verstehen wir unter *Subtext* einen Satz, der für uns persönlich genau den Kerngedanken der jeweiligen Haltung ausdrückt, die wir spielen wollen. Diese Technik funktioniert nur schwach, wenn wir uns am Tisch einen Subtext zurechtgelegt haben, um diesen dann als eine Art *diffuses Gefühl* dem Text zu *unterlegen.* Wir versuchen dann sozusagen den Text damit *einzufärben.* Auch wenn der Subtext einfach nur das doppelt, was schon im Text steht, wird er nicht helfen, etwas wirklich *konkret* zu machen. Wenn wir zum Beispiel in der Haltung *wütend* spielen wollen, kann der Subtext nicht lauten *Ich bin ja so verdammt wütend.* Subtext funktioniert a) nur dann, wenn er für uns im Zusammenhang mit dem Text eine echte ↗ RESONANZ auslöst. Er muss sozusagen *scharf gestellt* sein, sonst wirkt er auf uns nicht ein. Und b) arbeitet er nur dann für uns, wenn er mit dem Text eine klare Verbindung eingeht. Wenn wir einen *Subtext* nur *allgemein* formulieren, wird unser Spiel genau das ausdrücken.

Wir stellen uns also stattdessen vor, dass wir den Subtext unserem Text nicht *unterlegen,* sondern als käme der Satz, den wir als Subtext nutzen, *nach dem Ende unseres Satzes,* den wir textlich äußern, als sei der Subtextsatz das eigentliche Ziel unseres Textes, etwas, *das von uns gerade noch nicht mehr ausgesprochen wird.* Die Erfahrung zeigt, dass diese Anwendung von Subtext zu wesentlich konkreterem Ausdruck führt als die schwammige Vorstellung, die uns ein *unter dem Text liegender* Subtext liefert. Nehmen wir unser Beispiel *Mach die Tür zu.* Nach dem Zufallsprinzip lassen wir die ersten Optionen unseres *Buches* auf diesen Satz prallen: *empört, fanatisch, selbstgefällig, erschöpft, erschüttert, vorfreudig.* Diesen Satz *empört* zu motivieren ist einfach. Nun gilt es, nicht einfach den üblichen Ton unserer persönlichen Empörung aus der Schublade zu ziehen, sondern einen verborgenen Schlusssatz zu formulieren, der die Sache konkret und wirklich relevant für uns macht. Unser Subtext könnte heißen: *Es KOTZT mich an, dass ich die ganze*

Zeit deine Heizkosten zahle! Jetzt nehmen wir *diesen* Satz und *spielen* ihn konkret, indem wir ihn laut *aussprechen*. Dann verknüpfen wir Satz und Subtext und spielen *Mach die Tür zu – Es KOTZT mich an, dass ich die ganze Zeit deine Heizkosten zahle!* Wir nehmen jetzt den *Ton* wahr, in dem wir diesen Subtext gespielt haben, und übertragen diesen nun – ohne auch nur das Geringste an seiner Satzmelodie zu ändern (!) – auf unseren Text *Mach die Tür zu*. Beim Aussprechen des Subtextes haben wir wahrscheinlich das Wort *KOTZT* betont herausgeschleudert. Es *KOTZT mich an …* Übertragen wir diese Satzmelodie auf unseren realen Text – *Mach die Tür zu* –, stellen wir fest, dass wir jetzt plötzlich das Wort *Mach* betonen, nicht *Tür*. Wir sagen nicht mehr *Mach die TÜR zu*, sondern *MACH die Tür zu*, als würden wir in Gedanken das Wort *gefälligst!* eingefügt haben. Der Subtext gibt dem Satz eine ganze eigene, eigenwillige, aber überzeugende Färbung – die einer sehr konkreten Empörung.

Die Haltung *fanatisch* dürfte schon schwieriger sein. Wieso sollte ich Fanatismus empfinden bei der simplen Aufforderung, die Tür zu schließen? Wir suchen einen zündenden Subtext, und zwar in der Form eines Endsatzes, der meinen Fanatismus *im Kontext* der Aufforderung, die Tür zu schließen, für mich *sinnvoll* macht. Mein Endsatz könnte lauten: *Wir letzten aufrechten Kämpfer werden das Abendland auch ohne diese Schwächlinge verteidigen.* Wenn wir einen solchen Satz in voller Überzeugung laut aussprechen, also mit der Überzeugung einer Person, die in solchen Dimensionen denkt, haben wir den Ton der gewünschten Haltung. Beim Aussprechen werden wir hören, dass wir jedem einzelnen Wort dieselbe Emphase gegeben haben – *alle* Worte sind auf einmal betont und die Stimme geht am Ende weder hoch noch runter. Genau diese Melodie übertragen wir auf unsere vier Worte Text. Unsere Botschaft lautet nun: *Wir müssen die Tür schließen, weil das Ende naht, aber in diesem Kampf brauchen wir nur uns selbst …* Wenn uns die Übertragung des genauen Tons schwerfällt, können wir den Satz auch zunächst einmal komplett aussprechen, er lautete dann: *Mach die Tür zu, wir letzten aufrechten Kämpfer werden das Abendland auch ohne diese Schwächlinge verteidigen.* Wenn wir die Haltung gefunden haben, lassen wir den zweiten Teil weg – unser Text besteht schließlich nur aus den ersten vier Worten. Der fanatische Sinn hat sich auf sie übertragen. *Selbstgefällig* würde der Satz wirken, wenn wir *Mach die Tür zu* zum Beispiel mit dem Endsatz: *Anders kannst du die neue Farbkombination meiner Wände gar nicht richtig sehen* ergänzen. Für die Haltung *erschöpft* könnte der Subtextsatz lauten: *Ich habe es nun doch wirklich schon tausend Mal gesagt*, für *erschüttert* könnten wir mit *Ich muss dir den letzten Brief von Vater vorlesen* arbeiten. *Vorfreude* ginge vielleicht mit dem Satz: *Hanna-Linda weiß noch nichts von ihrer gigantischen Überraschungsparty.*

Wenn wir sagen, dass jemand auf der Bühne *tönt,* meint Theatersprache, dass seine Sprechweise theatral auf uns wirkt. *Tönen* ist ziemlich genau das, was wir tun, wenn unsere Haltung *allgemein* und nicht *konkret* ist. Wir suchen dann Zuflucht bei unseren Schubladen, in denen die Sounds der einzelnen Haltungen abgespeichert sind, anstatt einen konkreten Subtext zu formulieren. Ein solches Vorgehen wird nur ungenaues, klischeehaftes Spiel produzieren. Wir wirken wie Laien, die Gefühle *zitieren.* Den Sound eines solchen *Tönens* gibt es nur auf der Bühne. Würden wir im Alltag *tönen*, drückten wir damit aus: *Ich mache gerade einen Schauspieler nach.* Im Leben gibt es keine allgemeinen Haltungen. Im Alltag drücken wir immer präzise aus, was wir vom anderen wollen, wie es uns geht und in welcher Beziehung wir zum anderen stehen. Das heißt keineswegs, dass ein Ausdruck nicht ungefähr, diffus, widersprüchlich, zögerlich sein kann. Es gibt Menschen, die sich permanent *im Ungefähren* ausdrücken, aber auch dabei handelt es sich um eine präzise Haltung – sie heißt: *ungefähr.* Auf der Bühne würden wir dann einen Menschen spielen, der sich ständig sehr schwammig und ungreifbar verhält.

Konkrete Haltungen sind häufig aus mehreren Aspekten zusammengesetzt. Wir können Haltungen spielen, die *zögerlich wütend* heißen oder *hin- und herschwankend liebend* oder *diffus aggressiv. Diffus aggressiv* ist etwas anders als *offen aggressiv* oder *verzweifelt aggressiv* oder *hämisch aggressiv.* Wenn wir eine Haltung nicht allgemein spielen wollen, müssen wir sie sehr genau konkretisieren. Haltungen sind immer sehr differenziert, denn sie sind Botschaften, die auf unterschiedlichen Ebenen wirken. Ein Zusatz wie *Ich will auf keinen Fall zeigen, dass …* wäre eine solche Konkretisierung. Wir können spielen *Ich freue mich,* aber auch *Ich will auf gar keinen Fall zeigen, wie sehr ich mich freue.* Beide Haltungen heißen *Freude,* aber in ihrem Ausdruck schwingen völlig unterschiedliche Qualitäten mit. Und schließlich kann jede Haltung in verschiedenen Graden von ↗ DEUTLICHKEIT gespielt werden. Je höher der *Betrag* ist, um den es bei einer Haltung geht, desto deutlicher wird sie. Wir können uns *ärgern,* weil uns ein Bonbonpapier oder der Computer mit der Abschlussarbeit auf der Festplatte heruntergefallen ist. Die *Beträge* unterscheiden sich erheblich und damit auch unser Ausdruck. Wenn wir die Deutlichkeit einer Haltung ins Extrem treiben, wird dies dazu führen, dass sie auf den Betrachtenden entweder hochkomisch oder eben exzesshaft theatral wirkt. Das Spiel mit dem *Betrag* einer Haltung kann sich auch in Widersprüchen ausdrücken: Wenn wir uns über das heruntergefallene Bonbonpapier ärgern, als hätten wir soeben durch eine Fehlentscheidung das WM-Finale verloren, würde zum Beispiel eine komische Wirkung erzeugt werden.

Die hier vorgestellte *Subtext*-Technik muss zwei Klippen meistern. Erstens ist ihr zentrales Moment das Finden eines zündenden *Subtextes* – oder vielmehr eines wirklich inspirierenden imaginären *Endsatzes,* auf den unser Text hinzielt. Vielen von uns fällt das schwer – dies ist auch genau das Feld, auf dem die Erinnerungstechniken der »psychologisch« arbeitenden Schauspielbücher so mühsam graben, wenn sie auf der Suche nach den passenden Gefühlen sind. Ein guter Subtext ist eine genaue Formulierung, die in uns gedanklich oder emotional eine konkrete Reaktion triggert. Der Endsatz muss *scharf* genug gestellt sein, damit tatsächlich etwas in uns getriggert wird. Das wird nur gelingen, wenn er sich inhaltlich in irgendeiner Weise auf den Stücktext bezieht und wenn seine Formulierung überspitzt genug ist, um bei uns eine Resonanz auszulösen. Ich kann allerdings einen noch so scharfen Subtext so oft aussprechen, wie ich will, wenn ich es nicht in dem Bemühen tue, etwas in mir auszulösen, funktioniert Subtext als Technik natürlich nicht. Seine Wirkung hängt davon ab, ob wir mit dem Aussprechen des Subtextes auch emotional etwas verbinden.

Die zweite Hürde ist die Übertragung des *real ausgespielten* Subtextes auf den Stücktext. Die Resonanz, die ein solcher Subtext-Endsatz erzeugen mag, bleibt nur dann auch im Originaltext erhalten, wenn ich nicht versuche, das entsprechende *Gefühl* zu übertragen, sondern zunächst vor allem dessen *Form,* in diesem Fall die Melodie des Satzes. Es wurde erwähnt, dass es manchen von uns schwerfällt, die Betonungen und die Melodie von Sprache zu identifizieren, mehr noch, diese auch auf andere Inhalte zu übertragen. Wenn allerdings der *Ton* des Subtextes nicht eins zu eins auf den Originaltext übertragen wird, funktioniert die Technik nicht richtig. Der Gewinn besteht genau darin, dass nur die exakte Übertragung der *Form* des Subtextes auf einen Text dazu führt, dass sich die entsprechende Resonanz auch im Text selber einstellt.

Haltungen ändern sich meist nicht von Satz zu Satz. Sie beziehen sich auf ganze Textabschnitte, manchmal sogar auf ganze Szenen. Erstaunlich ist, dass eine Technik, die sich den Subtext als Ende und Ziel einer Textstrecke denkt, auch über sehr lange Textstrecken funktioniert. Nehmen wir einen beliebigen mehrminütigen Text, in dem einfach nur der Tagesverlauf des vergangenen Samstags geschildert wird. Der Text selber hat seine einzelnen schwachen Höhepunkte und Banalitäten, er reicht von der Schilderung einer Müslizubereitung über die Fahrradtour an den Stadtrand bis zum abendlichen Besuch eines Biergartens, aber er beinhaltet keinerlei Konflikte oder Dramatik. Auch hier würde unser Versuch, diesen Text in einer bestimmten Haltung zu spielen, dadurch konkret gemacht, dass wir ihn imaginär auf einen Schlusssatz einstellen, der den eigentlichen Grund ausdrückt, warum wir dies alles erzählen. Nehmen wir an, die Haltung, in der wir von unserem Samstag berichten, ist *vorwurfsvoll.* Der Endsatz, auf den meine gesamte Rede hinausliefe, würde dann zum Beispiel lauten: *Aber wenn ich gewusst hätte, dass du die Kinder zwei Stunden alleine lässt, damit sie das gesamte Wohnzimmer mit Schokolade beschmieren, dann wäre ich wirklich zu Hause geblieben.* Der Ton, in dem dieser Endsatz gesprochen wird, ist eine Mischung aus hart, verachtungsvoll und bitter – ein knallharter Vorwurf. Wenn wir in diesem Ton unsere Wochenendschilderung mit dem Satz *Ich bin um neun Uhr aufgestanden, um mir ein Müsli zuzubereiten* beginnen, wird diese Aussage in dem bitteren Kontext *Da war noch keine Schokolade an den Wänden* erklingen. Der abendliche Besuch im Biergarten dagegen wird hier einen anderen Sinn erhalten: Aus einer freudvollen Angelegenheit wird der fassungslose Ton hervorscheinen: *Wenn ich gewusst hätte, was die Kinder in dieser Zeit gemacht haben, hätte ich doch niemals das zweite Bier bestellt.* Der ganze Text wird also durch die Brille dieses inneren Vorwurfs gefiltert und jedes einzelne, inhaltlich eigentlich belanglose Detail erscheint dadurch plötzlich besonders und bedeutend. Er ist jetzt angefüllt mit Schwingungen, in denen ein Publikum lesen wird: *Irgendetwas muss passiert sein.* Bei genauer Anwendung dieser Technik fühlen die Zuhörenden schon beim ersten Satz, dass wir mit unserer Erzählung auf etwas sehr Konkretes hinauswollen. Diese banale Wochenenderzählung lässt sich selbstverständlich durch die gesamte Palette der Haltungen buchstabieren. Wenn wir einen entsprechend kraftvollen Subtext-Endsatz gefunden haben, werden wir keine einzige Haltung finden, die auf diesen Text nicht anwendbar ist. Zuhörende werden immer die klare Empfindung haben, dass die gesamte Erzählung auf etwas hinauswill bzw. dass sie selber nur der vielleicht etwas weitschweifige Vorlauf für die eigentliche Mitteilung ist.

An diesem Punkt stellt sich die Frage, inwieweit diese Technik auch auf Texte anwendbar ist, deren Wortsinn so viele komplexe, aber auch sehr genaue Informationen vorgibt, dass sie auf den ersten Blick nur eine einzige Bedeutung haben können. Ihrer Interpretierbarkeit müssen ganz offenbar Grenzen gesetzt sein. Bereits im Kapitel ↗ WAS IM TEXT STEHT wurde festgestellt: Ein banaler Text mag vielfältig formbar sein, ein hochliterarischer eher nicht. Die Haltungen werden sich, so sollte man annehmen, zwangsläufig aus dem Text selbst erschließen.

Nehmen wir *Sein oder Nichtsein.* Lesen wir diesen Text, sind wir mit den »richtigen« Haltungen vermutlich schnell bei der Hand, und das nicht nur, weil wir wissen, dass hier ein potentieller Selbstmörder spricht – der Text selbst scheint all dies vorzugeben: *bitter, resignativ, unterschwellig verzweifelt, zynisch, unterdrückt aggressiv.* Dieses Bedeutungsfeld liegt nahe, der Text handelt schließlich von der Angst vor dem Suizid. Diese Lesart entspräche unserer ↗ INSTANT INTERPRETATION und wird zusätzlich dadurch gestützt, dass wir wissen: Hier spricht Hamlet. Lassen wir diese ersten Ideen einen Moment beiseite und bewegen stattdessen den Zufallsfinger über dem *Buch der Haltungen. Höhere Wesen* befehlen uns: Teste den Text in den Haltungen *vorfreudig, mitleidvoll* und *dummdreist.* Die eigentliche

Schwierigkeit dieser Aufgabe besteht jetzt darin, einen wirklich zündenden – unausgesprochenen – Subtext-Endsatz zu formulieren. Es ist tatsächlich dieser Teil, der uns die meiste Zeit kostet. Einen passenden Gedanken zu formulieren, der *Sein oder Nichtsein* in der gewünschten Richtung *scharf stellt,* ist der schwierigste Teil der Übung. Welcher Gedanke könnte einen derart problembeladenen Hamlet *vorfreudig* sein lassen? Oder gar *mitleidvoll* oder *dummdreist?* Die letzten Zeilen des Textes lauten: »Der angebornen Farbe der Entschließung / Wird des Gedankens Blässe angekränkelt; / Und Unternehmungen voll Mark und Nachdruck, / Durch diese Rücksicht aus der Bahn gelenkt, / Verlieren so der Handlung Namen.« Wollten wir diesen Text *vorfreudig* sprechen, könnte er zum Beispiel ergänzt werden durch: *Aber nicht bei mir! Ich werde mir etwas vollkommen Wahnsinniges ausdenken.* Der gesamte Text bekommt dadurch eine ironische Bedeutung. Schon der erste Satz »Sein oder Nichtsein? Das ist die Frage« klingt durch unseren gedanklichen Zielpunkt *aber nicht bei mir* dergestalt, dass Hamlet die Frage nicht auf sich, sondern auf den Rest der Welt bezieht. *Sie* mögen mit ihrer Ängstlichkeit ein Problem haben, Handlungen in die Tat umzusetzen, *aber nicht ich! Ich werde mir etwas vollkommen Wahnsinniges ausdenken!* Natürlich wird sich im Anschluss an einen solchen Versuch die Frage stellen, ob es Sinn ergibt, Hamlet als einen Menschen darzustellen, der nicht den Eindruck macht, dass er mit dem Selbstmord liebäugelt, sondern sich vielmehr über die Schlappheit seiner Mitwelt mokiert und sich auf irgendetwas freut, das ein Publikum nicht erkennen kann. Wir haben es dann offensichtlich mit einem Menschen in einer manischen Phase zu tun oder, schlimmer noch, mit einem Typen, der sich vollständig selbst überschätzt. Ob wir so etwas erzählen wollen, gilt es zu entscheiden. Aber vielleicht wird uns auf Proben das Austesten einer solchen abwegigen Variante einen Aspekt erschließen, der interessant ist oder uns auf eine neue Spur bringt. Auch in den Varianten *mitleidvoll* bzw. *dummdreist* würde unser vertrautes Hamlet-Profil beschädigt, denn auch in diesen beiden Haltungen bezieht der Mann seine Suiziderwägungen wohl gar nicht auf sich selber. Der Endsatz: *Ja, die ganze Welt muss so viel aushalten, aber ich werde mich ab heute all denen widmen, die noch viel ärmer dran sind als ich,* würde Hamlet das

Leiden nehmen und ihn an dieser Stelle zu einer Art Heiligen machen, die dummdreiste Variante würde ihm die Intellektualität nehmen, vermutlich sogar seine Intelligenz.

Diese extremen Beispiele wurden hier mit Absicht gewählt, nicht um dazu anzuregen, Hamlet zwanghaft gegen den Strich zu spielen, sondern um zu zeigen, dass auch literarisch dichte Texte ihre genaue Bedeutung durch die Haltung erhalten, in der sie gespielt werden, und nicht aus sich selbst heraus. Hamlet als Dummkopf oder Heiligen zu spielen, mag unergiebig sein, aber auf den zweiten Blick vielleicht auch nicht. In jedem Fall weisen die Beispiele den Weg dazu, wie wir probierend über die erste Idee hinausgehen.

Wie eindimensional und uninteressant häufig die Ergebnisse sind, die sich aus einer vermeintlich gesicherten Textinterpretation ergeben, erkennen wir an den aufregenden, widersprüchlichen, rätselhaften Spielentwürfen, die entstehen, wenn wir das Werkzeug Haltung nicht interpretierend, sondern experimentell anlegen. Mit der Haltung zu experimentieren, ist das sicherste Mittel, mit dem wir das Interesse des Publikums wecken. Treten der Wortsinn und die Haltung eines Textes auseinander, entsteht eine Reibung, ein Widerspruch, der die Zuschauenden auffordert, sich mit uns zu beschäftigen. Was ist da los? Wer ist diese Person? Was wird hier in Wirklichkeit verhandelt?

In der Praxis werden wir nicht zu jedem Satz einen imaginären Endsatz hinzudenken. In Dialogen antworten wir häufig kurz und rasch. In diesem Fall können wir eine konkrete Haltung auch mit einem entsprechenden Auftaktsatz vor Beginn des eigentlichen Textes triggern. Für jede einzelne Haltung lässt sich ein solcher Auftaktsatz erfinden. Lautet unser Text *Mach die Tür zu* wäre der Auftaktsatz für *herablassend*: *So, ihr Süßen, jetzt haben wir alle genug mit der Wasserpistole gespielt, mach die Tür zu.* Für *schüchtern*: *Entschuldige, ich wollte nicht stören, ganz kurz nur, mach die Tür zu.* Für *kaltherzig*: *Ach komm, halt einfach die Klappe und mach die Tür zu.* Für jede Haltung lässt sich ein konkreter Auftaktsatz finden, mit dem wir unseren Text einleiten. Der Ton dieses Auftakts färbt gewissermaßen auf den nun folgenden Originaltext ab. Wenn wir uns darin sicher sind, lassen wir den Auftaktsatz wieder weg. Wichtig ist, dass wir dabei den Ton des Auftaktsatzes beibehalten und nicht in unseren ursprünglichen – allgemeineren – zurückfallen. Auch hier entfaltet diese Übung nur dann starke Wirkung, wenn die Formulierung des Auftaktsatzes *scharf* genug ist, um bei uns eine deutliche Reaktion auszulösen. Nur wenn wir die anderen wirklich *all the way* mit den Worten *So, ihr Süßen…* ansprechen, werden wir den Ton der entsprechenden Haltung treffen. Ein weniger bösartiger Auftaktsatz hätte nicht diese Wirkung.

Wenn wir mit dem Parameter Haltung arbeiten und somit unsere *Gedanken* zum Instrument unseres Spiels machen, heißt das keineswegs, dass wir notwendigerweise damit eine *psychologisch-realistische* ↗ SPIELWEISE bedienen. Die Frage, inwieweit eine Haltung realistisch oder gar *psychologisch* wirkt, hängt ausschließlich von der Deutlichkeit ab, mit der wir sie spielen, und von den Kontexten, in denen wir sie einsetzen. Natürlich arbeitet gerade ein völlig überzogenes Komödienspiel mit konkreten Haltungen, wenn es gekonnt aussehen will. Es bezieht seine eigentliche Wirkung aus der überraschenden Widersprüchlichkeit von Haltungen, durch die das Geschehen schräg, irrlichternd, absurd erscheint. Analysieren wir eine beliebige *Comedy*-Episode unter dem Aspekt, welche Haltungen und Haltungswechsel die Spielenden performen, erkennen wir sofort, mit wie viel konkreter Psychologie menschlichen Handelns die abstrusen Pointen entstehen.

Wie bereits gesagt, können wir weder im Alltag noch auf der Bühne anderen gegenübertreten, ohne ihnen eine konkrete Haltung zu vermitteln. Allein unsere Anwesenheit verrät anderen, so sublim dieser auch sein mag, einen lesbaren Ausdruck. So werden wir auch in allen Spielweisen, die sich nicht mit der Abbildung realer Menschenbilder beschäftigen, eine Haltung wählen müssen, wenn wir auftreten. Auch wo unser Stoff die Form einer abstrakten *Textfläche* hat, gilt es, eine Entscheidung über die Haltung zu treffen. Tun wir dies nicht, treffen wir natürlich auch eine Entscheidung: die abstrakte Form des Textes wird uns vielleicht dazu verführen, dass wir intuitiv die Haltung des *Deklamierens* wählen oder vielleicht *sachlich* oder unseres ↗ PATTERN NO. 1. Dort, wo ein Publikum keine Handlung und keine einheitliche ↗ FIGUR mehr lesen kann, wird es stattdessen die Haltung erleben, die wir als Performende ausstrahlen. Das Werkzeug Haltung, mit dem sich die Gedanken von Spielenden ausdrücken, findet in allen Spielweisen Verwendung. Selbst in den abstraktesten Formen, selbst in solchen, die ohne Sprache arbeiten, liest ein Publikum, was wir denken und empfinden. Soll unser Auftritt nicht allgemein wirken, ist es unerlässlich, vorher die Haltung zu klären. Denn ohne eine Haltung können wir genau so wenig eine Bühne betreten wie ohne unseren Körper.

Ich benenne die Haltung, die ich soeben gespielt habe. Ich werfe einen Blick in das *Buch der Haltungen* und wiederhole den Text in einer anderen Haltung. Ich probiere weitere Haltungen aus. Ich achte auf die Spannungsverhältnisse und Widersprüche, die sich zwischen Haltung und Text ergeben. Ich lasse mir die Wirkung dessen, was ich ausprobiere, beschreiben. Ich nehme diese Beschreibung als Hinweis für das, was ich verdeutlichen, zuspitzen, ändern muss. Ich erfinde einen Subtext für meine Haltung in Form eines unausgesprochenen Endsatzes, auf den der Text zielt. Ich achte darauf, dass dieser Satz sich inhaltlich mit dem Text verknüpft. Ich achte darauf, dass dieser Satz konkret und stark genug ist, um in mir etwas auszulösen. Ich spiele diesen Satz. Ich spreche den Satz laut aus und achte auf dessen Ton. Ich spitze die Worte dieses Satzes so lange zu, bis sie genau das ausdrücken, was die gewünschte Haltung vermitteln soll. Ich übertrage den Ton auf den Originaltext, ohne ihn zu verändern. Ich achte darauf, dass mir neben der Sprache auch der Körper und mein praktisches Handeln zur Verfügung stehen, um meine Haltung plastisch zu machen. Ich mache mir klar, dass jede Reaktion bereits eine Haltung erzählt. Ich übe Wahrnehmen/Bewerten/Reagieren in den unterschiedlichsten Haltungen. Ich reagiere auf das Spiel der anderen mit unterschiedlichen Haltungen. Ich helfe mir in Dialogen, die Haltung meiner Antworten zu verdeutlichen, indem ich sie mit einem imaginären Auftaktsatz beginnen lasse. Ich erfinde Auftaktsätze für alle möglichen Haltungen. Ich spreche sie laut aus, achte auf den Ton und übertrage diesen eins zu eins auf den Originaltext. Ich achte bei Proben darauf, dass ich nicht alles in derselben Haltung

spiele. Ich spiele Haltungswechsel. Ich achte darauf, dass ein Haltungswechsel immer durch etwas ausgelöst wird. Ich spiele einen solchen Bruch als Reaktion. Ich achte darauf, dass Brüche für andere wahrnehmbar sind. Ich spiele Brüche mit einer körperlichen Reaktion. Ich spiele Brüche, indem ich abrupt das ↗TEMPO, den ↗RHYTHMUS, die ↗LAUTSTÄRKE oder die ↗MELODIE ändere. Ich mache mir auf Proben bewusst, welche Passage ich in welcher Haltung spiele. Ich mache mir bewusst, bis zu welcher Stelle eine Haltung gilt und wo ich einen Bruch spiele. Ich vergesse nicht, dass mein Spiel auf der Bühne *immer* eine Haltung erzählt. Vor allem auch dann, wenn ich vorher nicht darüber nachgedacht habe. Ich trete nicht auf, ohne geklärt zu haben, welche Haltung ich erzählen will.

DEUTLICHKEIT

Mach's mal etwas kleiner! Spiel's mal größer, lauten die Aufforderungen, die sich auf den Parameter *Deutlichkeit* beziehen. Fast alle Parameter, die hier vorgestellt werden, können von uns in unterschiedlichen Graden von Deutlichkeit auf der Bühne angewendet werden. Wenn wir eine Szene mit den Elementen des Feldes ↗BEWEGUNG sehr *deutlich* spielen, wirkt unser Spiel roboter- oder puppenhaft. Es scheint aus dem Alltag herausgehoben, expressiv oder gar formal. Würden wir die Deutlichkeit der Körperarbeit absenken oder beinahe auf null reduzieren, erzählt unser Auftritt ein Alltagsgeschehen, mit der einen Differenz, dass unser Verhalten eine seltsam ungreifbare Klarheit, Konzentration und Unberechenbarkeit ausstrahlt. Unser Spiel wird in diesem Fall nicht offen zeigen, dass es einer inneren Choreografie folgt und das Geheimnis seiner Wirkung nach außen verbirgt. Auf der Skala von *nur noch unterschwellig wahrnehmbar* bis *überdeutlich* können wir für alle Parameter entscheiden, wie erkennbar unsere Mittel sind. Für die Arbeit mit der ↗FIGUR hieße extreme Deutlichkeit, unser Spiel ist stark ausgestellt, verfremdet, »hochgezüchtet«. Am anderen Ende der Skala würden Spielende die Charakterzüge ihrer Figur nur minimal andeuten. Wir sehen eine Figur, aber die Mittel der Verstellung sind nicht mehr sichtbar. Bezogen auf die ↗ HALTUNG regelt Deutlichkeit den emotionalen Betrag. Verärgerung können wir durch ein kurzes Schnauben ausdrücken oder indem wir das Hotelzimmer zerlegen. Bei allen Parametern, die sich auf die Stimme und Sprache beziehen, wird eine hohe Deutlichkeit dazu führen, dass unser Spiel künstlicher wirkt.

Beim Spiel mit schwacher Deutlichkeit nutzen wir die eingesetzten Mittel eher in Form einer Konzentrationsübung und lassen uns von einem Parameter über dessen formale Inspiration leiten. Wir arbeiten zwar mit einer klaren ↗ REGEL und mit ausgewählten ↗ OPTIONEN, versuchen aber dabei so *natürlich* und *privat* wie möglich zu erscheinen. Für den Zuschauenden ist nicht erkennbar, dass wir mit einer Form arbeiten, aber uns selbst führt der Parameter zu Spielentscheidungen, die unabsehbar und fremd sind. Wenn wir dagegen mit einem hohen Maß an Deutlichkeit spielen, wird das Spiel mit dem Parameter unsere Spielweise sehr verändern. Ein Publikum nimmt jetzt neben den *Inhalten*, die wir spielen, auch die *Mittel* wahr, die wir einsetzen – zum Beispiel den erkennbar formalen Einsatz unserer Körperbewegungen in der Komödie. Je deutlicher wir ein Mittel einsetzen, desto stärker befeuert es den Ausdruck unseres Spiels und desto größer und theatraler, aber auch weniger realistisch wird es wirken. Der Parameter Deutlichkeit bezieht sich also auf das, was wir im Kapitel ↗ SPIELWEISE über die zweite Skala – das Verhältnis von Realität und Abbildung – gesagt haben. Reden wir von Deutlichkeit, meinen wir das Maß der Erkennbarkeit der eingesetzten Mittel – sie misst unsere Distanz zur Figur, die Natürlichkeit oder Künstlichkeit unserer Sprache (sprechen wir z. B. betont laut, rhythmisieren wir sie) und macht Form (etwa die Überhöhung unseres körperlichen Spiels) und Verhalten *(larger than life?)* sichtbar. Deutlichkeit regelt die Frage, ob ein Publikum wahrnimmt, ob auf der Bühne eine Person steht, die sehr wütend *ist*, oder eine, die eine *richtig wütende* Figur *spielt*. Je erkennbarer die eingesetzten Mittel, desto distanzierter unser Spiel. Pegeln wir die Deutlichkeit hingegen herunter, lautet unsere Botschaft: *Hier wird kein Theater gespielt, alles ist echt und natürlich.*

Ich variiere in der Arbeit mit einem der vorstehenden Parameter die Deutlichkeit. Ich arbeite mit einzelnen Bewegungselementen, ohne dass dies von außen sichtbar wäre. Ich mache dieselben Elemente sehr groß und expressiv. Ich spiele mit abrupten ↗LAUT-STÄRKE- oder ↗TEMPO-Wechseln. Ich lasse sie nur unmerklich ineinander übergehen. Ich spiele eine Figur, indem ich ihre Merkmale sehr klar nachahme und künstlich ausstelle. Ich spiele mit einem Figurenvorbild, indem ich mich von ihm nur als inneres Bild leiten lasse. Ich arbeite mit dem sehr deutlich verstellten ↗KLANG meiner Stimme. Ich verfremde meine Stimme nur ganz leicht. Ich lasse nur ganz leicht die ↗MELODIE einer nachgeahmten ↗SPRACHE anklingen. Ich übertreibe sie und stelle sie aus. Ich gebe einzelnen Haltungen sehr hohe Beträge, indem ich ihren Subtext hochdramatisch einrichte und extrem scharf stelle. Ich arbeite mit kleinen Beträgen, sodass die Haltungen und Brüche subtil bleiben. Ich versuche mich an den verschiedenen Zwischenstufen von Deutlichkeit einzelner Parameter.

Outro

HOMO ARTISTA

Schauspiel ist flüchtig. Wir sind gut beraten, dem Wunsch zu widerstehen, seinen ständigen Wandlungen Ergebnisse abzuringen, von denen wir uns Dauer versprechen. Die Frage nach dem Maß für die Qualität eines Schauspielenden beantwortet ein Theatermacher des vergangenen Jahrhunderts mit unserer Bereitschaft zur *Veränderung*: *The attitude towards change.*

Veränderung/*change* kennt die Synonyme Abweichung, Wandel, Wechsel, Umstellung, Umwandlung, Umwälzung, Verwandlung, Erneuerung. Jeder einzelne Begriff hat unmittelbar mit dem zu tun, was unseren Beruf ausmacht. Im selben Moment, in dem wir versuchen, ihn durch Systeme festzuschreiben, entgleitet uns das Wesentliche. Wir müssen jederzeit bereit sein, Veränderungen zuzulassen: in unserem Ausdruck, unseren Interpretationen, in den Texten, Rollenzuschreibungen und szenischen Lösungen, in den Abläufen und Arrangements, Patterns und Reaktionen, in den Spielweisen und Ästhetiken. Diese Erkenntnis bedeutet aber keineswegs, dass wir uns nie festlegen müssen. Im Gegenteil, ohne dass wir uns für eine gewisse Strecke beharrlich und unbeirrt an Aufgaben abarbeiten, die wir uns selber gegeben haben, ohne dass wir an die Sinnhaftigkeit dieses einen Weges glauben, werden wir im Ungefähren steckenbleiben. Erst wenn etwas eine gewisse Form erreicht hat und wir von einem Ergebnis überzeugt sind, dass es *fertig* ist, ist es Zeit, sich davon reuelos wieder zu verabschieden. *Hold on tightly, let go lightly*, lautet das schwer zu verdauende Motto eines anderen Theatermachers.

Formen, Ästhetiken, Spielweisen – alles ist in ständiger Veränderung begriffen. Wenn es einen roten Faden im Gespräch über die Kunst des Schauspielens gibt, dann ist es die Feststellung, diese sei mit ihrer neuesten Entwicklung endgültig an ihr Ende gekommen. Das, was uns hier und heute als Theater »zugemutet« wird, sei nun endgültig kein Schauspiel mehr. Mimesis, Menschendarstellung, Aufklärung oder heilige Kunst – alles, was wahlweise zur ureigensten Aufgabe von Schauspielenden erklärt wurde, ist nach einiger Zeit nicht mehr zwingend für das Theater. Der Befund, dass Nachfolgegenerationen den Beruf »zerstören«, dürfte bis auf Weiteres fortleben. Tatsache aber ist, dass sich

↗ SPIELWEISEN verändert haben, solange es Theater gibt. Daraus einen finalen Angriff auf das Theater selbst abzuleiten, hat sich bisher in der Historie als falsch erwiesen.

Heilige, Entertainer, Predigerin, Ideologe, Star, Terrorist, Sozialpädagogin, Narr, Aktivistin: auch das Selbstverständnis, das wir von unserem Beruf haben mögen, ist einem ständigen Wandel unterworfen. Dabei wird zwangsläufig auch die Grenze zwischen uns, die wir einladen, und denen, die kommen, um etwas zu erleben, immer wieder neu befragt. Die Grenze ist es, die uns als Spielende heraushebt und deren Spannungsverhältnis auch zu unendlichen Komplikationen in unserem Beruf führen kann, nicht nur zwischen Spielenden und Regie, sondern auch zwischen Spielenden und Publikum. Sie ist es auch, die das ↗ RISIKO und das gemeinsame Erleben von ↗ LIVENESS erzeugt, ohne die das Theaterspiel für die Betrachtenden seinen Reiz wahrscheinlich verliert. Solange die Grenze Theater ausmacht, wird unser Beruf ein Abenteuer sein, das uns in jeder Hinsicht mitnehmen kann.

Wir werden, solange wir unter Theater nicht etwas völlig anderes verstehen wollen, auch nicht um die Tatsache herumkommen, dass wir dabei immer und immer wieder beurteilt werden, und dass dieses Beurteiltwerden sehr häufig schmerzhaft ist. Wir werden also in unserem Beruf einen Widerspruch aushalten müssen. Wir müssen empfindlich und auch unempfindlich sein. Wenn Talent unsere Bereitschaft ist, sich verändern zu lassen, ständig offen zu sein für das Unerwartete, durchlässig für das, was die Mitspielenden tun und die Regie uns vorschlägt; für das, wohin uns *höhere Wesen* im Spiel treiben, und für das, was in uns selbst dadurch zum Schwingen gebracht wird, wird genau diese Bereitschaft durch den anderen Teil unserer Arbeit – nämlich das Feedback von Regie und Publikum – hart geprüft. Schauspielende werden damit umgehen müssen, sich kritisieren zu lassen. Die wenigsten halten das ohne innere Widerwehr aus. Es ist unsere Arbeit, die kritisiert wird, aber das Material dieser Arbeit ist unmittelbar unsere eigene Person. Wie sollten wir diese Kritik nicht irgendwie auch persönlich nehmen? Unser Spiel wird ständig als zu langsam, zu laut, zu eintönig, zu ungenau, zu gefühlig, zu privat, zu unpersönlich, zu klischiert, zu manieriert beschrieben, oft nicht in angemessen fairer Art und Weise, oft in einer Diktion, die

Persönliches und Darzustellendes nicht zu trennen gewillt ist – kurz, wir sind als diejenigen, die auf der Suche nach dem Außerordentlichen sind, dem Dauerfeuer von Negationen ausgesetzt, dessen Zeuge wir im allerersten Kapitel ↗ SCHNELLER waren.

Wenn wir das Außerordentliche zu finden versuchen, müssen wir buchstäblich das Risiko eingehen, uns außerhalb der Ordnung zu begeben. Die Philosophie bezeichnet das Heraustreten aus einer Ordnung, die Sezession von der Wirklichkeit, als den ersten Schritt des *homo artista*. Dabei nennt sie drei Aspekte, die der Eroberung des Unwahrscheinlichen im Wege stehen: *Leidenschaft, Trägheit* und *Meinungen.* Die Auskehr dieser drei erst sei es, die uns befähigt, ohne Störfeuer durch Unwesentliches auf der Probe *herauszutreten aus der Ordnung* und uns in den *homo artista* zu verwandeln. Inwieweit *Leidenschaft* für uns ein Hindernis darstellt, wird klar, wenn man versteht, dass hier nicht von den dargestellten Leidenschaften die Rede ist, sondern von den Leidenschaften der Darstellenden. Vielleicht sollten wir besser von *Stimmungen* oder *Launen* sprechen. Stimmungen wie Resignation, Ärger, Ungeduld, Empfindlichkeit, Eitelkeit, Schuldzuweisung, Aggressivität, Scham, Unlust sind auf der Probe so verbreitet wie unangenehm. Gemeinsame Theaterarbeit ist emotional unendlich anstrengend, und obwohl wir ständig aufgefordert sind, im Spiel exzessives, auch destruktives Verhalten zu zeigen, sind Stimmungen tödlich für jeden Prozess. In dem Augenblick, in dem meine private Empfindlichkeit über mein Ungenügen oder meine Aufregung über die vermeintlichen Fehler anderer zum Gegenstand der Probe wird, kommt es mit aller Wahrscheinlichkeit zu uninteressanten Ergebnissen.

Es gibt viele Theaterleute, die die explosive Stimmung auf Proben feiern. Das gewaltsame Durchbrechen von Hemmungen, die Provokation, das gegenseitige Anschreien gehörten zu einer echten Theaterprobe. Nur auf diese Weise könne die notwendige Energie erzeugt werden, das Außerordentliche aus der Ordnung hervortreten zu lassen. Der wahre Grund für dieses gegenseitige Hochkochen auf der Probe ist die Angst davor, am Ende ohne Ergebnis dazustehen. Die Möglichkeiten des Scheiterns sind in der Theaterarbeit derart allgegenwärtig, dass wir in dieser ständigen Sorge leben. Wir können sie nur bekämpfen, indem wir auch das *Schlechtsein* produktiv betrachten. *Stimmungen* auf der Probe auszukehren, heißt also nichts anderes, als sich eine persönliche Stärke zu erobern, die Kritik als Hilfestellung und nicht als Beleidigung versteht. Das moralische Vorbild wären Schauspielende, die nach jedem kritischen Ablehnen eines Versuches gelassen und heiter sagen: »Sehr gut! Kann ich nicht! Machen wir's nochmal!«

Trägheit als Hinderungsgrund für unser Heraustreten aus der Ordnung bedeutet die Unfähigkeit, sich dem schnellen Denken unserer Routinen, dem Rückgriff auf die Automatismen unseres ↗ PATTERN NO. 1 zu entziehen. *Trägheit* meint unser ständiges Vermeiden des Energieaufwandes, den es braucht, um andere ↗ OPTIONEN ausprobieren und sich dem Ungewohnten anvertrauen zu können. Sich ihr zu widersetzen heißt, sich selbstständig in einen ständigen Zweikampf mit den eigenen Routinen zu schicken und sich so aus der Position des bereits Geformten in die des Selberformenden zu begeben. Und *Meinungen* zu bekämpfen heißt schließlich, sich nicht von seiner Vorbildung bestimmen zu lassen; es bedeutet, unseren inneren Doktrinär, unsere Vorstellung vom *richtigen* Theater zu überwinden und nicht ständig zu werten. *Auf einer Bühne kann alles stattfinden,* lautet die Devise auf einer Probe, die sich nicht mit *Meinungen* herumschlägt. Sollten wir unter gutem Schauspiel tatsächlich unsere Fähigkeit verstehen, *aus der Ordnung der Wirklichkeit herauszutreten*, müssten wir uns bereits in unserer Ausbildung mit den drei Verhinderern *Stimmungen, Trägheit* und *Meinungen* beschäftigen. Eine sinnvolle Form, unseren Beruf zu trainieren, bestünde in einer Stimme, die uns bei Proben daran erinnert, dass Stimmungen, Trägheit und Meinungen uns am Arbeiten hindern, eine Stimme, die uns auffordert, den Gewohnheiten des *schnellen Spielens* Einhalt zu gebieten, und uns zum *langsamen Spielen* anleitet. Wenn es uns gelingt, diese starke und positive *attitude towards change* zu unserer zweiten Natur zu machen, können wir uns nach und nach von ihr lösen und in uns selbst eine trainierende Stimme entwickeln, eine Stimme, die es uns gleichsam ermöglicht, auf der Bühne zum Katapult unserer selbst zu werden.

ANMERKUNGEN

Intro

S. 7: *Die Idee sitzt gleichsam als Brille auf unsrer Nase…*: Ludwig Wittgenstein: *Philosophische Untersuchungen,* §103, Suhrkamp Verlag, Frankfurt a. M. 1980. **S. 10:** *… das Kalkül des Nicht-Perfekten, Ungekonnten…*: Den Einbruch des Nichtkönner-Körpers in das Theater beschreibt Jens Roselt im Nachwort seines Buches *Seelen mit Methode. Schauspieltheorien vom Barock- bis zum postdramatischen Theater*, Alexander Verlag, Berlin 2005, S. 376 ff. **S. 12:** *Schauspiel wird im Folgenden als eine eigenständige Kunst betrachtet, in der* Zeichen, Muster *und* Strukturen *organisiert werden…*: Es gibt interessante theaterwissenschaftliche Literatur zum Thema Zeichensysteme im Theater, so etwa Martin Esslin: *Die Zeichen des Dramas. Theater, Film, Fernsehen*, Rowohlt Verlag, Reinbek bei Hamburg 1989, sowie Michael Kirby*: A Formalist Theatre*, University of Pennsylvania Press, Philadelphia 1990. Beide sind allerdings keine Schauspiellehrbücher. **S. 15:** *»Schauspiel ist eine Praxis…«*: Die Bemerkung zur Theorie entstammt dem Einführungskapitel in Jens Roselts Buch *Seelen mit Methode*, a. a. O., S. 62.

1_Muster erkennen

S. 17: Das Zitat *»Wir wählen das Gewohnte…«* stammt von dem Hirnforscher Gerhard Roth: *Über den Menschen*, zit. nach Burkhard Müller: »Lästige Lücken. Was passiert eigentlich im Gehirn, wenn wir denken?«, in *Süddeutsche Zeitung* vom 21. 9. 2021. **S. 26:** *Wenn wir unser Spiel mit den Augen des Publikums messen wollen…*: Das *eine Publikum* existiert natürlich nicht. Ein Stadion voller Comedy-Fans langweilt sich anders als ein Saal voller Theaterwissenschaftler:innen. Tatsächlich gibt es ein Publikum, das nur das sehen will, was es erwartet, ein Publikum, das schon lacht, bevor die Pointe überhaupt gefallen ist. Im Boulevardtheater führt das im Extrem dazu, dass bereits *vor* dem eigentlichen Geschehen applaudiert wird – Stars wenden sich erst mal dem Publikum zu, nehmen den Applaus entgegen und sagen dann erst ihren ersten Satz. Hier ist in der Tat alles im Übermaße *absehbar* und dennoch funktioniert es. Ein solches Theater muss nicht unkünstlerisch oder fade sein, aber sicherlich trägt zu seinem Gelingen das Publikum mindestens so viel bei wie

Schauspielende. Das Gegenteil von Aufführungen, die kalkuliert alles genauso ablaufen lassen, wie es erwartet wird, ist ein Theater, das sich primär an eine Community von Kennern richtet. Ein solches Publikum würde niemals den Anspruch formulieren, im Theater irgendetwas *folgen* zu können. Für sie ist die Überforderung Programm. Hier lassen wir diese Extrembeispiele außen vor und richten den Blick auf ein Durchschnittspublikum.

2_Muster erfinden

S. 41: *An der Schönheit gefällt uns gerade, dass sie unverfügbar ist…* schreibt Kant in seiner *Kritik der Urteilskraft.* Zit. nach Jürgen Kaube: *Hegels Welt,* Rowohlt Verlag, Berlin 2020, S. 373. **S. 42:** *Schnelles Spielen – Langsames Spielen.* Das Kapitel verdankt sich dem Buch des Kognitionsforschers David Kahneman: *Schnelles Denken, langsames Denken,* Siedler Verlag, München 2012. Das Bild des Elefanten stammt ursprünglich aus Jonathan Haidts Buch *The Righteous Mind,* New York 2012. **S. 54:** *Ausprobieren und Interpretieren sind in dieser Herangehensweise zwei deutlich getrennte Vorgänge: »Don't try to create and analyze at the same time. They're different processes«,* sagt der amerikanische Komponist John Cage. Er beschreibt die Arbeit mit der gesteuerten Erzeugung von Zufällen sehr eindrücklich. Das Zitat stammt aus *10 Rules for Students & Teachers,* zit. nach Jonathan Crow: »10 Rules for Students & Teachers Created by Sister Corita Kent, and Popularized by John Cage« (https://www.openculture.com/2014/04/10-rules-for-students-and-teachers-popularized-by-john-cage.html).

3_Zusammen arbeiten

S. 61: *Man wird Regisseur…*: Peter Brook in: *Wanderjahre. Schriften zu Theater, Film und Oper 1946–1987,* Alexander Verlag, Berlin 1989, S. 28. **S. 62:** *W-Fragen*: W-Fragen nennt sich der Katalog der Fragen Wer/Was/Wo/Wann/Wie/Warum/Wozu, mit Hilfe dessen eine Szene befragt wird, um ihren realistischen und psychologischen Kontext zu klären. **S. 70:** *… können wir, ohne die inszenierte Partitur zu verletzen,* subtile *Versuche unternehmen:* Der Begriff *subtile Improvisation* findet sich bei Thomas Richards, der in seinem Buch *Theaterarbeit mit Grotowski an physischen Handlungen,* Alexander Verlag, Berlin 1996, S. 134 ff., dessen Auffassung einer Dialektik zwischen Präzision und Freiheit genau beschreibt. **S. 76:** *»Aber Sie wollen mit Sicherheit was andres…«* Diese Bemerkung macht Elfriede Jelinek in der Vorschrift zu ihrem Theaterstück *Das Licht im Kasten* im sicheren

Bewusstsein, dass kein noch so eingreifendes *Regietheater* in der Lage sein wird, die Textur ihrer kunstvollen Texte zu beschädigen. Zit. nach Beilageheft *Theater heute,* März 2017, S. 3. »*Wenn wir uns ein Stück vornehmen und versuchen herauszufinden, ›warum‹ der Autor dies oder das getan hat, werden wir nie in der Lage sein, es zu spielen.*« Dieses erstaunliche Zitat stammt von dem wohlgemerkt immer realistisch argumentierenden Michael Tschechow: *Lektionen für den professionellen Schauspieler,* hrsg. von Anton Rey und Mani Wintsch, Alexander Verlag, Berlin 2022, S. 191.

4_ Zusammen spielen

S. 79: *Acting is reacting:* ein Zitat, das gemeinhin der amerikanischen Schauspiellehrerin Stella Adler zugeschrieben wird. **S. 83:** *Der Reiz eines Theaterbesuchs besteht darin, dass sich das Publikum mit den Spielenden im selben Raum befindet und etwas Gemeinsames erlebt.:* Leibliche Ko-Präsenz von Spielenden und Zuschauenden definiert nach der Theaterwissenschaftlerin Erika Fischer-Lichte den Wesenskern von Theater. Erika Fischer-Lichte: *Ästhetik des Performativen,* Suhrkamp Verlag, Frankfurt a. M. 2004, S. 49 ff. **S. 98:** Die für das Training des Inputs – also unserer Wahrnehmung – produktivste Methode wurde formuliert von Sanford Meisner in: Sanford Meisner/Dennis Longwell: *Schauspielen. Die Sanford-Meisner-Technik,* Alexander Verlag, Berlin 2016. **S. 102:** Über das Sich-verändern-Lassen als Schlüsselprinzip des Schauspiels spricht Keith Johnstone ausführlich in seinen Büchern: *Improvisation und Theater* sowie *Theaterspiele: Spontaneität, Improvisation und Theatersport,* beide Alexander Verlag, Berlin 1993 bzw. 1998.

5_Denken und fühlen

S. 105: *Reden Sie mir nicht vom Gefühl! Ein Gefühl kann man nicht festhalten,* ist ein Zitat von Stanislawski, mit dem er seine methodische Wende zur *Theorie der physischen Handlungen* beschrieb. Zit. nach Peter Simhandl: *Stanislawski-Lesebuch,* edition sigma, Berlin 1992, S. 90. **S. 106:** Actors on Acting *heißt ein 700 Seiten starkes Buch, in dem Stimmen von Schauspielenden von der Antike bis ins 20. Jahrhundert versuchen zu beschreiben, was Theaterspielen für sie ausmacht: Actors on Acting. The Theories, Techniques, and Practices of the World's Great Actors, Told in Their Own Words,* ed. by Toby Cole/Helen Krich Chinoy, New York 1970. **S. 107:** *Müssen wir das, was wir darstellen, selber auch empfinden …:* Denis

Diderots *Paradox über den Schauspieler* ist ein bis heute gültiger Schlüsseltext, in dem bereits 1770 alle Argumente pro und contra Gefühlsschauspiel vorformuliert sind. **S. 112:** *Wie man auf dem Feld der Gefühle von* außen *nach* innen *arbeitet, wie aus* kalt heiß *wird, zeigt ein fulminant ironisches YouTube-Video*: Das Video stammt von der Schauspielerin Julia Schubert »Weinen lernen für jeden Tag – Ein Beitrag des Schauspiel Dortmund«, YouTube: SchauspielDo Archiv Voges. **S. 113:** *»Schauspiel ist die Fähigkeit, auf vorgestellte Reize zu reagieren«* ist der Wortlaut, mit dem Lee Strasberg das Wesen des Schauspiels bezeichnet. Vgl. Lee Strasberg: *Schauspielen und das Training des Schauspielers*, hrsg. von Wolfgang Wermelskirch, Alexander Verlag, Berlin 2001, S. 28.

6_Tausend Theater

S. 117: *Alles ist erlaubt, nichts ist verboten,* sagt Jonathan Meese in einem Interview mit der *Süddeutschen Zeitung*, »Im Namen der Freiheit«, 8. 12. 2022. **S. 121:** *Die zweite Skala – das Verhältnis von REALITÄT und deren ABBILDUNG – gehört zu den stärksten ästhetischen Grundentscheidungen einer Inszenierung.*: *Wirkungsmaschine Schauspieler. Vom Menschendarsteller zum multifunktionalen Spielemacher*, hrsg. von Hajo Kurzenberger/Stephan Müller/Anton Rey, Alexander Verlag, Berlin 2011, nennt sich ein Reader, in dem diese Skala anschaulich besprochen wird. **S. 124:** *… Schauspielende ihrem Spiel ein* plus x *hinzu …*: Brecht gab diesen *plus-x*-Mitteln den Namen V-Effekt (s. auch: *Kurze Beschreibung einer neuen Technik der Schauspielkunst, die einen Verfremdungseffekt hervorbringt,* in: Bertolt Brecht: *Über den Beruf des Schauspielers*, hrsg. von Werner Hecht, Suhrkamp Verlag, Frankfurt a. M. 1970, S. 60). Er wäre erstaunt darüber, wie sehr diese Mittel inzwischen *mainstream* sind. Der drastische Abstand, der die Bilder und Menschendarstellungen des zeitgenössischen Theaters im Verhältnis zur Realität auszeichnet, fällt uns gar nicht mehr als etwas Besonderes auf. So tendieren diese Distanzierungsmittel auch dazu, sich ständig weiter steigern zu müssen, um dauerhaft wirkungsvoll Verfremdung zu erzeugen. **S. 128:** *Das Publikum befindet sich nicht nur im selben Raum, sondern ist auch zum Mitspiel aufgefordert …*: Beispielhaft für diese vollständige Immersion des Publikums in die dargestellten Welten sind die Arbeiten des dänisch-österreichischen Performancekollektivs SIGNA. **S. 129:** *UNSICHTBARES THEATER ist eine sehr besondere Form …*: Der brasilianische Theatermacher Augusto Boal hat ein Theater des interventionistischen Aktivismus entwickelt, eine hybride Form, die auf erfrischende Weise demonstriert, wie jeder Versuch, Spielformen sauber zu systematisieren, irgendwann an seine Grenze kommt. Augusto Boal: *Theater der Unterdrückten*, Suhrkamp Verlag, Frankfurt a. M. 1982. **S. 129 f.:** *Zuschauende treten in diesem Beispiel im Morgengrauen auf ein Feld …*: Jan Kott beschreibt in seinem Buch *Das Gedächtnis des Körpers. Essays zu Theater und Literatur*, Alexander Verlag, Berlin 1990, S. 235, diesen Versuch von Jerzy Grotowki. **S. 131:** *Der* Theatersport *befindet sich als durchgängiges Improvisationstheater im oberen Viertel der Skala:* Theatersport ist tatsächlich eine Spielweise, die ganz eigenen Gesetzen folgt. Die Kunst der vollkommen freien Improvisation, die auch ihre Stoffe selber erfindet, wird eindrücklich und kompetent von Keith Johnstone beschrieben (s. *Improvisation und Theater* sowie *Theaterspiele* a. a. O.). Die Bücher gehören zu den interessantesten Lehrbüchern über die Kunst des Schauspiels. **S. 134:** *… ein Hinterglas-Environment, in dem wir in Echtzeit Zeugen einer quälend langsamen Altersheimwirklichkeit sind:* In Alvis Hermanis' Inszenierung *Das lange Leben* (2005) spielen junge Spieler in hypernaturalistischer Manier Bewohner eines Altersheims. *… Aufführungen der Performancegruppe Rimini Protokoll*: Ihre Arbeit ist umfassend dokumentiert in: *Experten des Alltags. Das Theater von Rimini Protokoll*, hrsg. von Florian Malzacher und Miriam Dreysse, Alexander Verlag, Berlin 2007. **S. 135:** *… besteht das Textmaterial, mit dem gearbeitet wird, ausschließlich aus Aufnahmen privater Telefongespräche der Spielenden …*: Die amerikanische Gruppe Nature Theater of Oklahoma hat diese sehr bemerkenswerte Form gefunden in ihrer Produktion *Life and Times* (2013). **S. 136:** *… spielen die Performenden in einer Art morbider Märchenwelt sogenannte* Hunsche …: Die Performer:innen der Gruppe SIGNA (s. oben) in der Produktion *Wir Hunde/Us Dogs* (2016). **S. 139:** *Nichts zwingt uns dazu, einen Gerhart-Hauptmann-Text naturalistisch zu spielen:* Einar Schleef trieb 1987 am Schauspiel Frankfurt Gerhart Hauptmanns *Vor Sonnenaufgang* jede Form von Naturalismus aus. Eine Slow-Motion-Version von Labiches *Die Affäre Rue de Lourcine* inszenierte Klaus-Michael Grüber 1988 an der Berliner Schaubühne. Beispiele für Klassiker als »Clownstheater« sind die frühen Goethe-Inszenierungen *Clavigo* (1986 am Theater Gera) und *Stella* (1990 am Schauspielhaus Hamburg) von Frank Castorf. Und Herbert Fritsch inszenierte 2010 am Theater Oberhausen Ibsens *Nora* im Stil der *Addams Family*.

7_Werkzeuge

S. 141: *Ich glaube, der größte Feind des guten Theaters ist ein Tisch,* sagt Peter Brook in: *Zwischen zwei Schweigen – Gespräche mit Peter Brook*, hrsg. von Dale Moffitt, Alexander Verlag, Berlin 2003, S. 70. **S. 168:** *In der Verssprache ist der Rhythmus eines Textes genau festgelegt:* Zur Verssprache siehe auch: Martin Neubauer/Ivo

Braak (Hg.): *Poetik in Stichworten: Literaturwissenschaftliche Grundbegriffe. Eine Einführung*, Hirt's Stichwortbücher, Borntraeger, 2001. **S. 178:** *»Sanft, rau, gepresst, gedehnt…«*: Diese Bemerkungen entstammen Ciceros Buch über die Kunst des Redners: *De Oratore (Vom Redner)*, Buch III. 216 nach Raphael Kühner. **S. 183 ff.:** *… ich spiele ohne Sprache, Töne, ohne weitere Handlung, sondern ausschließlich mit der Bewegung der Augen…*: Die Katze-/Vogel-Etüde verdanke ich einem Hinweis des Schauspielers Karl Fischer. **S. 189:** *In Videos aus Grotowkis Theaterlabor kann man sehen, wie europäische Avantgarden versucht haben, diese fernöstliche Praxis zu übersetzen und nutzbar zu machen.* Siehe Video auf YouTube »Training at Grotowski's ›Laboratorium‹ in Wrozlaw in 1972«. **S. 190:** *Kaum haben wir die Geste ausgeführt, löst sie präzise die Empfindung aus…*: Goethe definiert in seinen *Regeln für Schauspieler* die Stellung der Hände im Spiel. Johann Wolfgang Goethe*: Theoretische Schriften, Regeln für Schauspieler*, Zeno.org. **S. 196:** *Eine erste Möglichkeit, eine Übersicht über das* Buch der Bewegungen *zu gewinnen, wäre…* Selbstverständlich lassen sich Bewegungsformen auf vielfältige Weise anders ordnen. Meyerhold, Grotowski und Lecoq waren die wichtigsten Theatermacher des 20. Jahrhunderts, die den Körper und nicht die Sprache zur Basis ihrer Theaterarbeiten erklärt haben. Dafür haben sie alle eindrückliche Systeme entworfen, in denen sie Bewegungsformen katalogisiert haben, alle drei allerdings erfordern auch ausgiebige Trainingsphasen, bevor sie in der Praxis anwendbar sind. Und mit allen dreien verbinden wir – wie immer – eine ganz bestimmte Ästhetik, siehe zum Beispiel Jerzy Grotowski: *Für ein Armes Theater*. Alexander Verlag, Berlin 1994; Jacques Lecoq: *Der poetische Körper. Eine Lehre vom Theaterschaffen*, Alexander Verlag, Berlin 2003; Jörg Bochow: *Das Theater Meyerholds und die Biomechanik*, Alexander Verlag, Berlin 1997; Lenard Petit: *Die Cechov-Methode. Handbuch für Schauspieler*, Henschel Verlag, Berlin 2014. **S. 201:** *Ein und dieselbe Bewegung kann darüber hinaus in unterschiedlichen energetischen Qualitäten und unterschiedlicher Gerichtetheit ausgeführt werden.* Das Spiel mit dem jeweils unterschiedlichen Schwerpunkt und Tonus steht im Zentrum der hochergiebigen Methodik von Michael Tschechow. Als Theaterlehrer hat er dieses Bindeglied zwischen Körper und mentalem Erleben am klarsten formuliert. Das Theater aber, das er dabei im Sinn hatte, ist durchaus ein realistisches. Seine Bücher sind außerordentlich plastisch in der Beschreibung der Anwendung von Körperarbeit für die Entwicklung von Figuren. Seine Technik ist in der Praxis wesentlich schneller handhabbar als die Vorschläge von Meyerhold oder Grotowski. Siehe zum Beispiel Lenard Petit: *Die Cechov-Methode. Handbuch für Schauspieler*, Henschel Verlag, Berlin 2014. Zu den Bewegungsqualitäten *fließend,* *fliegend, formend* und *ausstrahlend* siehe Michael Tschechow: *Der Schauspieler ist das Theater. New Yorker Vorträge 1942*, hrsg. von Anton Rey und Ulrich Meyer-Horsch, Alexander Verlag, Berlin 2022, S. 35 ff. **S. 218:** *»Ha, könnt' ich ihn nur vor Gerichte stellen, diesen Ton!«, ruft eine Theaterfigur aus, als um die wahre Bedeutung des letzten Wortes eines Ermordeten gerungen wird.* Die Theaterszene stammt aus Lessings Trauerspiel *Emilia Galotti,* Dritter Aufzug, Achter Auftritt. *Die Kommunikationstheorie unterscheidet* vier *Botschaften…*: Vgl. Friedemann Schulz von Thun: *Miteinander reden: 1. Störungen und Klärungen – Allgemeine Psychologie der Kommunikation,* Rowohlt Verlag, Reinbek bei Hamburg 1981, S. 28 ff. **S. 227:** *»Der angebornen Farbe der Entschließung / Wird des Gedankens Blässe angekränkelt…«*: Monolog aus *Hamlet* von William Shakespeare, III. Akt, 1. Szene. Die vorliegende Übersetzung stammt von August Wilhelm Schlegel.

Outro

S. 236: »Homo Artista« heißt ein Kapitel in Peter Sloterdijks Buch *Du mußt dein Leben ändern,* Suhrkamp Verlag, Frankfurt a. M. 2012. Ihm entnommen sind auch die drei erwähnten Untugenden. *The attitude towards change* ist ein Satz von Charles Marowitz, zit. nach *Actors on Acting: The Theories, Techniques, and Practices of the World's Great Actors, Told in Their Own Words,* ed. by Toby Cole/Helen Krich Chinoy, Three Rivers Press, New York 1970, S. 435. *Hold on tightly, let go lightly* ist ein Zitat von Peter Brook in: *Wanderjahre. Schriften zu Theater, Film und Oper 1946–1987,* Alexander Verlag, Berlin 1989, S. 11.

Schreiben Sie weiter an diesem Buch. Auf *change-the-pattern.com* können Sie zu den Kapiteln Fragen stellen, Dinge anmerken, ergänzen und in eine Diskussion zum Thema eintreten. Und vielleicht finden wir gemeinsam etwas Neues heraus …

Mein Dank gilt Enrico Stolzenburg für dessen akribische Lektüre, Anregungen, Fragestellungen und Erkenntnisse aus seiner eigenen Praxis!

THEATERBÜCHER IM ALEXANDER VERLAG BERLIN

Lee Strasberg
Schauspielen & Das Training des Schauspielers
(Hrsg. von Wolfgang Wermelskirch)

Declan Donnellan
Der Schauspieler und das Ziel
Ängste und Blockaden überwinden

Susan Batson
TRUTH. Wahrhaftigkeit im Schauspiel
Ein Lehrbuch

Ivana Chubbuck
Die Chubbuck-Technik. The Power of the Actor
Ein Schauspiel-Lehrbuch

Anne Bogart/Tina Landau
Viewpoints
Ein praktisches Handbuch für Schauspieler,
Regisseure und Choreographen

Jens Roselt (Hg.)
Seelen mit Methode
Schauspieltheorien vom Barock- bis zum postdramatischen Theater
*
Regie im Theater
Geschichte – Theorie – Praxis